中国经济发展与对外开放
研究丛书

中美经贸摩擦研究

On Sino-US Economic
and Trade Friction

■ 苗迎春 著

WUHAN UNIVERSITY PRESS
武汉大学出版社

图书在版编目(CIP)数据

中美经贸摩擦研究/苗迎春著. —武汉：武汉大学出版社,2009.6
中国经济发展与对外开放研究丛书
ISBN 978-7-307-07025-7

Ⅰ.中… Ⅱ.苗… Ⅲ.对外经济关系：中美关系—研究
Ⅳ.F125.571.2

中国版本图书馆CIP数据核字(2009)第078260号

责任编辑:陶佳珞　　责任校对:王　建　　版式设计:马　佳

出版发行：**武汉大学出版社**　(430072　武昌　珞珈山)
(电子邮件：cbs22@whu.edu.cn　网址：www.wdp.com.cn)
印刷：武汉中远印务有限公司
开本：720×980　1/16　印张:16.5　字数:236千字　插页:1
版次：2009年6月第1版　2009年6月第1次印刷
ISBN 978-7-307-07025-7/F·1272　定价:33.00元

序

中美经贸关系是当今世界上最重要的双边经贸关系之一。作为世界上经济总量最大的发达国家，美国2007年的国内生产总值达到了138438亿美元，商品和服务进出口总额为39652亿美元，占美国GDP比重的5.1%。中国作为世界上经济增长最快的发展中国家，2007年进出口总额达到21738亿美元，连续6年增长20%以上，继续稳居世界第3位，出口名列世界第2位。据美国商务部的统计，2007年中美贸易总额达到3867亿美元，中国保持美国第二大贸易伙伴地位，中美贸易额占美国对外贸易总额的12.4%，仅次于加拿大的18%。健康发展的中美经贸关系不仅对两国自身的经济发展意义重大，而且两国对世界经济增长的贡献率已经超过40%。因此，研究中美经贸关系，促进中美经贸关系的和谐发展已经成为当今学界的重大课题之一。

但是，作为世界上最复杂的中美经贸关系，从一开始就充满了摩擦与纷争。特别是伴随着近年来中国的和平崛起和国际经贸领域保护主义的盛行，中美经贸摩擦程度也日趋加剧，成为两国政府和企业不得不面对的现实难题。准确把握和努力消除两国间的经贸摩擦，正确处理和推进中美经贸关系，既是发展中美关系的需要，也有益于世界经济的发展。苗迎春博士的专著《中美经贸摩擦研究》正是适应这一新形势，对中美经贸摩擦的过去、现在和未来走势做出的一次全面、有益的研究。

在本书中，作者对中美经贸摩擦的内涵进行了科学阐释，使用广义的概念对经贸摩擦的实质进行了分析，认为经贸摩擦涵盖了贸易、货币、汇率、投资、经济制度和经济政策等各个领域。相对于一般的贸易摩擦研究，作者从多个角度切入对经贸摩擦的类型给予科学分类，从微观、宏观以及政治经济学三个层面进行了理论上的探讨和思考，并结合两国政府的二元博弈理论提出一国政府的政策偏好是一切经贸摩擦产生的根源。在此基础上，作者根据经贸摩擦发展的递进性特征，将中美经贸摩擦划分为四个阶段：即起步阶段（1979 年 1 月—1986 年 6 月）、增多阶段（1986 年 7 月—2001 年 11 月）、加剧阶段（2001 年 12 月—2005 年 12 月）和常态化阶段（2006 年至今），由此归纳出中美经贸摩擦的六大主要特征：领域的全方位性、发展的频繁性、手段的多样性、主体的不对称性、程度的可控性以及走势的长期性。

在本书经典案例分析中，作者选取了八个有代表性的中美经贸摩擦实例进行考察和评析，认为经济失衡、国际产业结构的日益趋同化和两国经济外交利益的碰撞是引发中美经贸摩擦的宏观因素，而对华经贸政策的调整、"中国威胁论"和利益集团的推动是美方单方面挑起中美经贸争端的原因，当然作者也对中方因素进行了分析。经贸摩擦对中美两国、世界经济以及双边经贸关系的影响均具有正负两个方面，书中详实、系统的研究有利于双方找到中美经贸摩擦的治理路径。最后，作者用新的思维提出的解决中美经贸摩擦的对策建议为推动双边经贸关系的顺利健康发展提供了重要参考。

本书在苗迎春的博士学位论文的基础上经修订扩充完成。在攻读博士的三年时间里，苗迎春发表了一系列有影响力的学术论文，他从硕士生学习阶段就开始关注和研究中美经贸关系，本书的完成既是他博士生阶段的学习总结，也是他多年来对中美经贸关系研究的成果汇聚。从初稿到出版，苗迎春博士用了两年半的时间数次修改书稿，充分展现了其严谨治学、刻苦钻研的求学态度。我既被他感动，也为他高兴，希望本书的出版能够作为他学术生涯新的起点，同时激励他在中美经贸关系研究领域中做出更多、更好、更有影响力的学术作品。

中美建交即将迎来 30 周年。30 年来，中美关系走过了不平凡的道路，取得了长足发展，为两国人民带来了巨大的福祉，也有力地促进了两国关系的发展及世界的和平。进入 21 世纪以来，在中美战略经济对话的推动下，中美经贸关系进入了新的快速发展阶段。但是，我们也应看到，由于美国经济的结构还在经历大的调整，全球经济失衡日趋严重，贸易保护主义正重新抬头，这为中美经贸摩擦的未来又增添了诸多不确定因素，需要有志之士继续跟踪和研究。

总之，我认为苗迎春博士的这本专著是近年来国内少有的研究中美经贸摩擦的一部力作，对政府部门、学术研究都具有较大的参考价值。为此，欣然作序。

周茂荣

2008 年 10 月

Abstract

The economic and trade relationship is an important part of the overall relationship between China and the United States, it is also one of the most important bilateral economic and trade ties in the world. The favorable and healthy deve-lopment of Sino-US economic and trade relations will be impetus to the Sino-US relations. With the rapid development of Sino-US economic and trade relations, the economic and trade friction becomes more and more frequent and expands to many fields when the economic interests of two countries have interlaced together, which has influenced and restrained the further development of Sino-US economic and trade ties. This thesis will give a in-depth, multi-spectrum and systemic analysis on the development history, main features, inherent root and economic effect of Sino-US economic and trade relations, master its essence and put forward effective solutions for the development of Sino-US economic and trade relations in the future.

The basic research path of the thesis is: firstly to introduce and amend the relevant theories of economic and trade friction on the base of the retrospection of the development history of Sino-US economic and trade disputes, and then conclude and discuss the key features of Sino-US economic and trade friction; secondly to analyze the important cases of Sino-US economic and trade friction based on the theories of economic and trade friction, and analyze the intrinsic rootstock of Sino-US economic and trade friction from the macro level and micro level; thirdly to demonstrate the effect of Sino-US economic and trade friction; finally to forecast the development trade of Sino-US economic and trade friction and put forward the effective solutions. The book is divided into 8 chapters:

Chapter 1: Introduction. It mainly introduces the research background and significance, the existing research status domestic and abroad, the contents and emphasis, the research method and the innovation of the thesis.

Chapter 2: It mainly redefines the concept of economic and trade friction and defines the 8 kinds of economic and trade friction.

Chapter 3: The Theory Analysis of Economic and Trade Friction. It puts forward the Pareto frontier of economic and trade friction based on the basic theory of economic and trade friction including the micro theory and macroeconomic balance in the condition of completely and incompletely competitive market, the macro theory in the condition of productivity change and the political economic theory in the interest group dominant and income pursue principle.

Chapter 4: The Development History and Key Features of Sino-US Economic and Trade Friction. It mainly discusses three contents: firstly it concludes the 4 basic features of Sino-US economic and trade relation development, i. e. the speediness, mutual complementary and mutual benefit, asymmetry of mutual dependence and normality of economic and trade friction; secondly it divides the Sino-US economic and trade friction into 4 stages under the background that Chinese economy is making for the world and melting into the historical process of global economic integration, then it analyzes the essential difference of Sino-US economic and trade friction and Japan-US economic and trade friction; finally it concludes and summarizes the 6 representations of the key features of Sino-US economic and trade friction, i. e. the comprehensive friction fields, the frequent development, the multi measures, the asymmetry principal part, the controllable degree and the long-term trend.

Chapter 5: Case Study of China-USA Economic and Trade Friction. It mainly selects 8 representative cases of Sino-US economic and trade friction and analyzes them one by one. The emphasis of the study is the dispute on RMB exchange rate, the dispute on antidumping, anti-subsidy, safeguard measure and special safeguard measure and the dispute on intellectual property and hi-tech export control.

Chapter 6: The Resource Analysis of Sino-US Economic and Trade Friction. It mainly make the analysis from the macro level and the micro level of China and US, in which the macro factors composed of the Sino-US imbalance, the identical industrial structure and the economic and diplomatic interest conflict and the micro factors of US composed of the adjustment of US economic and trade policy for China, the China threat theory and interest group are analyzed in emphasis, because these are the core and key reasons to result into the China-USA economic and trade friction. In addition, the chapter also makes a brief analysis on the factors of China.

Chapter 7: Analysis on the Effect of Sino-US Economic and Trade Friction. It mainly discusses the influence of China-US economic and trade friction from 4 aspects. The emphasis of this chapter is to analyze the influence of economic and trade friction to Chinese economy and China-US economic and trade relationship, and the result is that the influence to Chinese economy lies in the positive and negative aspect, while the influence on the China-US economic and trade relationship is mainly embodies on the negative level.

Chapter 8: The Development Trend and Solutions of Sino-US Economic and Trade Friction. This chapter firstly analyzes the basic trend of China-US economic and trade friction and put forward the extensive field for the further expansion of China-US economic and trade friction, then it puts forward the effective solutions from the viewpoint of the countermeasure of China, the suggestion to US and the united action of China and the United States.

The conclusion of this book is that: the Sino-US imbalance can not be solved in the middle and long term, and the identification of industrial structure of the both countries is unavoidable, and pervasion of China threat theory determine the basic trend of Sino-US economic and trade friction, i. e. long-term and sharpness. China should make some preparation to solve the economic and trade friction properly based on the strategic orientation and height and promote the harmonious development of Sino-US economic and trade relations when the top period of Sino-US economic and trade friction is coming in 10-15 years.

Keywords: Sino-US Cooperation; Economic and Trade Relation; Economic and Trade Friction

目 录

第一章　导　论

中美经贸关系是世界上最重要的双边经贸关系之一，在中美关系中也占有十分重要的地位。影响中美经贸关系健康发展的因素很多，经贸摩擦是最重要的消极方面，已经成为近年来两国经济学界、政府部门以及民间团体积极关注和研究的热点话题之一。

一、概要

自从 1979 年 1 月中美两国正式建交以来，经贸关系得到了飞速的发展，双边经贸合作的内容已从单一的贸易扩展到经济的各个领域。从双边贸易额看，根据中方统计，中美贸易额从 1979 年的不足 25 亿美元增长到 2008 年的 3337 亿美元，中方顺差 1709 亿美元；按美方统计，2008 年美中贸易额达到 4093 亿美元，美方逆差 2663 亿美元。美国是中国第二大出口市场、第二大贸易伙伴和最大外资来源地；中国则是美国第一大进口来源国、第二大贸易伙伴和第三大出口市场。①从相互投资看，截至 2007 年底，美国对华投资项目累计达 54838 个，实际投入 565. 8 亿美元，美国是我国外资最大的来源地之一。美国在华投资领域已遍及中国国民经济的各主要行业，既有机械电子、冶金、石油、化工、通信、能源、交通等重化工业和基础工业，也有轻纺、食品、医药、服装等轻工业，还有商业零售、金融、房地产、银行、保险、旅游、建筑设计、信息咨询、律师公证等服务行业；在华投资区域遍布中国 29 个省、市、自治区，以东部沿海为主，逐次向中西部地区推进，但主要集中在

---

① John Frisbie and Michael Overmyer, *US-China Economic Relations: The Next Stage*, *Current History*, September 2006, p. 244. 美中全国贸易委员会网站。

珠江三角洲、长江三角洲和环渤海三个经济发展的中心地区；美资企业在华投资利润丰厚，据有关部门调查显示，73%的美资企业在华赢利，且37%的企业在华利润率高于其全球利润率，还有51%的美资企业将中国列为其未来5年投资首选地。① 与此同时，中国企业也明显加快对美国的投资速度。截至2007年底，中国公司在美国累计完成承包工程营业额44.2亿美元，完成劳务合作合同金额20.4亿美元。仅2007年，经商务部批准或备案，中国在美国的非金融类对外直接投资额为2.9亿美元，累计投资金额约12.5亿美元；投资企业范围广泛，涉及工业、科技、服装、农业、餐饮、食品加工、旅游、运输和承包等各领域。

中美经贸关系的发展为双方带来了诸多的实惠。大量美资企业来华投资，不仅给中国发展提供了大量的资金，也带来了先进的管理经验和科学技术，为中国提供了数百万的就业机会。美国企业在华投资获得巨大利润的同时，价廉物美的中国商品也方便了美国百姓的生活，降低了美国的物价水平，缓解了美国的通胀压力，提高了美国居民的收入水平。据美国权威部门的研究报告称：中国加入WTO后，美中贸易投资的增加使美国GDP多增长0.7%，消费物价下跌0.8%，每个家庭实际可支配收入增加1000美元，带动美国就业人数增加400万—800万人；同时还对美国经济产出、生产效率、就业机会和实际工资产生持续增长的积极影响。②更重要的是，拥有较大比较优势的美国对华服务贸易出口自中国入世以来开始快速发展。2005年，美国服务业占GDP比重的68.2%，占美国出口比重的30.5%，占美国就业人数比重的83.4%；作为拥有约700亿美元的世界第六大服务市场，中国贸易体制自由化正在为美国服务出口提供巨大的增长机会。③

① 资料来源：中国新闻网2007年10月13日。

② Oxford Economics and the Signal Group, *The China Effect: Assessing the Impact on the US Economy of Trade and Investment with China*, Washington, DC, January 2006, p. i.

③ Craig VanGrasstek, *The Benefits of U.S.-China Trade in Services*, United States Council Foundation Occasional Paper No. 1, July 2006, p. 1.

但是，在中美经贸关系快速发展、利益不断交织的同时，双边经贸摩擦也开始日渐增多，成为干扰中美经贸关系进一步发展的重要因素。目前，中美经贸摩擦已由最初的两国纺织品贸易纠纷，逐步扩大到市场准入规则、知识产权保护、“两反两保”调查、人民币汇率调整、企业跨国并购甚至主权财富基金的投资等众多领域，由微观经贸摩擦全面迈向宏观经贸摩擦、制度摩擦、投资摩擦的新阶段。根据国际贸易比较优势理论，互补互利性很强的中美经贸关系，为什么会产生越来越多的经贸摩擦？是中美贸易不平衡导致的必然结果，还是中美经济相互依存度严重失衡的必然反映？是美国国内政治因素使然，还是中国自身政策的不足所致？无论何种原因，仅仅从某些单一方面已经很难解释清楚双边经贸摩擦频频发生的客观现实。面对不断走向深层次发展的中美经贸摩擦，有必要站在理论和战略的高度进行深入、全面的考察，找到有效的治理路径，为双边经贸关系的健康发展铺平道路。这是本书选题的意义所在。

二、国内外研究成果综述

随着中美经贸摩擦日益频繁，国内外学者对该问题的关注日渐增多。在现有研究成果中，有的已经作为学术专著出版，比如美国重要智库国际经济研究所（IIE）贸易问题专家 Gary，Clyde 和 Hufbauer 等共同撰写的《美中贸易摩擦》一书，作者通过分析人民币汇率争端、纺织品和服装纠纷、知识产权保护、中石油并购、半导体和汽车零配件以及反倾销六大领域的摩擦案例，得出结论：“美中无法回避今后即将发生的诸多贸易争端。”“在未来几十年里，当美国经济增长下降和失业率上升时，特别是在美国经济困难与地缘政治问题交织在一起时，美中贸易摩擦便会加剧。”① “美中两国

① Gary, Clyde, Hufbauer, *US-China Trade Disputes*: *Rising Tide, Rising Stakes*, Institute for International Economics, Washington, DC, August 2006, p. 77.

需要在强化市场开放和多边贸易体制下，逐一解决出现的贸易争端。不管双方在地缘政治方面有何分歧，两国都要共同分担贸易和投资自由化带来的巨大风险。采取贸易保护主义和相互制裁只会给双方带来巨大损失，确保世界贸易和投资自由化才是美中两国共同受益的联合策略。"① 国内学者陈泰锋在其面向企业家群体的著作《中美贸易摩擦》一书中，简要分析了中美贸易摩擦的现状，重点对美国反倾销法律制度、中国的"非市场经济地位"、美国对华保障措施、337条款的实施以及WTO争端解决机制进行了考察。

关于经贸摩擦的原因分析，中美两国学者研究的焦点集中于中美贸易不平衡。美国学者以美国国际经济研究所研究员Nicholas Lardy、卡图政策研究所的Daniel Griswold、美中关系全国贸易委员会的John Frisbie and Michael Overmyer、美国改革政策协会的Edward Gresser、美国经济政策协会的Robert E. Scott为代表。John Frisbie and Michael Overmyer认为，应该从全球经济的角度看待中美贸易不平衡。世界范围的贸易和投资趋势表明，美国贸易赤字的快速增长在本质上是全球经济失衡的表现，它不是由单一的地区引起，更不是特定的中国政策引起的后果。美中贸易赤字扩大的趋势是中国和其他东亚经济体之间贸易和投资流动的必然结果。中美两国贸易和投资的流动必须放到东亚经济一体化的背景中考察，而东亚国家和美国的经济关系又必须放到全球背景中分析。美国消费者原来从日本、韩国和中国台湾购买商品，现在都转向中国大陆。如果说美国的贸易赤字是一个问题，它在本质上不是中国而是全球的问题。② Daniel Griswold、Nicholas Lardy和Edward Gresser对此持基本相似的观点，他们认为理解美中贸易不平衡的关键是把中国看作

① Gary, Clyde, Hufbauer, *US-China Trade Disputes*, August 2006, p. 80.

② John Frisbie and Michael Overmyer, *US-China Economic Relations: The Next Stage*, *Current History*, September 2006, pp. 246-247. 美中全国贸易委员会网站.

很多国家以及日益加深的东亚供应链的最终组装和出口平台。① Daniel Griswold 从宏观经济理论的角度对中美贸易不平衡进行了研究，认为双边贸易平衡问题是由一系列复杂的因素形成的，包括国家之间不同的储蓄率和投资、福利、经济增长、消费偏好和产品的比较优势等。只要中国百姓每年的储蓄高于投资，只要美国投资高于储蓄，资本就会持续地从中国流向美国，从而造成巨大的美中贸易赤字。②美国贸易代表办公室（USTR）在 2006 年 2 月 14 日发表的《美中贸易关系评估报告》明确支持了上述观点。③ 而美国经济学家、2006 年诺贝尔经济学奖获得者费尔普斯提出了另一种模式来解释中美贸易不平衡，他认为在一个经济体发展的早期，贸易顺差对其良性发展是至关重要的。中美贸易出现不平衡的原因，一是中国起初的比较劣势是美国不均衡的技术进步所带来的人为的东西，中国需要通过顺差获得资金、购买技术，从而消除这种劣势；二是新产品的传播需要学习，中国最初对美国的产品不够熟悉，阻碍了其从美国的进口，导致了贸易顺差。

与上述分析结论不同，以美国国会美中经济安全评估委员会为代表，他们每年发布研究报告，认为导致中美贸易不平衡的主要原因，一是中国采取重商主义的保护政策，美国产品缺乏对中国的市场准入；二是人民币币值的低估，削弱了美国公司的竞争优势；三是中国对人权、劳工和环保标准的滥用造成了不公平的贸易关系

① 参阅 Daniel Griswold, *Who's Manipulating Whom? China's Currency and the U. S. Economy*, Cato Institute Trade Briefing Paper No. 23, July 2006, p. 5; Nicholas Lardy，中国，是巨大的、新的经济挑战吗？转引自 C. Fred Bergsten, *Foreign Economic Policy for the Next Decade*, 2005; Edward Gresser, *US-China Trade in Perspective: Asia's Emerging Union and Implications for the United States*, The China Business Forum, June 2005, http://www.chinabusinessforum.org/ pressrelease/05_06_14.html.

② See Daniel Griswold, *Who's Manipulating Whom? China's Currency and the U. S. Economy*, Cato Institute Trade Briefing Paper No. 23, July 2006, p. 9.

③ USTR, *U. S. -China Trade Relations: Entering a New Phase of Greater Accountability and Enforcement*, February 2006, http: // www. ustr. gov.

等。对此，中国官方和学者均给予坚决的反击，认为中美贸易不平衡一方面是中美双方统计方法的不同造成了不平衡规模的扩大①，另一方面主要是美国对华出口管制政策造成的恶果。

总体而言，目前国内外学界对中美经贸摩擦的研究仍然处于起步阶段，大部分研究还只是站在微观的层面进行分析，缺乏全面性、深入性、细致性，尤其是缺乏战略性，同时对经贸摩擦理论在中美经贸摩擦分析中的应用也远远不够，这些都为本书提供了进一步挖掘的空间。

三、研究结构及方法

全书共分八章：

第一章导论。重点阐述选题背景和意义，在对国内外研究成果综述的基础上提出论文的总体结构、研究思路、研究方法及创新之处。

第二、三章对经贸摩擦进行分类以及理论分析。重点介绍经贸摩擦的现有理论成果，并对某些理论进行修正，提出新的理论视角。

第四章对中美经贸关系的特点进行研究，对中美经贸摩擦的历史阶段进行划分，并对中美经贸摩擦的主要特征进行论述。

第五、六、七章是本书的研究重点。第五章对近年来发生经贸摩擦的重点领域进行深入的考察与研究，对每一项经贸摩擦的起源、影响及其趋势进行探讨；第六章从宏观视角、美方视角和中方视角对中美经贸摩擦的根源进行研究；第七章对经贸摩擦给中美两国和世界经济以及双方经贸关系带来的影响进行分析。

第八章实际上是研究中美经贸摩擦问题的归结点，从中方、美方及联合角度提出中美经贸摩擦的治理路径。

作者主要采用理论分析与实证研究相结合的研究方法，力争在以下两个方面有所创新：

---

① 海闻等：《美中贸易逆差：规模和决定因素》，北京大学中国经济研究中心讨论稿，1998 年。

（一）理论上的创新

作者认为，目前的国际经贸摩擦理论过多地对经贸摩擦背后的动因给予解释，而没有真正注意到发生经贸摩擦的主体是两国政府，它们为了各自经济利益的帕累托最优而展开的经济、政治及外交博弈是导致国际经贸摩擦的实质动因。而这种博弈的政策取向取决于一国政府的政策偏好，当两国政府对某一经贸问题均采取合作政策时，双方经贸关系就会得到互利发展，避免经贸摩擦的发生；当两国政府中一方采取合作而另一方采取不合作政策时，就会发生经贸摩擦；当两国政府均采取不合作政策时，经贸摩擦就会升级为经贸战。

（二）应用上的创新

作者结合前人的研究成果，加强了经贸摩擦理论在中美经贸摩擦研究中的应用，从宏观视角、美方视角及中方视角对中美经贸摩擦的根源进行了剖析，并对中美经贸摩擦的效应进行了全面、系统、深入的考察与论证，并得出结论：中美作为将来世界最大的两个经济大国，即便是解决了双方现有的贸易不平衡问题，中美经贸摩擦也是不可能消除的。随着中美两个大国经济实力对比的不断变化，中美经贸摩擦中的政治因素将会进一步上升，成为双边经贸摩擦的主导力量。面对现状，立足长远，找到解决中美经贸摩擦问题的更好路径是本书研究的创新点之一。

第二章　经贸摩擦的内涵与分类

伴随着经济全球化的不断深入发展，在世界各国经济联系日益密切的同时，经贸摩擦也逐渐增多，成为各国或地区对外贸易发展的障碍。要消除这一障碍，首先要对经贸摩擦的概念及类型进行深入的观察和科学界定。

第一节　经贸摩擦的概念与界定

经贸摩擦，国内学者往往将其称为经济摩擦或者贸易摩擦，对其定义也是仁者见仁，智者见智。中国的《辞海》曾经对贸易摩擦作了如下界定：所谓贸易摩擦是指资本主义国家间剧烈争夺世界市场的斗争。这种定义尽管指出了摩擦的本质是争夺世界市场的斗争，但是对于贸易摩擦的主体范围定义过于狭窄，已不符合当今世界经济全球化发展的客观现状。国内学者王厚双在其著作《直面贸易摩擦》（2004 年）中将贸易摩擦定义为经济战的一种表现形式，他认为“贸易摩擦是指为了本国的国家利益，为了本国的经济、政治、军事需要，为争夺商品销售市场而展开的限制进口和扩大出口的较量、冲突，甚至是激烈对抗。其核心目标是采取各种方式、手段争夺世界市场。贸易摩擦的直接目标是争夺世界市场，实质是发展机遇和生存空间的争夺战”①。这一定义比前一种有了较大进步，但是仅仅将贸易摩擦的目的简单归结为限制进口和扩大出口显然存在缺陷。

武汉大学学者胡方在其专著《日美经济摩擦的理论与实态》

---

①　王厚双：《直面贸易摩擦》，辽海出版社 2004 年版，第 12 页。

（2001 年）一书中对经济摩擦作了如此定义："经济摩擦是指经济体系中相互联系的各种经济主体之间，为了谋求经济利益，获得某种满意的结果而针对某种经济问题产生的矛盾和纠纷。"① 在这个定义中，作者强调了经济摩擦的行为主体，指出了经济摩擦的产生条件——经济体系中出现的经济问题，以及经济摩擦的后果。

学者林学访则从贸易政策标准的角度对贸易摩擦进行了定义。他认为贸易政策的标准有意识形态标准和经济利益标准之分。所谓意识形态标准下的贸易摩擦，是指进口国因与出口国在意识形态上的对立，而蓄意针对该出口国采取贸易制裁措施，挑起贸易摩擦，以阻止其经济发展，保障进口国及其意识形态下的国家集团的政治、经济利益。这种意识形态标准下的贸易摩擦动机是政治性的，但时机只能是经济性的，而且不需要证实进口国的经济发展已受到损害，往往一项产品进口的增加——甚至不增加但数额较大，就会引发贸易摩擦。而所谓经济利益标准下的贸易摩擦，是指进口国因出口国对其经济利益的损害，有针对性地采取贸易制裁措施，引起贸易摩擦，以保障进口国长期或短期的经济利益。此类贸易摩擦的动机基本出于经济目的，时机也是经济性的，提出贸易制裁的国家往往处于长期经济衰退或萧条之中，恰逢其他国家大量进口产品冲击，使得国内相关产业更加萧条。

中国社会科学院学者赵瑾同样在对日美经济摩擦的研究中，从不同产业的角度提出了经济摩擦的概念。她认为经济摩擦包括五种形式：微观经济摩擦、宏观经济摩擦、投资性摩擦、制度性摩擦和技术性摩擦。不同产业的摩擦为微观经济摩擦；由于各国财政、货币、汇率等宏观经济政策的不同所引发的摩擦为宏观经济摩擦；跨国公司对外投资与东道国之间的摩擦为投资性摩擦；各国法律制度、交易习惯、竞争政策的不同导致的摩擦为制度性摩擦；各国技术标准和法规不同产生的摩擦为技术性摩擦。她同时认为，以上五种形式的摩擦是递进关系，随着国际经济环境的变化，两国间发生

---

① 胡方：《日美经济摩擦的理论与实态》，武汉大学出版社 2001 年版，第 1 页。

经济摩擦的侧重点是不一样的。目前，制度性摩擦构成了两国经济摩擦的关键。上述定义从国际经济摩擦成因的角度进行了分析，具有一定的合理性，但对于经济摩擦的概念界定仍没有从整体上给予明确和全面的阐述。

上述关于经贸摩擦的定义大多是通过表现形式来界定的，具有一定的合理性，但从现实世界发生的摩擦案例来看，所有定义仍显得较为狭窄，没有完全揭示出经贸摩擦的实质，有必要从更广泛的角度对其进行重新阐释。笔者认为，使用广义的经贸摩擦概念更能涵盖所有的经济内容，包括贸易、货币、汇率、投资、经济制度和经济政策等各个领域，在此基础上可以将经贸摩擦定义为国际社会中建立经贸关系的国家之间为实现自身福利的最大化而产生的矛盾或纠纷，以及为解决这种矛盾或纠纷而展开的各种政治、经济和外交斗争，它是国家之间利益冲突与碰撞的一种通常形式。这个定义包括以下几个基本要素：一是产生经贸摩擦的前提是国际交往（经贸关系）的存在，没有建立经贸关系的经济主体之间不可能产生经贸摩擦。二是经贸摩擦是一种运动过程，在这个过程中经贸摩擦的行为主体为追求自身利益的最大化，采取“以邻为壑”的贸易保护政策措施，或者采取的措施有悖于国际贸易的趋势框架时，经贸摩擦便不可避免。需要说明的是，行为主体的利益是一个多元化概念，既有企业、群体和地区的利益，又有国家的利益；既有经济利益，又有政治、外交、安全等方面的利益；既有眼前利益，又有长远利益。三是经贸摩擦的结果是非正和博弈，也就是说，不存在使双方都受益的经贸摩擦。经贸摩擦的福利效应只存在两种可能：要么所有国家的福利都恶化，要么一国福利的增加以另一国的福利恶化为代价。四是经贸摩擦的主要解决途径有经济谈判、政治施压、外交对话等，最终通过自愿出口限制、国际争端机构仲裁等形式予以化解。五是经贸摩擦的发生具有广泛性。不但发达国家之间有经贸摩擦，发达国家与发展中国家之间有经贸摩擦，发展中国家与发展中国家之间也有经贸摩擦。比如，日美经贸摩擦、欧美经贸摩擦、中美经贸摩擦等。

从经贸摩擦的定义出发，就比较容易对中美经贸摩擦的内涵进行界定：中美经贸摩擦是中美两国针对某种特定的经贸问题，为了各自的经济、政治或战略利益而产生的跨国界的经贸矛盾和纠纷。它是在中美两国经济交往和经济交流过程中形成的、对两国正常的经济联系和经济交流的一种偏离。中美经贸摩擦的主要表现形式是美国宏观上对华经济制裁、干预中国经济政策、阻止正常经贸合作以及微观上双方相互展开反倾销等。解决中美经贸摩擦的主要途径是双边经贸磋商与谈判、战略经济对话等。

第二节　经贸摩擦的分类

从不同的角度可以将经贸摩擦划分为不同的类型。比如，依据经贸摩擦涉及的对象可以将其分为有形产品摩擦和无形产品摩擦①；依据参与经贸摩擦的行为主体的数量多少可以将其分为双边摩擦、多边摩擦和集团摩擦；依据经贸摩擦所采取的手段可以将其分为关税摩擦和非关税摩擦；依据经贸摩擦所涉及的产品类型可以将其分为出口型摩擦和进口型摩擦；依据经贸摩擦的表现形式可以将其分为隐性摩擦和显性摩擦②等。

以上分类虽然简单，但过于笼统，有以偏概全之嫌，没有从根本上反映经贸摩擦的整体特征。笔者认为，对经贸摩擦进行科学的分类，要综合考虑其诱导因素和表现形式，具体可以将经贸摩擦划分为以下几种类型：

一、政策性摩擦：是指两国因各自采取不同的宏观经济政策而引发的经贸纠纷，这些宏观经济政策包括：财政政策、货币政策、外贸政策、汇率政策、资本市场政策、土地和矿产资源开发利用政策、生态建设和环境保护政策等。总体上讲，政策性摩擦属于宏观

① 无形产品摩擦系指以有形产品为载体以外的摩擦，此类摩擦并不具体到哪个有形产品，而是涉及一国的国内经济政策、法律、规则和制度等多个方面。

② 两个经济体之间的直接摩擦属于显性摩擦，而通过对自身经济政策和行为的调整对他国的经济利益形成制约和打击而带来的摩擦就属于隐性摩擦。与显性摩擦相比，隐性经贸摩擦更注重斗争形式的灵活与变化。

经济摩擦的范畴。在开放经济条件下，一国国内的宏观经济政策往往会通过国际贸易的传导作用对他国产生有利或不利的影响，从而引发两国间的经贸摩擦。① 政策性摩擦能否缓解，主要取决于所涉及的国家政府或企业对相关宏观经济政策的效果评估和承受能力。如果一国政府认为他国的宏观经济政策影响或损害了本国的经济利益，增加了本国企业的经济成本，该国就会要求对方改变、调整或者取消宏观经济政策的实施，引发两国之间的政策博弈，经贸摩擦就会产生。在世界各国经贸摩擦案例中，属于政策性摩擦的占很大一部分。在当前的中美经贸摩擦中，人民币汇率之争、汽车零部件关税之争、知识产权政策之争、对华反补贴之争就是此类经贸摩擦的典型代表。

二、产业性摩擦：是指由于两国采取不同的产业政策导致对方的相关产业不平等竞争所带来的经贸纠纷。从性质上讲，产业性经贸摩擦属于微观经贸摩擦的范畴。产业性摩擦可分为产业间经贸摩擦和产业内经贸摩擦。产业间经贸摩擦指不同产业的相互水平竞争所带来的经贸纠纷；而产业内经贸摩擦是指同一产业在垂直分工合作或竞争过程中所产生的摩擦。一般来讲，任何两国间的经贸摩擦都是由产业性摩擦开始的。中美纺织品贸易摩擦、农产品贸易摩擦、家具及彩电业摩擦等都是产业性经贸摩擦的代表。

三、制度性摩擦：是指进行双边贸易的两国在同一领域存在不同的制度或对其中一国的某种制度认同不一致而引发的经贸摩擦，也可以说是由贸易双方制度不协调引起的经贸摩擦。这里的制度主要包括国内法律和市场结构、竞争结构等方面，它所体现的是不同的国家经济政策、交易习惯、不同产业的规则和反规则的冲突。随着经济全球化的深入发展，各国之间的经贸摩擦开始由宏观层面向

① 国际贸易的传导作用主要是通过进出口贸易和世界市场商品价格的波动两个渠道来实现的，而进出口贸易具有溢出效应和回波效应。溢出效应是指一个经济体内部发生了变化，其影响不仅局限在该经济体范围内，也会通过国际贸易涉及其他经济体；其他经济体的反应又会对该经济体产生反作用，形成回波效应。在国际贸易中，两个贸易伙伴国的开放程度越大、贸易依存度越强、双边贸易关系越紧密，上述溢出效应和回波效应就会越明显。

制度层面扩散，制度性因素已经成为解决国际经贸摩擦的着眼点之一。在当前的国际经贸领域中，制度性摩擦案件屡见不鲜。比如，由于双方管理制度的不同引发的美欧转基因产品摩擦，由于两国在流通政策、零售法、促销措施方面存在差异引发的日美胶卷经贸摩擦，由于在香蕉的进口、销售和分销体制上存在认同差异诱发的美欧香蕉分销体制摩擦，由于电信服务措施不认同而导致的美墨电信业摩擦，由于对税收政策理解的不同所导致的中美半导体经贸摩擦等均属于制度性摩擦。

四、技术性摩擦：主要是由各国技术性贸易壁垒所引起的经贸纠纷。近年来，由于经济增长乏力，发达国家的贸易保护主义有重新抬头之势，在传统贸易壁垒作用日益弱化的情形下，发达国家寻求以技术壁垒为核心的形形色色新贸易壁垒，以保护其国内经济和产业，形成进入21世纪以来的“新贸易壁垒潮”。新贸易壁垒则往往着眼于商品数量和价格等商业利益以外的东西，如安全标准、卫生标准、包装标识、信息技术标准、环境标志、劳工安全标准、福利标准等，更多地考虑商品对于人类健康、安全以及环境的影响，实施时采取的措施不仅有边境措施，还涉及一国的国内政策和法规。比如，中美食品安全摩擦就是美国利用食品、卫生等技术标准对美国相关食品产业的一种保护。

五、遏制性摩擦：是指一国通过采取相应的宏观经济战略和微观经济技术手段对另外一国的竞争进行打压、削弱或者遏制而导致的经贸摩擦。遏制性经贸摩擦的形式主要有两种：一种是战略性经济遏制，包括政治、军事、文化等综合手段的运用，有意识地推动贸易伙伴的市场化、自由化；另一种是战术性经济遏制，比如逼迫他国货币制度变革以阻碍或延缓他国经济的发展、对他国进行高技术出口管制以保持本国高科技领域的垄断地位和竞争优势、施压他国加强知识产权保护以维护本国的经济利益不受损害等。遏制性摩擦一般发生在发达国家和发展中国家之间，其目的就是遏制后起国家的兴起对发达国家的冲击和挑战，尽可能延长发达国家的优势期限。如美国长期对华实行高技术出口管制政策所导致的中美经贸摩擦就属此类。

六、歧视性摩擦：是指一国针对他国的进出口商品采取不公正的歧视性待遇所引发的经贸摩擦。歧视性摩擦的主要表现有一国对他国的商品实行特保措施、对给予贸易伙伴的最惠国待遇进行定期或不定期审议等。比如，我国认真履行WTO协议，经济市场化取得了突飞猛进的发展。按照国际上判断市场经济发展程度的五个标准，即政府作用、企业权力与行为、投入要素的成本与价格、贸易环境与条件以及金融参数等标准测算，中国市场经济发展程度2001年底已达到2.51，折算成百分制为69%，意味着中国市场经济体制已是不容否认的事实。然而，目前美国仍不承认中国的市场经济地位，滥用世贸组织规则，对华产品任意进行反倾销、实施特保措施等歧视性做法，同时却又对中国实行只针对市场经济国家的反补贴政策，构成了对中国的双重歧视，由此引发的经贸冲突就是歧视性摩擦。

七、社会性摩擦：也可称为以商业利益为核心的意识形态摩擦，是指贸易行为主体因社会心理、风俗习惯、文化冲突、伦理标准的差异而引发的经贸摩擦。因此，社会性经贸摩擦更容易发生在两种不同社会制度的国家之间，比如发达资本主义国家对于发展中社会主义国家的劳工标准十分强调，实质是降低社会主义国家在世界贸易中的比较优势，削弱社会主义国家的竞争力，同时转嫁发达国家目前广泛存在的失业危机。又如，美国根据《1988年贸易竞争综合法案》制定的“特别301条款”及“超级301条款”，对外推行贸易单边主义所引发的摩擦以及美国高度关注对华企业的社会道德责任标准所引发的摩擦即是社会性摩擦。

八、保护性摩擦：是指由于一国为达到限制进口和鼓励出口的目的，对外推行贸易保护主义而引发的经贸摩擦。目前，保护性经贸摩擦已经成为国际经贸摩擦爆发的重要原因之一。实行保护性经贸摩擦的理论依据主要有重商主义理论、幼稚产业保护理论、战略性贸易政策理论、国际收支平衡理论、国家安全理论等。保护性摩擦的实质是市场准入问题，比如欧盟抱怨美国在加工食品、纺织品、皮革、玻璃制品以及鱼类进口配额等方面保持关税高峰，而美国则指责欧盟在葡萄酒标签需求、大米进口关税争论以及关于谷物的乌拉圭回合承诺等方面做得不够。相对于产业性摩擦或社会性摩擦，保护性摩擦比较容易解决，只要摩擦一方取消对对方的市场准入限制即可。美欧经贸摩擦相当一部分属于保护性摩擦。

需要说明的是，笔者虽然对经贸摩擦进行了具体划分，但这种划分仍然是相对的。许多经贸摩擦的类型具有交叉性特征，往往一种经贸摩擦可能包含多种复杂因素，因此很难准确界定它的经贸摩擦属性。但是，尽可能弄清经贸摩擦的原因和后果，有利于我们制定和采取科学、合理、有效的解决手段，有利于我们掌握国际经贸斗争的主动权，从而为国家对外贸易的发展争取良好的外部环境。

第三章　经贸摩擦成因的理论分析

任何经济现象都有其理论基础，经贸摩擦也不例外。按照分析角度的不同，目前学术界主要从微观、宏观以及政治经济学三个层面对经贸摩擦理论进行阐释。本章重点对经贸摩擦的一般理论进行介绍和分析，在此基础上对其中某些理论进行修正。

第一节　经贸摩擦的微观、宏观及政治经济学分析

一、经贸摩擦的微观理论分析

微观经贸摩擦理论是对由经贸一方对另一方出口激增或者实行贸易保护造成的经贸摩擦进行分析，经贸双方在国际分工中比较优势的变化或者一国产业国际竞争力的变动是微观经贸摩擦理论的侧重点。该理论一部分是以完全竞争市场为前提，另一部分是以不完全竞争市场为前提。

（一）完全竞争市场条件下的经贸摩擦理论

完全竞争又称纯粹竞争，是一种不受任何阻碍和干扰的市场结构。完全竞争市场是指市场价格由市场中所有的购买者和供应者的相互作用决定，但任何一个厂商都不能控制市场价格，每个企业都用市场既定的价格销售产品。一般来讲，在完全竞争市场上，生产要素在各国之间是完全自由流动的，价格可以充分发挥其“看不见的手”的作用，调节整个经济的运行，使社会总供给与总需求相等，资源得到最优配置，从而实现一般均衡的帕累托最优。在古典贸易理论当中，无论是亚当·斯密的绝对优势学说，还是大卫·李嘉图的比较优势学说或者俄林的要素禀赋理论都是以完全竞争市

场为假设前提，各国通过完全竞争形式下的贸易活动取长补短，始终能够实现均衡条件下国家间的分工与合作，增加整个社会的国民福利。因此，建立在完全竞争市场条件下的国际贸易理论基础上的贸易往来，是不存在经贸摩擦问题的。

假设 A、B 两国是贸易伙伴国，分别处于不同的经济发展阶段和拥有不同的科技发展水平，A 国在劳动力价格上拥有比较优势，而 B 国在资本、技术和自然资源方面拥有比较优势，两国发展经贸关系的互补性十分明显。按照国际经济学理论，在完全竞争市场条件下，A 国应该选择对 B 国出口玩具、纺织服装和家电等劳动密集型产品，而 B 国则对 A 国出口飞机、高端计算机设备等资本和技术密集型产品，以及大豆、棉花等土地密集型农产品，通过自由贸易两国不仅能够满足各自的需求，而且有助于实现相互间的经济均衡。但是，如果两国贸易的商品结构没有遵循完全竞争的市场规则，而是偏离了优势互补的贸易轨道，出现了某种程度的市场失灵或者市场扭曲，根据国际经济扭曲理论①，将会导致其中一方对自由贸易的看法发生变化，自由贸易也不再被视为是最佳贸易政策，追求和执行自由贸易政策的动力就会逐步减弱。如果市场扭曲发生在国内市场，贸易国一方采取的弥补政策会推动自由贸易的发展；但如果市场扭曲发生在国外市场，贸易国一方采取一定的弥补政策，如减少对本国产品的税收、对出口产品进行补贴等政策，自由贸易就不能保持最优均衡状态②，就会引发国际经贸摩擦。要根除

① 国际经济扭曲理论是从国际经济活动中帕累托最优的资源配置出发，研究该资源配置没有达成时，各种不合理的资源配置形式及其形成条件，以及对这种不合理的资源配置进行改善的理论。该理论认为，帕累托最优两个必要条件是：（一）本国消费中两产品的边际代替率＝本国国内生产中两产品的边际变换率＝国际贸易中两产品的边际变换率；（二）两产品生产中的各自劳动和资本的边际代替率相等。如果上面两个必要条件中的任何一个不能满足，国际经济扭曲行为就会发生。更详细内容参见胡方：《日美经济摩擦的理论与实态》，武汉大学出版社 2001 年版，第 15 页。

② ［美］贾格迪什·巴格瓦蒂：《现代自由贸易》，中信出版社 2003 年版，第 20～23 页。

这种经贸摩擦，就必须进一步完善贸易市场体系，消除国际贸易扭曲问题，使国际贸易在完全竞争市场条件下运行。

（二）不完全竞争市场条件下的经贸摩擦理论

对于假定条件下的完全竞争市场，凯恩斯认为：“我们对普遍接受的古典经济学的批判不在于发现它在分析中的逻辑缺陷，而在于指出它的假定很少或者从来就没有在现实中满足过，从而根本就未能解决现实世界中的经济问题。”也就是说，在现实世界中，完全竞争市场只是一种理想状态，更多的则是不完全竞争市场，市场的不完全竞争是造成国际经贸摩擦的主要原因。

不完全竞争市场条件下的经贸摩擦理论主要从两个方面展开：

一方面以进行贸易国家的企业均为垄断企业为前提，研究成果集中于战略性贸易理论，国际经贸摩擦只是该理论研究内容的一个组成部分。战略性贸易理论包括两个分支，一个是主张政府通过关税和配额等进口保护和出口补贴等出口促进政策，加强本国厂商的竞争地位，扩大本国厂商在国际市场中的份额，以外国向本国转移利润为直接目的的利润转移理论；另一个是强调外部经济在国际专业化分工中的重要性，主张政府对能够产生巨大外部经济的产业给予适当的扶持，是在不完全竞争和规模经济中发挥作用的外部经济理论。无论是利润转移论还是外部经济论，都认为在充满不完全竞争和贸易壁垒的世界里，单个国家有理由从本国利益出发，实行偏离自由贸易的政策，并使贸易政策发挥促进本国产品竞争力提高和经济增长的战略性作用，强调在适当条件下政府对贸易干预的合理性。根据战略性贸易理论的解释，国际经贸摩擦理论认为，在不完全竞争的市场结构下，外国垄断厂商可以凭借其垄断优势获取垄断利润，造成消费者正常利益的损失和垄断厂商的某种“额外收益”，因此贸易伙伴国政府会通过“以邻为壑”的贸易政策来影响或改变企业的战略行为，从而使本国从相互自由贸易中获益，由此引起贸易伙伴国的报复，导致两国之间的经贸摩擦。此外，由于国际交易背后经济利益的驱使，发达国家往往也不愿意退出一些低附加值的传统产业领域，反而会对其实施保护政策，同样造成与有关国家的经贸摩擦。

另一方面，日本学者广濑宪三在战略性贸易理论中加进了制度因素，强调国家间经济制度的不同有可能导致国际贸易摩擦（胡方，2001）。近年来对日美贸易摩擦的研究（赵瑾，2002）和对美欧贸易摩擦的研究①也表明，国家间的结构性障碍和制度性差异也是贸易摩擦的重要原因。结构性障碍主要指在涉及产业、贸易投资、综合国力、人力资源、人文环境、历史传统等方面，贸易国之间存在着结构性差异。所有这些差异导致贸易国对自由贸易程度采取不同的立场和态度。对各方面结构性占有优势的国家来讲，一般会采取积极的态度对待竞争；反之，则会采取消极谨慎的态度对待竞争，经贸摩擦由此产生。而制度性差异主要体现在国家之间的各种各样的制度和政策间的分歧影响了国际竞争的条件。具体讲，就是制度差异能够影响一国交易成本的大小，从而对该国的竞争优势产生影响。如果一国制度较之另一国的制度完善，那么该国交易活动中的交易成本比另一国要小，这种有利于自身交易行为的制度会进一步内生地增强该国的竞争优势。另外，从国际交易的角度来看，这种制度间的差异会导致制度运行成本变得高昂，从而增大两国贸易进行的阻力，这两个方面的影响使贸易国之间发生经贸摩擦的可能性增大。

经济学者帕那格里亚、三边信夫和后藤纯一等人（胡方，2001）则从另一方面对经贸摩擦理论进行了研究。他们认为，相互进行贸易国家的企业生产活动中存在规模经济和外部经济，但是在不完全竞争市场条件下，规模经济、外部经济的获得有赖于后天的政府扶持，适当的贸易政策（在某种程度上就是贸易保护政策）可以帮助企业获得后天的竞争优势，争取更多的利润，但是这种对利益重新分配的追求很容易招致外国政府相应的报复性行为，从而引发两国之间的经贸摩擦。

---

① Raymond J. Ahearn, *Trade Conflict and the U.S.-European Union Economic Relationship*, CRS Report for Congress, July 2006, p. 6.

二、经贸摩擦的宏观理论分析

宏观理论分析是建立在宏观经济均衡基础之上的分析方法。通过储蓄、投资、消费之间的关系来判断一个国家整体经济的运行情况以及对一国政府调整自身经济政策来影响贸易伙伴国的整体经济运行时产生的经贸摩擦进行分析。

（一）宏观经济均衡条件下的经贸摩擦理论

一国的宏观经济均衡包括两个方面：内部均衡和外部均衡。内部均衡主要是指一国国内经济出现充分就业、经济增长和物价稳定的局面。外部均衡主要是指一国国际收支的基本平衡。如果一国同时达到内部均衡与外部均衡，经济就处于宏观经济的全面均衡状态，即最适宜的发展状态。追求宏观经济的均衡是各国的发展目标。

在宏观经济学理论中，GNP 的计算方式有支出法和收入法两种：按照支出法得出 GNP≡总支出≡$C+I+G+(X-M)$，按照收入法得出 GNP≡总收入≡$C+S+TA$，若不考虑政府和对外部门，则有 $C+S\equiv \text{GNP}\equiv C+I$，即 $C+S\equiv C+I$，于是 $S\equiv I$，也就是说一国的储蓄恒等于投资。但是在开放经济条件下，这种形式上的恒等往往是不可能的，由此可做如下推导：

国民储蓄值等于国内投资加上国外投资，即

$$S=I_d+I_f \tag{1}$$

一国国民产出=对国内产出的全部购买，即

$$Y=C+I+G+(X-M) \tag{2}$$

由（2）式推导出：

$$Y-E=X-M,\ E=C+I_d+G \tag{3}$$

商品及服务出口与进口的差额，即

$$CA=X-M \tag{4}$$

由（1）式整理可得

$$I_f=S-I_d \tag{5}$$

因此，（3）、（4）、（5）式恒等可得

$$CA=S-I_d \tag{6}$$

由恒等式（6）可知，如果一国的储蓄大于投资，则该国净出口为正，即有贸易顺差；如果一国的储蓄小于投资，则该国的净出口为负，即有贸易逆差。这是因为，如果一国的储蓄大于投资，则未用于国内投资的储蓄将借给外国人，外国人需要从本国借贷，是因为其没有出口足够多的商品和服务，因此需要向贸易顺差国借贷，以购买进口品。如果本国的投资大于储蓄，则缺口部分必须向国外借贷，通过这部分借款，本国就可以从国外进口更多的商品和服务。因此，影响国内储蓄和投资的因素也就是影响贸易差额的因素，而贸易差额成为贸易伙伴国之间发生经贸摩擦的直接因素。从这一角度进行研究的学者主要有 Krugman、Branchard、Frenkel 以及日本的小宫隆太郎等。国际收支平衡等式只是指出了引起经贸摩擦的相关要素，即各国国内的民间储蓄投资行为和政府财政收支行为，但并没有对这些相关要素的数值作出定量研究。换句话说，两贸易伙伴国不平衡的规模在多大程度上会引起经贸摩擦，该理论并没有给出确切答案。

与上述宏观经济恒等式相联系，国内学者林学访①从进口国消费者利益最大化的角度解释了贸易摩擦的成因。该理论认为，消费者出于利益最大化考虑选择进口产品的倾向，是引起贸易摩擦的根源。但贸易摩擦的生成不是简单的贸易问题，而是一个复杂的、涉及贸易双方国内经济乃至世界经济发展过程、现状和制度的问题。贸易摩擦的形成过程主要分为三个阶段，通过这三个阶段，贸易摩擦在各种因素作用下逐步生成。第一阶段，以需求为起点的进口诱发阶段。在开放经济的前提下，一国消费者可以通过比较国际同类产品或替代产品，来选择产品组合方式，以实现消费者利益最大化。这种选择的出发点是消费者的消费偏好，选择的指标体系可以分为价值（价格）和使用价值两部分。在这一阶段，消费者为追求利益最大化，将选择价格最低的产品组合来满足需求。这种倾向

① 参见林学访：《论贸易摩擦的成因与影响》，《国际贸易》，2007 年第 5 期。

将在本国产品价格偏高时，诱发国外同类产品进口，造成本国在世界的生产份额被挤占。第二阶段，进口导致国家利益受损阶段。国外同类产品的进口必然挤占进口国在世界的生产份额。这种情形通常会在进口国通过乘数原理引起恶性循环。第三阶段，国家利益引起贸易摩擦阶段。当进口国国家利益可以明确判断为受到损害后，一些国家便对其加入国际分工体系的得失进行反思。进口国对是否退出国际分工体系的不同选择和不同政策，也会通过不同方式引起贸易摩擦。一部分国家选择退出国际分工体系，拒绝外国产品进入，由此直接引发贸易摩擦。鉴于当前世界经济一体化的深入发展，任何一个国家都不可能完全脱离国际分工体系而存在。因此，大多数进口国会针对特定产品全面限制其进口。这样，必然引发贸易摩擦。

（二）生产力变化条件下的经贸摩擦理论

美国经济学家拉尔夫·戈莫里与威廉·鲍莫尔将古典贸易模型运用于分析现代世界经济并对其进行修订①。他们认为，在古典贸易经济模型中，一个国家生产什么产品完全是预先注定的。由于一国只有作为特定产品的最佳供应商才能成为产业中的主要生产商，因此结果总能符合所有贸易国普通大众的经济利益，也就是说结果往往使各贸易国的消费者福利和生产效率达到最优水平。然而在现代产业中，产业优势模式可能仅仅是历史事件变幻无常的结果，一些可能与自然优势毫不相干的历史事件，可以使一国在设备、知识和人员方面确立起优势，即为后天优势，从而得以在一个产业中领先多年。根据上述理论，一个国家总可以通过努力或者通过生产率的增长来改变它在全球均势中的地位，从而导致一个全新的国际贸易模式和经济结果。这种结果就是一个工业化国家将从其非常落后

① 作者认为，与以收益递减为主要特征的传统农业经济不同，现代世界经济是以制造品、日新月异的技术变化以及从规模经济中获益的大型企业占主导地位的经济时代。该理论详细内容参阅［美］拉尔夫·戈莫里、威廉·鲍莫尔著，文爽、乔羽译：《全球贸易和国家利益冲突》，中信出版社2003年版。

的贸易伙伴发展新产业从而使生产率得到普遍提高中受益，但有一个转折点——如果其贸易伙伴的新兴产业在全球市场上占有更重要地位时，该新兴贸易伙伴发展更多的产业将不利于发达国家。为了确保最佳利益，发达国家将通过激烈的竞争来维持其相对于新兴对手的巨大优势，这样就会导致贸易国之间的重大利益冲突，而非全面提升各贸易国的福利。正是在这个意义上说，他们得出的结论是国际贸易存在着固有的利益冲突。下面用图 3.1 对这一理论作具体说明：

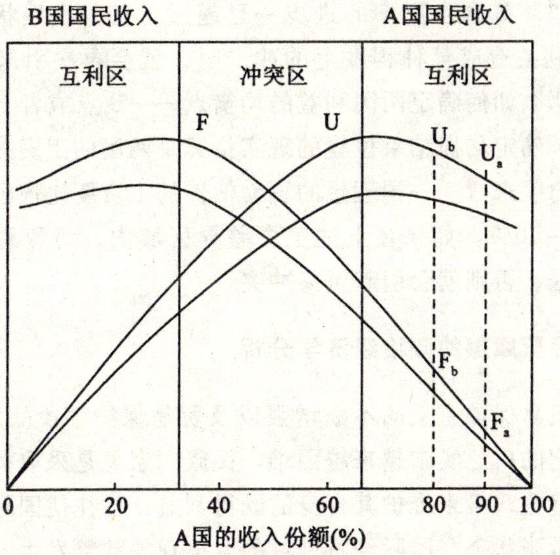

图 3.1　两国国民收入的比较

资料来源：［美］拉尔夫·戈莫里、威廉·鲍莫尔著，文爽、乔羽译：《全球贸易和国家利益冲突》，中信出版社 2003 年版，第 65 页。笔者将文献图中的英国和法国修订为 A 国和 B 国。

图 3.1 表明，假定世界上只有 A、B 两个国家，横轴表示 A 国国民收入占世界收入的份额，左边的纵轴表示 B 国的国民收入，右边的纵轴表示 A 国的国民收入，曲线区域表明随着本国国民收入占世界收入份额的变化本国国民收入变化的趋势。如果 A 国在

世界收入中所占份额由90%降至80%，那么它的收入将会由U_a点增加到U_b点，同时A国收入份额的下降可以使B国收入份额由F_a点上升到F_b点，也就是说右边的区域是使两个国家均受益，因此称为互利区。反过来，左边的区域也是如此。在图的中间区域——即两条垂线之间的区域——A国的上边界线向右上方倾斜，而B国的上边界线向右下方倾斜。这一区域的均衡点使两个贸易伙伴的利益刚好相反，也就是说一国境况的改善必定使另一国的境况恶化时，贸易伙伴就会发生冲突，因此称为冲突区。需要说明的是，A国国民收入占世界收入份额的下降是以B国生产率的提高为前提的，但是如果B国生产率的进步一旦超过了某一发展状态，开始对A国的利益造成某种程度上的冲击时，就会再次引起国家利益的冲突。那么如何确定两国利益的均衡点——U点或者F点呢？该理论给出了确定均衡结果位置的现实指标是两国的工资差异，即从工资率的角度来看，一国理想的贸易伙伴的工资要比该国本身的工资低50% ~70%。如果在上述工资差异区域内，两贸易伙伴国就处于互利区，否则就会引起贸易冲突。

三、经贸摩擦的政治经济学分析

随着贸易保护主义的不断增强以及贸易保护手段的层出不穷，贸易自由化的广泛实施越来越困难。民族国家总是采取关税、非关税等贸易壁垒政策来维护其自身的既得利益，往往使国际贸易关系处于一种紧张状态，国际经贸领域的摩擦现象频繁发生，国际贸易关系经历着前所未有的严峻冲突。现实与理论的背离，促使经济学家开始从内生政治过程寻找经贸摩擦产生的理论根源，经贸摩擦理论研究进入由传统贸易理论向贸易的政治经济学路径转换的新阶段。

（一）利益集团主导下的经贸摩擦理论

根据国际经济学理论，任何经贸摩擦都会给一国国民的整体福利带来损失。但作为“经济理性人”的政府，在明知其不利影响的情况下仍然会采取引发经贸摩擦的措施或行动，难以用纯贸易理论进行解释。根据政治经济学理论，经贸摩擦是一国政府制定经贸政策时，国内政党和利益集团间博弈的必然结果，具体是由以下因素共同作用而产生的：（i）政策制定者的目标；（ii）贸易保护中的受益者和受损者对政策所施加的影响；（iii）政策制定的监管者与贸易保护中受益者和受损者之间相互作用的制度设置。①在实际执行过程中，政府很少追求那些使社会福利最大化的政策，而是努力寻求那些使之政治利益最大化的政策，这些政策通常反映的是那些最有影响力的自利集团的利益。一般来说，资本丰裕国中资本利益集团倾向于自由贸易，而劳动力集团倾向于保护贸易，劳动力丰裕国刚好相反。就结果而言，利益机制越发达的国家，贸易政策越有可能均衡产生，而利益集团机制欠发达的国家贸易政策越易受单边影响。Gene M. Grossman 和 Elhanan Helpman 通过提出“待售的贸易保护模型”，将国内政治引入国际贸易关系的分析之中，对内生贸易理论作了进一步的发展。他们认为，政府目标函数中选民福利或者利益集团的运动捐献的权数是内生的，明确了政府关注不同的特殊利益集团的过程，分析了国内利益集团与政府官员间的战略互动以及国际领域政府间的战略互动，进一步提出了国家间展开贸易战的政治动因。②

（二）追求收益为原则的经贸摩擦理论

相对收益和绝对收益是新现实主义与新自由主义最新论争中所提出的概念，两种流派都认为相对收益和绝对收益在一国对外政策的形成过程中均扮演着重要角色，但会导致大相径庭的后果，强调相对收益会阻碍国家合作并引发冲突，而绝对收益则会促进国际合作的实现。新现实主义强调国家在国际关系中获取相对利益，也就是说计算自己所得是否多于别人所获。新自由主义者则认为国家的目的是获取绝对利益，只考虑在合作中自己是否有所得益，不顾及自己的收益比别人多还是少。虽然新现实主义与新自由主义都承认

---

① ［美］艾尔 L. 希尔曼著，彭迪译：《贸易保护的政治经济学》，北京大学出版社 2005 年版，第 3 ~ 4 页。

② Gene M. Grossman and Elhanan Helpman, *Special Interest Politics*, The MIT Press, 2001.

国际合作的可能性，但是在其可行性和可靠性上，双方存在分歧。新现实主义对国际合作的态度是消极的，新自由主义是积极的，前者认为国际合作很难成功，即使成功了，也很难维持，因为合作大都依赖于国家权力。对于合作的国家优先目标，新现实主义者与新自由主义者都认为国家安全与经济福利是国家的主要目的，但二者的侧重点不同，新现实主义强调安全目标，而新自由主义则强调经济福利。但不管强调什么，当两个国家都仅仅关心相对收益的时候，它们的关系模式可能是没有合作余地的零和博弈并导致冲突的产生。相对收益、绝对收益理论讨论的虽然是国际关系的变化情况，但也从一个方面解释了国家间经贸摩擦产生的原因。

也有学者认为，在现实的贸易过程中存在着国际利益的分配问题，而具体的利益分配取决于贸易条件、产品结构、该国的谈判能力、交易商的交易能力以及产品在国际市场上的竞争程度等诸多因素。各国产品结构和交易能力的诸多差异，引起国际贸易利益分配的偏向性，大量的利益流向产品结构优化和交易能力较强的国家，产品结构滞后和交易能力较弱的国家只得到很少的国际贸易利益。利益分配偏向性的存在是贸易摩擦产生的根本原因，此观点也可看作是以追求收益为原则经贸摩擦理论的另一种表述。

（三）相互依存条件下的经贸摩擦理论

该理论认为，进行国际贸易的双方之所以产生矛盾或摩擦，首要因素在于双方之间的相互依赖性，即“相互依存的事实与条件，相互依存的关系”，是指“一个国家的经济运动双轨的、相互的作用和影响的程度”。① 国际经济的相互依赖理论认为，经济上相互依赖的存在和加强，使得一个国家可以通过经济手段、经济政策影响其他国家的经济和政治。如果两国之间的相互依赖是对称的，它们之间的经济关系就比较稳定，因为谁破坏了已有的相互依赖关系都会危及自身；如果两国间的相互依赖关系是失衡的，它们之间的经济关系就难以是公平合理的，实力弱小的国家面对实力强大国家

---

① 理查德·库帕：《相互依赖经济学：大西洋社会的经济政策》，转引自张学斌《经济外交》，北京大学出版社2003年版，第261页。

的压力，在努力争取自身利益的同时导致双边经贸摩擦的发生。随着不对称相互依赖性中美经贸关系的不断增强，中美经贸摩擦的增多是一个必然过程。

第二节 对相关经贸摩擦理论的评析与修正

一、对西方经贸摩擦理论的评析

上节对当前流行的国际经贸摩擦理论进行了简要介绍，实际上关于经贸摩擦的理论流派远不止这些。还有学者从文化冲突的角度、心理意识角度等对经贸摩擦理论进行了进一步的探讨，使经贸摩擦理论不断得到丰富、创新与发展，为解释现实世界包括中美经贸摩擦问题在内的国际经济关系矛盾与纠纷提供了理论支撑。

但是，相对于传统的国际经济学理论而言，目前的国际经贸摩擦理论仍然显得十分零碎与分散，在解释单个经贸摩擦现象时往往难以自成体系。尤其是许多理论过多地对经贸摩擦背后的动因给予解释，而没有真正注意到发生经贸摩擦的主体是两国政府，忽略了政府间的利益互动与均衡博弈才是导致国际经贸摩擦的实质因素。虽然近年来随着政治经济学理论范式的融入使经贸摩擦理论研究有了更深层次的内涵，但仍然具有一定的片面性。因此，有必要对其进行改进，形成一个更为完整的理论体系。

二、对经贸摩擦理论的修正与完善

从笔者给经贸摩擦下的定义可以看出，经贸摩擦的产生是以建立经贸关系的行为主体存在为前提的，而国际经贸摩擦的行为主体主要是指两国政府，它们为了各自经济利益的帕累托最优而展开一系列的经济、政治及外交斗争。实际上，两国政府处理经贸摩擦的过程也是开展外交谈判的过程，当然这里所指的外交谈判包括政治、经济、文化、军事等多个层面的谈判，其直接的表现结果就是两国政府谈判代表的合作与拒绝合作的博弈过程。如表 3.1 所示，当两国政府对某一经贸问题均采取合作政策时，双方经贸关系就会处于顺利发展区，经贸摩擦不会发生；当两国政府中一方采取合作而另一方采取不合作政策时，就会产生经贸摩擦；当两国政府均采取不合作政策时，经贸摩擦就会升级为经贸战。

表3.1　　A、B两国政府的二元博弈

	A国政府	
B国政府	合作、合作	合作、非合作
	非合作、合作	非合作、非合作

资料来源：根据博弈论的内容制作。

现在，笔者将表3.1中的博弈过程用图3.2的形式重新表达出来，就可以对经贸摩擦作出更全面、更清晰的理论解释。图3.2中每一个点代表两国政府的谈判结果，两个不同的轴表示两国政府各自不同的预期收入。横轴代表A国收入，纵轴代表B国收入，C线、R线分别代表A国、B国的拒绝合作点，曲线P代表了理论上双方合作的帕累托前沿。图中灰色区域属于经贸摩擦区，在这一区域中往往是一国受益，另一国受损，双方围绕利益的分配展开多次重复的零和博弈。在贸易战区，由于双方都拒绝与对方合作，为此两国在某一经贸问题上展开激烈的贸易战争，最终形成利益双输的结果。图中1、2、3点所在的区域为互利合作区，双方通过谈判就经贸摩擦问题的处理达成协议，相对于1点来讲，2点给A国带来更大的收益，而3点则给B国带来更好的收益，但总体来讲，是一个双赢的谈判结果。4点由于客观原因根本无法达到，那么C、R之间的P线就构成了双方经贸谈判的最佳利益分配点，在P线上

A、B 两国政府对各自获取的利益分配均感到最大满足。

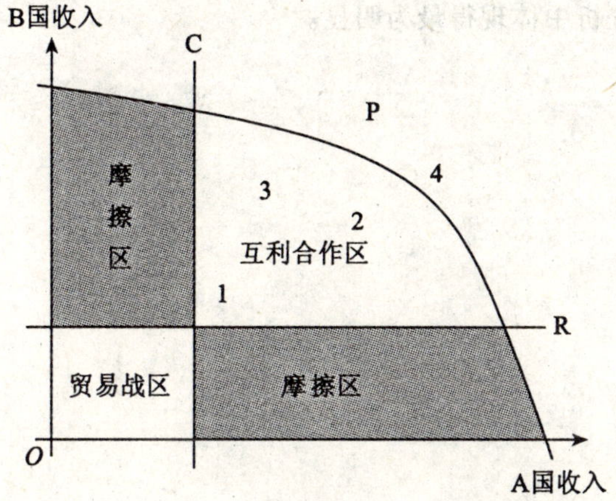

图 3.2 经贸摩擦的帕累托前沿

资料来源：根据修正后的经贸摩擦理论制作。

那么，如何确定外交谈判时两国政府的拒绝或者合作点呢？首先，我们要弄清楚两国政府谈判的三个目标：一是经济方面，为自己的国家带来哪些贸易或金融收益；二是国际关系方面，维护或加强与对象国的政治关系，避免双方关系恶化；三是国内政治支持方面，维护或增强自己在国内选民中的执政声望。因此，对谈判目标的选择倾向将决定拒绝或合作点的位置。如果在谈判中，一国政府把 70% 的侧重点放在贸易收益上，25% 的重点放在满足选民方面，5% 放在政治关系上，该国政府就会把经济收益的大小作为本国是否决定与他国合作的底线，为此该国会宁愿冒双边政治关系恶化或者得罪国内部分选民的风险；如果一国政府十分看重双边政治关系，那么较少的经济收益、国内选民的反对都不会影响该国与他国合作，从而能够避免双方发生经贸摩擦；如果一国政府把谈判的侧重点放在国内政治支持方面，那么国内利益集团的博弈将决定和改变政府的政策取向。但是，政府决策并不完全由一国国内的利益集团决定，更重要的是由该国政府本身的政策偏好所决定的。换句话说，一国政府的政策偏好将是一切经贸摩擦产生的根源。这一点在发达国家与发展中国家之间、资本主义国家与社会主义国家之间的经贸摩擦分析中体现得最为明显。

第四章　中美经贸摩擦的发展历程及主要特征

美国是当今世界头号发达资本主义国家，中国则是最大的发展中国家和转型经济体。中美开展经贸关系标志着这两种巨大经济力量的融合，成为推动两国经济快速增长的重要因素。但是，有发展就会有摩擦，中美经贸摩擦正是在中美经贸关系快速发展的大背景下展开的。

第一节　中美经贸关系的发展特点

经贸关系是中美关系中最重要、最具活力的组成部分，也是维系两国关系的重要基石和主要支柱。自 1980 年 2 月 1 日两国相互给予最惠国待遇，使中美贸易关系正常化以来，两国经贸关系取得了突飞猛进的发展，并呈现出以下几个鲜明的特点：

一、中美经贸关系发展的迅猛性

中美两国分别为发展中国家和发达国家中最具活力的经济体，伴随着改革开放后中国经济的持续增长以及美国经济的复苏，世界上增长强势国家与竞争强势国家之间的中美经贸关系迅速发展。根据中方统计，在 1979—2008 年的 30 年时间里，中美商品贸易额由不足 25 亿美元增加到 3868 亿美元，增长了 120 倍，中美双方已经互相成为第二大贸易伙伴；按美方的统计显示，双边贸易额增加了 154 倍。另据美国研究机构环球透视的预测，未来 10 年中国商品进口将会增加 374%（从 2006 年的 7920 亿美元上升到 2015 年的 37520 亿美元）。假定美国对华出口以相同比率增长，美国对华商品出口将由2006年的556亿美元增加到2015年的2080亿美元。①

在双向投资方面，1979年中国国内不仅没有来自美国的直接投资，而且中国也没有对美国进行任何投资活动。1991年底，美国对华直接投资累计协议金额仅为47.25亿美元，实际投资额为26.63亿美元，投资项目共2004个。随着中国外汇储备不断增加，到2008年，不仅美国早已成为对华直接投资最多的国家，而且中国也已成为美国国债市场的重要投资者，对美跨国投资总额不断增长。据美国财政部统计，截至2008年底，中国持有美国国债达7274亿美元，成为美国最大债券持有国（如表4.1）。总的来看，虽然在中美经贸关系的发展过程中有矛盾和摩擦，有曲折和波动，但总体趋势并没有受两国政治关系的波动及经济周期的影响。时至今日，中美经贸关系的广度和深度或许都已远远超出了先驱者们当初最大胆的想象。

表4.1　　中国外汇储备及持有美国国债额度　　单位：亿美元

年　份	中国持有美国国债总额	中国央行外汇储备
2000	603	1655
2001	786	2121
2002	1184	2864
2003	1590	4032
2004	2229	6099
2005	3100	8188
2006	3969	10663
2007	4776	15282
2008	7274	19460

资料来源：美国财政部、中国国家外汇管理局网站。

① Craig K. Elwell and Marc Labonte. *Is China a Threat to the U.S. Economy?* CRS Report for Congress, January 23, 2007, p. 23.

在中美经贸关系迅猛发展的同时，双边经贸关系发展的不平衡性也日益突出，并有愈演愈烈之势。中国对美贸易顺差主要来自加工贸易。2007年，我国对美以加工贸易方式出口1454亿美元，占当年对美出口总额的62.5%；进口181.6亿美元，占自美进口总额的26.2%，加工贸易项下实现贸易顺差1272亿美元，相当于当年我国对美总体贸易顺差规模的77.9%。同时，外商投资企业构成我国对美国进出口主体。2007年，我国外商投资企业对美国外贸总额1987亿美元，占当年两国双边贸易总额的65.8%。其中，外商投资企业对美国出口1590亿美元，自美国进口397亿美元，外商投资企业贸易顺差1193亿美元，占当年我国对美贸易顺差总额的73.1%。

二、中美贸易结构的互补互利性

随着中美经贸关系的深入发展，中美两国商品贸易结构不断升级。1981年，在美国对华出口总额的36亿美元商品中，一半以上为农产品；中国对美国出口的19亿美元商品中，一半以上是简单的制成品。目前，美国对华贸易商品种类已经扩大到机械、飞机、光学仪器、照相器材和医疗仪器等；中国对美出口产品由服装、鞋类、玩具等简单制成品也已扩大到众多的制成品，但中美两国互补型的产业间贸易仍然十分明显，产业间贸易占到中美贸易总额的85%，美国的低技术产业、尤其是劳动密集型产业，已经成为“夕阳行业”，或者说是美国经济转轨的剩余产业，而我国则具有发挥劳动力要素丰富的优势。与此同时，由于我国大力引进外资，发展高新技术产业，在某些领域逐步达到与发达国家相当的产业水平，这些产业使中美贸易的产业内贸易程度也在不断提高，其中机电通信类产品和化工原料产品在双边进出口中都占有较大的份额，是中美两国进行产业内贸易的重要商品。

中美贸易模式的互补性确定了双边贸易的互利性。美国采取的是以FDI为主导的外贸模式，美国对华直接投资比例已远远超过其对华贸易的比例，中国目前是接受美国对外直接投资最多的国家之一。而中国采取的是以对外贸易为主的发展模式，中国的出口商品主要填补美国市场的空缺，用以解决美国产业日益空心化的问题。①

中美贸易的互补互利性并不能保证双边贸易利益分配的均等。伴随着经济全球化的产业梯度转移，中美之间形成了以价值链为基础的产业分工，产业链利润呈现一个“V”字形，即所谓的微笑曲线（Smiling Curve）效应。也就是说，在全球性国际分工生产网络体系当中，美国处于传统产业（产品）的上游和下游（即产品研发、零部件生产、模块零部件生产、销售、售后服务环节），而中国却处于中游（组装环节），使得美国得到其中的大部分利润，而中国只能获取微利，利润空间不断收缩。

三、中美经济相互依存的非对称性

虽然中美双方互为第二大贸易伙伴，但中美贸易占双边对外贸易总额的比重差异很大，从而导致了中美经贸关系又具有明显的不对称性，即中国对美贸易的依存度远大于美国对华贸易依存度，这一点尤其反映在各自对对方出口的依存度上。2004—2006 年中国对美国的出口依存度分别为 21.4%、21.1% 和 21.0%，而同年美国对中国的出口依存度只有 4.2%、4.6% 和 4.5%②，2007 年中国对美出口占到中国出口总额的 26.3%，占美国进口总额的 13.8%。伴随中美进出口贸易的持续增长，中国对美国的整个贸易依存度也在不断上升，1997 年中国对美贸易依存度为 5.4%，而 2007 年，不把服务贸易计算在内，中国对美贸易依存度达到 8.4%，若按美方统计，这一数值则达到 10.7%。造成中美经贸关系不对称发展的主要原因：一是两国经济规模和相应的对外贸易规模存在着巨大的差异。2007 年，中国的 GDP 总量约为 3.3 万亿美元，而美国 GDP 总量则为 13.98 万亿美元，是中国的 4 倍多。二是两国市场的

---

① 潘朝杰：《美国对外贸易政策与中美贸易关系研究》，《科技经济市场》，2006 年第 11 期。

② 根据《中国海关统计》、《美国国际交易账户数据》（2004—2006 年）计算得出。

开放程度、贸易体制存在巨大差异。作为一个成熟的市场经济体，美国对外市场开放度远高于中国。三是美国是世界主要储备货币（美元）的发行国，可以通过输出美元来弥补巨额顺差，而中国外汇储备的增加也主要是通过对美贸易顺差来实现的。中美经贸关系的不对称性，增加了中国在中美经济相互依存中的脆弱性和依附性，也增强了美国在中美经贸摩擦中的主动挑起者地位，成为限制中美经贸关系平等对话的关键因素。

随着中美经贸关系的不断加深，中美经济相互依存逐步出现了两个重要的新特点：一是相互依存结构的多元性，在过去的经贸关系中，中国对美国市场的依赖极为突出，现在虽然中国依赖美国市场的基本格局未变，但美国也在劳动力、市场和金融方面越来越依赖中国①；二是相互依存的变化性，过去美方总认为，在双边经贸关系中，中国需要美国超过美国需要中国，双方的依存关系是不对称的，但随着美国对中国的需要大大增强，中美依存关系逐步向越来越有利于中国的方向倾斜。从 1993 年到 2005 年，中美贸易额占美国国内生产总值的比重由 0.61% 增加到 2.36%，中美贸易占美国贸易总额的比重由 3.85% 上升到 8.73%，对华出口占美国出口总额的比重由 1.89% 上升到 4.69%。中国作为美国的第一大债券持有国，在帮助美国政府为其巨额财政赤字和收支平衡赤字筹措资金上发挥着关键性作用，是美国巨额财政赤字的“重大平衡者”。中美在金融领域紧密的相互依赖关系，被美国前财政部长劳伦斯·萨默斯（Lawrence Summers）称为“金融恐怖平衡”，即是说，由于中美都具有摧毁对方经济的能力，尽管它们之间的贸易纠纷越来越激烈，但谁都不敢贸然发动一场贸易战或金融战。②

四、中美经贸摩擦的常态性

中美之间的贸易摩擦早在两国建立正常贸易关系后不久即已开

① 吴心伯：《中美经贸关系的新格局及其对双边关系的影响》，《复旦学报（社科版）》，2007 年第 1 期。

② Frederick Kempe, *U.S.*, *China Stage an Economic Balancing Act*, The Wall Street Journal, March 28, 2006, p. 12.

始。随着两国经贸交往规模的迅速扩大以及中美贸易不平衡状况的加剧，经贸摩擦日益频繁和剧烈，中美经贸关系已经进入了一个全方位、多层次经贸摩擦不时迸发的新时期。尤其值得注意的是，美国国内要求撤销或中止给予中国 PNTR 地位的噪音再起，2007 年美国国会议员提出的 H. R. 1958 和 S. 571 两起议案成为干扰中美经贸关系顺利发展的重要不和谐因素。

第二节 中美经贸摩擦的发展历程

作为中美经贸关系的一部分，中美经贸摩擦是与中美经贸关系和中美政治关系的历史发展进程相统一的。1979 年 5 月 14 日，中美两国政府草签了《中美贸易关系协定》，双方同意采取一切措施，尤其是在非歧视性基础上，相互给予最惠国待遇，促进两国贸易持续和长期的发展。然而，协定的签署并没能为两国贸易关系的顺利发展扫清障碍，5 月 31 日，在谈判未果的情况下，美国即单方面宣布对中国的五种纺织品进口设定限额，中美经贸摩擦拉开序幕。

一、中美经贸摩擦的发展阶段

总结和回顾过去 29 年中美经贸关系的发展历程，虽然总体上处于比较稳定的状态，但经贸摩擦问题自始至终伴随着中美两国关系发展的每个阶段，并日益成为影响两国关系发展的重要因素。根据中美经贸摩擦发展的递进特征，结合 2006 年美国贸易代表办公室对中美经贸关系发展阶段的评估分析，笔者将中美经贸摩擦划分为以下四个阶段：

第一阶段是中美经贸摩擦的起步阶段（1979 年 1 月—1986 年 6 月）。由于这一阶段的主要任务是中美恢复政治性接触，中美关系的大方向直接影响了美国的对华贸易政策。换句话说，中美战略关系影响政治关系，政治关系又影响经贸关系。中美联合对抗苏联的“准盟友”“蜜月”关系，使得经贸问题即使有冲突也比较容易调整。另外，20 世纪 80 年代中美双边贸易额总体较小，中国的出口并不对美国国内产业构成太大的威胁，因此美国的对华贸易政策总体上较为宽松，经贸摩擦只是体现在个别商品贸易领域，摩擦数量不多。1979 年美国政府单方面宣布对进口中国的七大类纺织商品实行限额，中美展开第一次纺织品协定谈判，也标志着中美经贸摩擦正式拉开帷幕。而 1980 年 7 月 2 日，美国对中国薄荷醇进行首次反倾销调查使两国经贸摩擦的形式进一步多样化。此阶段中美经贸摩擦的主要表现形式是美国对中国商品设限，其中主要是对中国输美纺织品设限。这一阶段就经贸摩擦的主体行为来讲，摩擦基本上都是美方主动发起，中方被动应付。摩擦的解决模式为：美方提出调查立案→中方进行解释→美方做出裁决和威胁制裁→中方做出让步→双方达成协议、摩擦化解。

第二阶段是中美经贸摩擦增多阶段（1986 年 7 月—2001 年 11 月）。这一阶段主要是中国申请恢复关贸总协定缔约国地位和加入 WTO，美国对华贸易政策的中心工作是与中国谈判基本的贸易协定，推动中国融入以规则为基础的世界贸易体系，经贸摩擦主要围绕美国给予中国最惠国待遇（MFN）、永久性正常贸易关系（PNTR）等问题上，集中表现为美国要求中国加强对知识产权的保护，尽可能多地开放中国市场等，主要手段是美国对华商品反倾销和实施高技术出口管制，同时加大了对经济制裁手段的使用力度。

比如，美国根据其《1974 年贸易法》第 402 条款杰克逊—瓦尼克（Jackson-Vanik）修正案①和 1979 年《中美贸易关系协定》给予中国最惠国待遇。但是进入 20 世纪 90 年代以后，美国认为冷战的结束使中国丧失了可以利用的“战略价值”，对中国实行强硬政策的呼声日渐高涨，特别是随着双边贸易关系的飞速发展，中国对美快速出口大大冲击了美国国内一些产业，引起了美国劳工界和劳工密集型产业的恐慌，增加了他们对中国产品抱有的怀疑和敌

---

① 本条款规定，对社会主义国家规定期限，提供最惠国待遇，要求总统证明对方国家没有限制移民，以不侵害人权。不过，美国国会扩大解释本条款，适用于包括西藏问题在内的人权问题、敏感性武器扩散问题以及非公平贸易行为。

意，并不断推动美国国会以人权、贸易逆差、敏感武器扩散等问题为借口提出议案，试图取消或有条件延长中国的最惠国待遇，成为中美经贸关系难以和谐发展的重要因素。

再如，1989 年 5 月和 1990 年 4 月，美国政府按 1988 年贸易法把中国列入“特殊 301 条款”重点观察名单，要求中国采取措施，保护知识产权，中美围绕保护知识产权问题开始产生摩擦。① 1991 年 4 月 26 日，美国把中国列入根据“特殊 301 条款”所要重点调查的国家，两国围绕保护知识产权问题正式产生摩擦。②之后，中美就知识产权保护问题在 1990—1996 年进行了四个回合的斗争与较量，重点围绕中国关于知识产权的“立法”和“执法”问题进行协商谈判，化解了数次险些引发的中美贸易战。

这一阶段中美经贸摩擦的主要特征之一就是由于中国国内 1989 年政治风波、世界两极终结所引发的美国对华经贸政策政治化，美国利用中国恢复关贸总协定席位以及申请入世的时机，政府与国会不断以所谓人权、劳改产品出口、敏感武器扩散等问题为借口，对中国内政进行干涉。摩擦的解决模式与之前相比发生了重大变化：美方提出经贸问题→中方据理力争→美方单方面提出报复措施→中方抗议并提出反报复措施→双边谈判、相互妥协、达成协议、取消报复措施。这一阶段由于中国经济实力的增强和中美间经济相互依存度的加深，中方的反击能力和自我保护意识明显增强。

第三阶段是中美经贸摩擦加剧阶段（2001 年 12 月—2005 年 12 月）。2001 年布什政府上台以后，美国经济面临新的景气“衰退期”，政府承受的保护主义明显上升，使得布什政府的对华经贸政策开始注入摩擦和冲突的色彩。随着中国入世过渡期的到来，美国对华贸易政策关注的首要问题变成敦促中国与全球贸易体系结合，遵守入世承诺。两国经贸摩擦重点集中在美中两国对中国入世协议的执行存在解读上的分歧以及由于双方贸易失衡扩大所引发的

---

① 田曾佩：《改革开放以来的中国外交》，世界知识出版社 1993 年版，第 415 页。

② 熊志勇：《中国与美国》，河南人民出版社 1995 年版，第 342 页。

相关冲突，集中表现为美方要求人民币升值、半导体技术之争等。这一阶段经贸摩擦的突出特征是摩擦的领域和范围不断扩大，并呈现出由微观产业经济摩擦向宏观经济政策层面日益扩散的趋势，相互展开反倾销调查也成为双边经贸摩擦的新现象。随着中国加入WTO，中国学会利用 WTO 有关条款制定保护国内产业的相关政策，经贸摩擦的解决模式由以往美方单方面报复转为双边加强经济对话与协商，尝试利用 WTO 的多边平台机制进行裁决。

第四阶段是中美经贸摩擦的常态化阶段（2006 年至今）。随着中美经贸关系进入新阶段，美方认为中国容易履行的入世承诺已经履行完毕，剩下的全部是履行难度较大的承诺，美国的核心任务将是追求更平等、更持久、更平衡的贸易关系，经贸摩擦进一步向宏观经济政策层面倾斜，制度性摩擦成为双边经贸摩擦的关键。这一阶段中美贸易不平衡问题更为突出，美方对华经贸政策的调整正式进入实施阶段，中美间的相互经济外交斗争愈益尖锐，对华反补贴开始成为美国对华贸易限制的新手段。同时，随着中国被美国定义为自己的“利益相关者”，美方进一步强化了对华战略经济对话机制的运用。摩擦的解决模式是中美双方更加强调通过对话与协商解决分歧，并且更加注重运用 WTO 裁决机制的重要作用。

2006 年 11 月 21 日，美国商务部首次对中国进行反补贴立案调查。2007 年 2 月 2 日，美方正式向世贸组织起诉中国的“出口补贴”和“出口退税”政策；美国国会议员提出以惩罚性关税抵消中国“非法”人为操纵货币给美国造成的损失案。2008 年 3 月 3 日，欧盟（EU）和美国就中国试图将外国新闻提供商的金融信息业务置于新华社监控之下一事，向世界贸易组织提起正式申诉。美方认为，中国限制外国传媒的做法使美国的企业经营受到限制，违背了中国入世对服务业开放的承诺。2007 年 4 月 10 日，美方向WTO 提出两项针对中国的贸易诉讼，指责中国打击盗版不力和限制美国电影、音乐和图书产品进入本国市场。本次诉讼，美方认为中国在知识产权保护上有三方面违反了 WTO 协议：一是认为中国的刑法对盗版和假冒商标进行惩罚的“门槛过高”——即盗版程度、规模一定要达到这些“门槛”司法部门才开始着手调查或判罪。二是关于盗版物品的销毁问题，违背了 WTO 要求这些物品全部远离市场的规定。三是认为中国应在检查制度之前就给予专利保护，而不是等到查禁之后才给予版权保护。2008 年 7 月 18 日 WTO 发布专家组报告，针对 2006 年 3 月 30 日，美国向世贸组织（WTO）提出的指责中国对从美国进口的汽车零部件征收高额关税的投诉，裁定中国《汽车产业发展政策》（国家发改委 2004 年 8 号令）、《构成整车特征的汽车零部件进口管理办法》（海关总署等四部委 2005 年 125 号令）和《进口汽车零部件构成整车特征核定规则》（海关总署 2005 年 4 号公告）等三部规章违反了 GATT 1994 第 3.2 条、第 3.4 条关于国民待遇的规定，GATT 1994 第 2.1（a）条、第 2.1（b）条关于遵守减让表义务的规定，以及中国依据《中国加入 WTO 工作组报告书》第 93 条所承担的义务。这是我国加入 WTO 以来首次被专家组裁定败诉，成为中美经贸摩擦解决新机制的一次重要检验。

2008 年 7 月 21—29 日，世界贸易组织（WTO）多哈回合部长级谈判再次举行，但由于发达国家和新兴发展中国家在农产品进口特别保障机制（SSM）问题上的分歧难以弥合，谈判最终破裂。此轮谈判中，美国和一些发展中国家中的农业出口国，如泰国、阿根廷、巴拉圭和乌拉圭等，始终寻求对农产品进口特别保障机制的限制。美国坚持应设定一个比 40% 的进口激增底线更高的“触发点”，即只有当某种农产品进口突然增至比 40% 还大规模的时候，“受害国”才能启动特别保障机制，提高关税；而印度则坚持更低，比如 10% 的“触发点”，表示不会接受任何不让他们在农产品激增的情况下得到更大征税空间的规则，中国支持印度的立场，不少美国官员和学者因此将谈判破裂的责任归咎于中国，而中国则认为是美国保留了过大的农业补贴空间为谈判设置了障碍。中美经贸摩擦的常态化特征开始在 WTO 的全球平台之上进一步发展。

二、中美、日美经贸摩擦的简要比较

在分析中美经贸摩擦时，很多学者将其与日美经贸摩擦相比较，有人甚至认为中美经贸摩擦就是日美经贸摩擦的翻版。不可否认，两者确实存在着许多相同的方面，比如中美、日美经贸摩擦的发生都与对美出口产品结构密切相关。在 20 世纪 60 年代中期以前，日美经贸摩擦主要围绕纺织品纠纷展开，原因在于这一时期日本对美国的出口结构主要是以纺织品为中心的劳动密集型出口。在 60 年代中期以后，日本对美国出口结构过渡到以重化学工业品为主的资本密集型出口商品结构，日美经贸摩擦的重心转移到有关重化学工业品领域。70 年代和 80 年代则进一步过渡到彩电、汽车等加工组装产业。90 年代进一步向电子、半导体等网络服务业转移。而中美经贸摩擦也是由纺织、服装、玩具等劳动密集型产品逐步过渡到家电、半导体等高技术产业。再如，引发中美经贸摩擦和日美经贸摩擦的核心因素是双边贸易不平衡等。但是，中美经贸摩擦与日美经贸摩擦相比又有以下几点本质区别：

（一）中美产业间摩擦与日美产业内摩擦的差异

从中美两国贸易的商品构成现状来看，中美贸易的互补性大于竞争性，中美贸易更多的是一种产业间的贸易，是一种互补的贸易，符合比较优势原理。因此，中美经贸摩擦更多地体现出产业间的摩擦，比如中美农产品之争、反倾销对决、半导体摩擦、纺织品纠纷等都是产业间摩擦的代表。而日本 20 世纪 70—80 年代对美国出口的商品主要是资本、技术密集型产品和大宗贸易为主，出口产品与美国产品有很强的替代竞争性，所以日美经贸摩擦在很大程度上是所谓的产业内贸易摩擦。汽车、钢铁、电子、航空、大米、大型计算机及燃料等领域都是日美经贸摩擦的核心领域。

（二）中美经贸摩擦比日美经贸摩擦更具时间上的超前性

日本 1960—1980 年贸易额稳步增长，所以贸易摩擦相应增加。在 1973 年时日本占世界贸易额的 6.4%，1983 年占 8%，而中国到 2006 年才达到 7.2%；在 2002 年时中国占美国进口份额的 10.7%，而日本在 1986 年时就达到了 10.4%。可见不论是从占世界贸易份额还是占美国的贸易份额上现在的中国都赶不上当年的日本，相对日美经贸摩擦而言，中美经贸剧烈摩擦的时代是提前到来。另外，日美贸易摩擦自上个世纪 60 年代开始，直到 90 年代才建立起“日美经济磋商机制”，为处理中美经贸摩擦，中美双方不仅建立了“战略经济对话”机制，而且该机制的运用更为频繁有效。

（三）经济制度的差异对双方经贸摩擦的影响不同

日美同属资本主义国家，经济制度的差异较小，与此不同的是，中美经济制度的差异对中美经贸摩擦有很大的影响。按照比较优势理论，美国本应发挥自身优势，加大高技术产品对中国的出口。但是在现实中，中美经贸关系经常受到政治因素的干扰，美国担心中国会成为其经济和军事的竞争对手，对中国采取了歧视性的出口管制政策。在中国向美国出口其需要的劳动密集型产品的同时，美国在很大程度上却难以对华出口中国所需要的资本和技术密集型产品，从而造成了中美贸易的严重失衡。日本作为美国的坚定盟友，两国经贸摩擦中经济制度差异的因素较小，日美经贸摩擦更多的是由于世界经济格局的变动造成的。

（四）中美贸易失衡与日美贸易失衡的原因不同

20世纪80年代，日本的整体进口比率，特别是中间品进口比率，与其他工业化经济体相比显得很低，日本对美贸易顺差是通过自己国内的企业实现的，利润也是被日本企业所赚取。相反，由于中国对外贸易很大一部分属于加工贸易的特性，中国的商品生产实际上与世界经济紧密相连，中国对美贸易顺差是通过包括美国在内的跨国公司实现的，是转移性的，利润大多被外国在华投资企业所赚取。2005年，加工贸易占中国从世界进口总额的42%及对世界出口总额的55%；同期，加工贸易占中国自美进口商品的23%及对美国出口商品的65%，并且主要集中在高技术产品领域。①

第三节　中美经贸摩擦的主要特征

随着中美经贸关系的快速发展以及国际贸易保护主义的回潮，

① Judith M. Dean, K. C. Fung, Zhi Wang, *Measuring the Vertical Specialization in Chinese Trade*, Economics Working Paper, USITC, No. 2007-01-A. p. 1.

中美经贸摩擦在广度和深度上都在持续发展，在经贸摩擦的领域、发生的频率、解决的手段、主体的差异、摩擦的程度以及未来走势等方面呈现出明显的特征。本节将对中美经贸摩擦的主要特征给予详细的归纳与分析。

一、中美经贸摩擦领域的全方位性

1986 年中国正式申请恢复 GATT 缔约国地位以前，中美相互投资数额很小，商品输出是中国对美发展经贸关系的主要形式，此时中美经贸摩擦也多是围绕中美间的商品贸易展开，贸易摩擦成为中美经贸摩擦的早期表现形式。作为劳动密集型产业的纺织品服装业是中国具有比较优势的行业，中美建交后两国纺织品贸易得到了快速增长，1980 年中美纺织品贸易份额就占到了美国此类商品进出口总额的 5.9%，1985 年进一步扩大到 8%①。中国纺织品对美国出口的快速增长引起了美国方面的密切关注，1980 年 9 月，美国施压中国与其签署为期 3 年的第一个纺织品贸易协定，规定了中国对美出口的 8 种纺织品配额，并将双方贸易年增长幅度规定为 4%，大大影响了中国对美纺织品出口，当年中国向美国出口纺织品只有 3 亿美元②。尽管中方在第一个纺织品贸易协定谈判中作了很大让步，但仍没能阻止美国对华纺织品设限，1982 年美国单方面对中国输美纺织服装商品开始采取一系列限制措施，最终引发中国的贸易报复，停止从美国进口棉花、化纤和大豆。纺织品贸易摩擦既是早期中美经贸摩擦的开端，也是中美结构性经贸摩擦的典型代表。

经过 15 年的漫长谈判，1999 年 11 月 15 日中美正式签署关于中国加入世界贸易组织的双边协议，2001 年 12 月 27 日美国正式给予中国永久性正常贸易关系地位。在这一时期，中美经贸摩擦的主

---

① 资料来源：《世界贸易组织年报 1998》。http://www.wto.org/english/res_e/booksp_e/anrep_e/anre98_e.pdf.

② 胡涵钧：《当代中美贸易（1972—2001）》，复旦大学出版社 2002 年版，第 221 页。

要问题集中在美国国内在给予中国最惠国待遇问题上的激烈辩论和较量。一些美国议员不断提出各种反华提案，使得本属正常的最惠国待遇问题最终演变成美国国会有条件给予中国的年度审议。与此同时，最敏感议题之一的知识产权贸易纠纷也浮出水面，经历了四次较为严重的贸易争端，最终签署了三份知识产权协议，化解了多次险些爆发的贸易战。此外，由于受人权问题的影响，美国还不断要求中国禁止劳改产品出口，扩大对美产品的市场准入。

中国加入 WTO 以后，中美经贸关系在 WTO 框架下取得了突飞猛进的发展，随着中国产业结构和出口结构的不断升级，中美贸易失衡的状况日益恶化，2007 年中美贸易顺差达到创纪录的 1633 亿美元（美方统计数据为 2563 亿美元），由此引发了美方的强烈不满。美国开始利用中国入世协议中对美方的优惠规则，比如对中国 12 年的“特保措施”、15 年的“非市场经济地位”、8 年的“纺织品限制措施”，以及长达 10 年的 WTO 多边贸易政策审议机制等，频繁挑起对华经贸摩擦。除了加强对中国的汽车挡风玻璃、铸造管件、家具、彩电进行反倾销，对中国的针织布、胸衣、袍服等实施特别保障措施外，还不断指责中国的人民币汇率政策、施压人民币升值，进而到 WTO 起诉中国的出口补贴政策，强化对中国的高技术出口管制，阻挠中国企业对美实施并购以及压制中国制定产业技术标准，大力宣扬中国能源威胁论等。更为荒谬的是，2007 年 4 月 2 日公布的美国贸易代表办公室 2007 年度《国别贸易壁垒报告》中，竟然将中国国内的两税合一政策也列为“贸易壁垒”。对于美方的无理举措，为保护自己的经济利益不受侵害，中国也开始利用 WTO 的有关条款与美国展开针锋相对的斗争，调整国内半导体税收政策、强制推行无线电局域网国家标准等也成为双方爆发经贸摩擦的重要领域。众多案例表明，中美经贸摩擦的领域正在由货物贸易向服务贸易领域和投资领域扩展，从劳动密集型产品向资本技术密集型产品延伸，由传统产业向知识产权类产业转移，从传统农业、纺织、汽车等向电子信息、通信、飞机制造、生物等高科技产业领域升级，由附加值较低的轻工、化工等产品向高附加值的机电产品扩大，由企业投资个案向国家金融政策的调整、资本市场的开放、劳工权利和环境的保护、产业制度的重建等宏观经济体制层面递进，中美经贸关系已经进入全方位、多层次经贸摩擦并发的新时代。

与全方位发展相伴随的中美经贸摩擦还有一个很重要的方面，就是目前中美经贸摩擦的产业间特征体现明显。由于两国经济发展程度不同，各自的比较优势、要素禀赋存在明显差异。中国潜在市场广阔，劳动力资源丰富且成本很低，但资金短缺、科技和管理相对落后。美国经济总量大，资本充足，科技发达，但劳动力成本高。两国经济的显著差异性最终体现为两国出口产品结构的互补性，美对华出口的主要是资本、技术密集型产品和农产品，例如飞机及宇航产品、光学影像医疗设备、动力设备、电子元器件、通信设备、钢材以及大豆、玉米、棉花等。而中国对美出口的则主要是劳动密集型产品，例如纺织品、服装、玩具、鞋类、家用电器和旅行箱包等。据美国商务部统计，2006 年美国对中国进出口的前 20 位商品相互交叉重叠的只有 2 项（即计算机配件、通信设备），很显然，中美双方出口的都是各自具有比较优势的商品。正是由于中美经贸关系的这种互补性构成了当前中美经贸摩擦的产业间特征。自 20 世纪 80 年代以来，以纺织品服装贸易纠纷作为起点，到后来的家具、彩电、农产品、知识产权保护以及金融服务等行业领域的摩擦，几乎涵盖中美两国各自具有比较优势或竞争优势的行业。"对这些具有竞争优势的互补性产品采取反倾销措施，对贸易国间非竞争性的出口产品征收反倾销税，就使人不得不认为，这种情况下的反倾销是国家保护落后的一种借口，是对反倾销措施的歪曲与滥用。"①

二、中美经贸摩擦发展的频繁性

根据中国国家统计局提供的数据，2006 年，我国对外贸易总额达到 21738 亿美元，贸易顺差 2622 亿美元。至此，中国进出

① 湛柏明：《中美贸易的互补性与摩擦性》，《国际贸易问题》，2004 年第 6 期。

口贸易总额已连续5年以超过20%的速度增长。2002—2007年，我国进出口贸易总额增长率分别为21.8%、37.1%、35.7%、23.2%、23.8%和23.5%，成为名副其实的世界第三大贸易国。“木秀于林，风必摧之”，虽然中国的快速发展为周边国家和地区乃至世界经济发展提供了机遇，各国加强与中国经贸合作的意愿不断增强，但这同时也打破了国际经贸格局和利益分配格局，引起包括美国在内的一些国家和地区的关注甚至忧虑，他们担心中国快速发展特别是中国国际市场份额的迅速扩大损害其既得利益，美国国内反华势力不断制造和鼓吹所谓的“中国威胁论”，要求对中国实行经济制裁，遏制中国经济增长的呼声此起彼伏，在此背景下，中美经贸摩擦发生的频率大大增加。

根据世界贸易组织所作的统计，1995年至2006年6月，在美国针对进口产品发起的366起反倾销调查案件中，针对中国产品的反倾销调查案件为61起，占调查案件总数的1/6。同期，美国共针对进口产品实施反倾销措施236起，其中针对中国产品实施反倾销措施51起，占反倾销措施总数的比例超过1/5。① 中国产品在美国遭受的反倾销调查和被实施的反倾销措施的数量都远远超过其他国家或地区的产品。同期，美国实施反倾销措施的案件约占发起调查案件总数的64%，而中国涉案产品被裁定实施反倾销措施的比例大约为84%，高出平均水平约20个百分点。而根据美国国际贸易委员会的统计，1995年1月至2006年11月，美国国际贸易委员会共向中国产品发起“337调查”共57起，仅2006年就发起调查13起。在已经完成调查的41起案件中，中国产品被裁定侵权的19起，未侵权的4起，撤诉4起，和解等途径结案14起。② 表4.2从更为直观的角度对中美贸易摩擦的频繁性特征进行了描述。

---

① 资料来源：WTO网站。http：//www.wto.org/english/tratop_e/adp_e/adp_stattab3_e.xls.

② 资料来源：中国宏观经济信息网。http：//www.macrochina.com.cn/xsfx/xspd/20070403084700.shtml.

表 4.2　　不同时期美国对华反倾销案件比率

时　　间	数量（件）	年平均件数
1979—1986 年	15	1.9
1987—2001 年	64	4.3
2002—2005 年	28	7
2006—2007 年	16	8

资料来源：根据美国国际贸易委员会网站提供的数据整理计算。

除了中美经贸摩擦的频率加快外，双边经贸摩擦的涉案金额日益增大。20 世纪 80 年代千万美元的贸易摩擦就算大案，进入 20 世纪 90 年代以后贸易摩擦所涉及的金额不断增大，在美国对华反倾销案件中，自行车案涉及金额达 2 亿美元，旅行箱包案涉及金额达 6 亿美元，家具反倾销案涉及金额达 12 亿美元。在中美知识产权的几次争端中，涉案金额更是一次比一次高。1991 年 12 月美国公布价值 15 亿美元的报复清单，而中国则对美宣布实施价值 12 亿美元的反报复清单；1994 年 12 月，美国公布价值 28 亿美元的预备性报复清单；1996 年 5 月，美国宣布价值 30 亿美元的报复清单。2004 年，中美半导体税制争端涉及金额也高达 20 亿美元。2005 年，美国对我国多种纺织产品设限，并发起特保调查，涉及我国产品 24 种、出口金额 63 亿美元。除此以外，还有许多难以用货币衡量但更为重要的经贸纠纷，比如施压人民币升值、拒绝给中国“市场经济地位”、到 WTO 起诉中国的税收和补贴政策等，这些领域的纠纷影响更大、涉及面更宽。

三、中美经贸摩擦手段的多样性

自中美经贸关系正常化以来，美国对华反倾销一直是中美经贸摩擦的主要手段。随着中国市场经济制度的日益完善和 WTO 规则制度的限制，美国开始越来越多地试探运用其他比较隐蔽的手段，例如特别保障措施、反补贴、反垄断、反规避等都已成为美国展开对华经贸摩擦的新型手段。

2005年2月25日，应美国全国蜡烛协会的申请，美国商务部对原产于中国的石蜡蜡烛进行两项反规避调查，包括轻微改变产品规避和后期开发产品规避。这是自美国1995年乌拉圭回合谈判以来首次对中国产品进行反规避调查。2006年9月12日，美国商务部在《联邦纪事》上发布公告，美国申诉方指控中国一绵纸出口企业在中国国内生产绵纸后，运往越南进行最后组装，再由越南一公司出口至美国。经美国商务部调查核实，越南输美的绵纸与美对华采取反倾销措施的产品属于同一种类。鉴于此，美国商务部决定对原产于中国的绵纸正式发起反规避调查，并判定由美国申诉方进行举证。因为反规避案件的税率按反倾销案件裁定的最高税率计算，所以反规避案件对我国企业带来了极大的损害。

2005年2月，美国Ranis公司和Animal Science Products Inc.公司向美国旧金山的加利福尼亚州高等法院提出反垄断诉讼，称河北维尔康药业、石家庄制药集团维生药业、华源集团江山制药及东北制药等4家中国维C生产商联合操控国际市场维C价格与数量，触犯了美国及加利福尼亚州的《反垄断法》，使这些公司蒙受了损失。原告人表示要索取3倍的不明损害赔偿以及其他辅助赔偿。此外，美国有关公司还对中国镁砂和镁制品以及矾土提起反垄断调查。反垄断也日益成为美国打压中国企业的新式武器。

2006年11月21日，美国商务部发出通知，应美国新页公司的申请，美商务部对原产于中国、韩国和印度尼西亚的涂布纸进行反倾销和反补贴立案调查，这是美国首次对中国进行反补贴立案调查。依据此案中美国对华指控的补贴措施达到了14种，包括政府对企业的拨款、政策性贷款、对鼓励投资行业的税收优惠、各类外商投资企业所得税优惠、通过债转股对企业注资、林业企业税收优惠、天然林保护工程专项资金和生态林补偿基金等。2007年3月30日，美国商务部正式宣布对华进口铜版纸实施反补贴措施，标志着美国20多年来不对非市场经济国家实施反补贴政策的重大转变。与此同时，在2007年3月27日召开的美国国会听证会上，来自钢铁业的代表将中国环境政策比作"中国政府对出口企业发放的第三种补贴"。另外两种分别是以"汇率低估"为手段的补贴和以"股权投资"、"现金补助"和"勾销贷款"为形式的传统补贴。他们认为，由于中国政府没有严格执行国内的环保法律，中国企业无需为环境污染支付成本，形成不公平的"相对优势"。此举虽然还没有转变为现实的运作手段，但能源和环境问题成为新的关注点也标志着美国对华反补贴政策的无限扩大。

此外，美国目前已开始强制推广 SA80000 标准认证。一旦美国对我国出口产品广泛施行这一标准，将劳工权利与订单挂钩，将会大大削弱我国劳动密集型产品对美出口优势。技术标准壁垒也将成为美国对华经贸摩擦的又一重要手段。

除了摩擦形式的多样化、综合化外，中美经贸摩擦的解决方式也日益多样化、机制化。过去更多的途径是通过谈判达成协议避免相互之间的贸易报复与反报复措施。而现在更多的处理方式一方面将原来的贸易谈判升级为战略经济对话，建立经贸摩擦的处理机制和预警机制；另一方面对于通过对话最终难以解决的问题，则借助于 WTO 的争端解决机制进行裁决，处理方式的多边化避免了经贸问题在双方国内的政治化，有利于中美经贸关系的顺利发展。

四、中美经贸摩擦主体的不对称性

虽然中美经贸关系的发展对美国也有着巨大利益，但作为当今世界力图实现其全球战略的唯一超级大国，美国并不希望一个日益强大而且由共产党执政的中国顺利发展和日益壮大。这就注定了中美经贸关系从来就不是单纯的经济关系，中美经贸关系的发展不可避免地受到美国国内政治因素的强烈影响。作为一个立法、司法、行政三权分立的国家，美国历次挑起对华贸易争端从来就是其国内各种政治力量和众多利益相关者博弈的结果，尤其是美国的大选之年综合因素使中美经贸摩擦问题具有明显的经贸问题政治化特征。比如，2008 年 2 月 2 日，美国政府以中国政府向国内某些产业提供不正当补贴为由，向 WTO 提起中美贸易史上规模最大的一次对华反补贴诉讼，这不仅是美国钢铁、木材产品及信息技术等行业利益的反映，更是其国内政治斗争的需要。

此外，美国对外经贸政策一向具有进攻性的单边主义特征，在处理对外贸易争端时国内法明显高于国际法，主要原因与其国内制定的几部贸易保护法案有重要关系。1971年美国出现二战后的首次贸易逆差，在国内相关行业的强烈要求下，美国政府开始采取对国内部分产业给予保护的措施，制定了《1974年贸易改革法》和《1979年贸易协定法》，为美国实行贸易保护奠定了法律基础。这两部法律的基本特点就是强调对等的互惠性、自我保护性以及对实行不同经济制度国家的贸易歧视性和攻击性。①随着美元升值削弱了美国产品的出口竞争力，美国贸易赤字在20世纪80年代急剧上升，美国又颁布了《1988年综合贸易与竞争法案》，使得美国贸易保护主义倾向进一步抬头。美国贸易法案的单边性决定了其对外经贸政策的进攻性，加上其强大的经济力量和浓厚的政治因素驱动，使美国有实力、有意愿主动挑起对其他国家的贸易争端。中国作为发展中国家，虽然目前已经成为世界第三大贸易国，但是美国对中国经济增长的重要性远远大于中国对美国经济增长的重要性，或者说中国对美经济的依存度大大高于美国对中国经济的依存度，这种现状决定了美方是中美经贸摩擦的主动挑起者，而中方是被动应对者的非对称性经贸摩擦特征。美方主动发起对华经贸摩擦的目的无非就是为国内选举得分，通过对华经贸摩擦赢得各行业利益集团的支持或者国会对政府各项政策的赞成。

五、中美经贸摩擦程度的可控性

中美关系是当今世界上最复杂、最重要的双边关系。虽然，中美两国在政治制度、价值观念、意识形态以及社会发展路径选择等方面有着根本的不同，甚至是尖锐的对立。但是，在现实层面上，自从中美两国建交以来，不管国际风云如何变幻，中美两国总能找到共同利益。随着两国关系的不断加深，双方相互利益的汇合点也

---

① 刘阳：《对中美贸易摩擦的专题法律研究》，东北财经大学出版社2006年版，第16页。

在不断地扩大，使得中美关系本身越来越具有可管理性的特征。而作为中美关系重要组成部分的经贸关系，具有显著的互补性，使得双方在处理经贸摩擦纠纷时往往也能够以大局为重，坚持协商解决中美经贸摩擦问题，中美经贸关系也由此具有了可管理性特征。

中美经贸关系的互补性带来了双边经贸关系发展的互利性。尽管中美经贸关系对两国经济增长存在非对称性的作用，但是中美经贸关系对美国经济的稳定增长和经济结构调整的贡献也是不容忽视的，主要表现在以下几个方面：一是通过发展中美经贸关系，美国消费者能够得到一系列低成本商品，来自中国的低成本的消费品和工业品有助于美国实现无通货膨胀的经济增长。据有人测算，物美价廉的中国商品每年为美国消费者节省 1000 多亿美元的支出。二是中国在对美贸易中所获得的大量贸易顺差和外汇储备，多数又流回美国，一部分用于购买美国国债，一部分存于美国银行，前者是为美国政府财政赤字融资，有助于缓解金融市场资金需求，抑制利率上升，减轻通胀压力；后者可成为美国跨国公司对外投资的资金来源。三是大量劳动密集型中国产品进入美国市场，可使美国腾出资源转向资本、技术密集型的产品和服务的生产。四是对于那些从贸易、投资中获得来自中国的低成本要素投入的美国企业来说，这还是其提高收益率的重要途径，中国已成为美国企业海外收入的重要来源。因此，如果中美经贸摩擦一旦失控，会给双方的利益带来损失，因此谁也不愿意真正发起贸易战，最终还是在经贸摩擦中双方相互谅解、相互妥协，从而使中美经贸摩擦具有“量”的可管理性和“度”的可控制性特征。

六、中美经贸摩擦走势的长期性

经贸摩擦的不断增长已经成为当今世界经济发展过程中的突出特征，而经贸摩擦作为世界经济运行中的必然现象也将长期存在。这种长期性的存在是由内部因素和外部因素共同导致的。从内部来讲，是因为贸易保护主义短期内不仅不会从根本上退出一国经济政策舞台，反而有回潮趋势。从外部来讲，国际大环境默许了贸易保护主义的存在，世贸组织也承认贸易保护在双边和多边谈判中的重要作用。

对于中美经贸摩擦而言，有一项因素至关重要，就是中美贸易失衡问题越来越严重，并呈现出长期化的发展趋势。按照中方统计，自1993年（按美方统计则是1983年）我国在中美贸易开始出现贸易顺差以来，两国之间已经经历了长达15年的贸易不平衡。尽管双方公布的不平衡数据总是差异很大，但都承认两国间贸易越来越不平衡的基本事实。由于这种双边贸易不平衡既有伴随国际产业转移，其他国家和地区对华FDI而导致的对美贸易顺差转移，也有由于美国对华实行高技术产品出口限制的原因，而更具根本性的是双方“储蓄—投资—消费”模式等宏观经济因素的显著差异。也正由于这些原因，中美贸易不平衡将长期化，而且会越来越加剧。另外，也有一些其他问题在短期内不可能得到迅速解决，比如中美意识形态的巨大差异引发的美国对中国的歧视以及中国内部制度同外部制度的磨合也需要一定的时间，都会导致中美经贸摩擦的长期化、常态化发展。

本节对中美经贸摩擦的主要特征进行了论述，相信随着中美经贸摩擦的深入发展还会呈现出越来越多的其他特征。中美经贸摩擦既是中国和平崛起中的必然，也是中国逐步融入世界经济体系的重要标志。中美经贸摩擦越多，就越说明中国与世界头号经济强国的差距在缩小。此外，经贸摩擦的增多也为两国政府增加接触、增进了解搭建了平台、创造了机会。

第五章 中美经贸摩擦的经典案例分析

由于中美经贸摩擦现有的复杂性和多面性，要对每一个方面的经贸摩擦进行全面论述是不可能的。本章在对中美经贸摩擦的行业进行分析的基础上，重点选择八个方面的经贸摩擦进行实例考察与论证，并对每一项摩擦的实质给予简要评析。

第一节 中美之间关于人民币汇率之争

汇率，又称为汇价，是一国与多国发生贸易、非贸易等交往时本国货币与他国货币之间进行折算的比率。随着世界经济的发展，各国之间贸易的频繁发生，汇率作为经济杠杆不仅在一国的国民经济中起着越来越重要的作用，而且关系着该国的对外经济关系是否稳定、对外贸易的发展是否持续以及国际收支基本平衡能否得以实现，在该国的国民经济中起着十分重要的作用。一般来说，一国货币汇率的贬值，有利于促进出口、抑制进口、实现进出口和外汇收支平衡；升值，其作用则相反。因此，世界各国政府对本国货币的汇率走势以及汇率政策都十分重视。由于人民币汇率的走势直接影响到中美贸易的均衡，随着中美贸易不平衡趋势的加剧，人民币汇率问题逐渐成为中美经贸关系发展的争论焦点之一。

一、人民币汇率争端产生的背景

20 世纪 90 年代中期开始，中国由汇率双轨格局逐步调整为实行有管理的浮动汇率。1994 年 1 月，中国政府宣布执行以市场供求为基础的、单一的、有管理的浮动汇率制度，实行银行结汇、售汇，建立全国统一的银行间外汇市场。1996 年 12 月中国实现了人民币经常项目可兑换、对资本项目外汇进行严格管理，初步建立了适应社会主义市场经济的外汇管理体制。为应对亚洲金融危机的冲击，1998 年开始，人民币汇率保持在 8.2770—8.2800 的波动区间。随着中国贸易顺差的不断扩大、外汇储备规模的持续增加，从 2002 年下半年开始，我国受到了来自国际社会，尤其是美国要求人民币升值的强大压力。为建立和完善我国社会主义市场经济体制，充分发挥市场在资源配置中的基础性作用，自 2005 年 7 月 21 日起，我国开始实行以市场供求为基础、参考一篮子货币进行调节、有管理的浮动汇率制度。自此，人民币汇率不再单一盯住美元，形成更富弹性的人民币汇率机制，人民币开始进入升值轨道（如图 5.1）。截至 2008 年 7 月 21 日，银行间外汇市场人民币对美元汇率中间价为 1 美元兑 6.8271 元人民币。以此计算，汇改三年人民币对美元升值幅度已超过 21%。

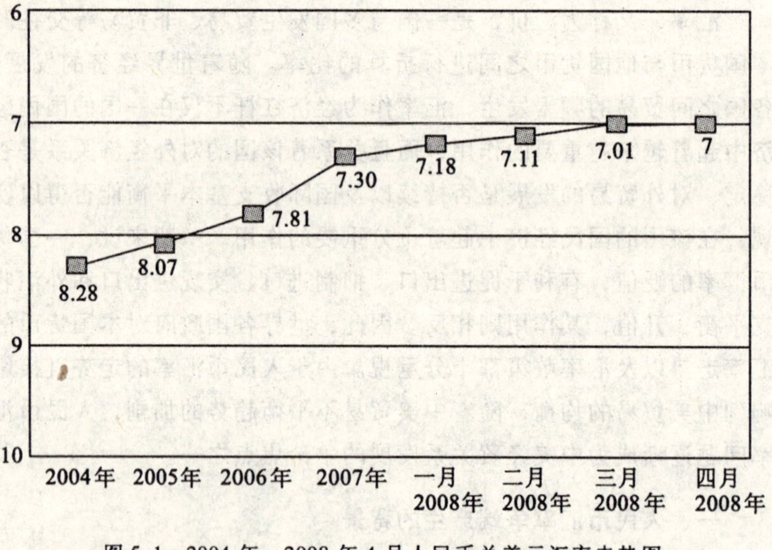

图 5.1　2004 年—2008 年 4 月人民币兑美元汇率走势图

资料来源：根据人民币兑美元汇率走势制作。

（纵轴：人民币/美元；横轴：年终/月值）

美国政府早在克林顿执政期间就开始敦促中国允许市场来决定人民币的价值。但在1997年亚洲金融危机爆发之后，美国放弃了这种努力，因为人们担心中国会让人民币贬值，进而导致印度尼西亚、韩国、泰国、菲律宾等国的货币进一步贬值。因此，当时美国还曾高度赞扬中国保持货币稳定，为全球经济的稳定作出了贡献。与此相反，美国政府现在则是一再逼迫中国将人民币汇率进行升值，认为我国的人民币汇率固定导致了中国对美出口产品的倾销，阻碍了美国商品的对华出口，尤其是伤害了纺织服装、家具、塑料制品、机械设备等几大制造业部门的利益，迫使它们面临来自中国低成本进口品的竞争，增大了美国的对华贸易赤字。①于是，从2003年9月开始，美国财政部长几次来华进行"汇率之旅"，美国财长斯诺在西方七国财长会议上公开呼吁"中国应当实行更加灵活的汇率机制"。在美国财政部半年一期的对国会报告中也多次提到人民币汇率问题，认为"中国盯住美元汇率是对世界市场的扭曲"。对于美方的不合理要求，中国政府声明，"人民币汇率机制改革，要从中国实际出发、根据中国经济发展和改革开放的客观需要来安排，不能被动地迫于其他某一个或某几个国家的压力来进行"②。此后，中国领导人又多次重申，人民币汇率政策并不追求出口顺差，而是确保经济的平稳发展。为了解决人民币汇率问题，中美双方关于人民币汇率问题进行数次接触与谈判，甚至成为中美双方首脑会谈的主要内容，中美经贸关系也因中国的人民币汇率问题而波澜不断。

二、美国对人民币汇率问题的反应及对策

从美国国会对中国人民币汇率的法律指控内容来看，主要集中在以下两个方面：

一是指责中国政府操纵人民币汇率，违反了IMF协定第4条

① Wayne M. Morrison, *China-US Trade Issues*, CRS Report for Congress RL33536, July 12, 2006, p. 7.

② 资料来源：新华网2003年9月3日。

的规定。根据《国际货币基金协定》的规定，IMF 执行董事会于 1977 年 4 月 29 日通过了一项旨在避免操纵汇率或国际货币体系的决议。该决议第 4 条第 1 款规定："基金组织会员国有义务避免操纵汇率或者国际货币体系，阻碍其他成员国对国际收支的有效调整，或者不公平地取得优于其他成员国的竞争地位。"为了强化对不公平竞争优势的货币低估行为，《国际货币基金协定》第 4 条第 3 款进一步规定："基金组织应该对成员国的汇率政策进行监督，并采取具体原则加强对成员国汇率政策的引导。"美方认为，中国长期维持固定汇率、大规模干预外汇市场并使汇率朝一个方向运行明显违反了 IMF 的规定，中国政府进行货币操纵和压低人民币币值的行为理应受到 IMF 的批评。①

二是指责中国压低人民币汇率，构成了对中国出口产品的补贴，违反了 WTO 反补贴协议。GATT 第 15 条第 4 款规定："缔约各方不得以外汇行动，意图阻挠本协定的规定。"美国游说集团据此认为，中国人民币币值低估属禁止性出口补贴行为，违反了 WTO《补贴与反补贴措施协议》第 1、2、3 条款以及 WTO 协定农业条款，损害了美国工人、农民和商业团体的利益。美国贸易代表施瓦布在美国向 WTO 起诉中国的补贴诉讼后也声称，中国的补贴从两方面影响了中美贸易的公平：一是对出口商的补贴；二是给予那些从中国国内采购设备和产品的中国境内公司所谓的进口替代补贴。

根据这些指控，美国一再向中国施压，以促使中国大幅度提高人民币汇率。其施压手段主要有三：

其一，美国国会议员提出对华进行施压方案。到目前为止，代表性的议案主要有以下几个：

（1）S. 295 议案：也称"舒默—格雷厄姆修正案"，又称"汇率报复案"，最早于 2003 年 9 月由美国纽约州民主党参议员查尔斯·舒默（Charles Schumer）、南卡罗来纳州共和党参议员林德西·格雷厄姆（Lindsey Graham）共同提出，主要内容是以中国对

① Gary Clyde Hufbauer, *US-China Trade Disputes*: *Rising Tide*, *Rising Stakes*, Institute for International Economics, Washington, DC, August 2006, p. 24.

美进行不公平贸易为由，要求政府对从中国进口的所有产品征收27.5%的关税，除非中国政府在180天内实质性地将人民币升值。2004年4月12日，美国北卡罗来纳州众议员苏·米瑞克（Sue Myrick）和南卡罗来纳州民主党众议员约翰·斯帕利特（John Spratt）提出了H. R. 1575议案，该议案与S. 295法案内容类似。2005年5月10日，美国参议员斯洛韦（Olympia J. Snowe）与众议员曼祖洛（Don Manznllo）分别在参众两院提出了2005年公平货币法案（S. 984和H. R. 2208），主要内容有3项：①修改要求美财政部与操纵货币的外国政府进行谈判的标准，将原条款规定的启动谈判的必要条件，即一个国家既存在大量对美双边贸易顺差也存在全球经常项目顺差改为如果符合其中一项即可；②进一步阐明《1988年汇率与国际经济政策协调法案》关于对汇率予以操纵的定义，即如果某国汇率市场上存在长期大规模的朝一个方向的干预，则可界定该国操纵了本币与美元的汇率；③指示美财政部对中国贸易顺差进行广泛的审查，尤其是关注中国令人怀疑的贸易数字及其数据结果报告，分析中国公布的贸易数字与美及其贸易伙伴的差异，然后由财政部向国会提交调查结果报告。

（2）H. R. 1498法案：即《中国货币法案》(China Currency Act of 2005)，2005年4月6日，由美国众议员邓肯·亨特（Duncan Hunter）及蒂姆·瑞安（Tim Ryan）以中国货币低估伤害了美国制造商的利益为由提出，该议案将中国的货币币值低估认定为可反补贴的一类补贴，并允许美国产业界针对中国提起反补贴税（CVD）案件。该项议案后改为782号议案，其中最显著的区别就是把货币操纵改为货币偏差，更直接地将其与贸易补贴联系起来。782号议案认为，自1994年以来，中国和其他国家一再干预本国的货币市场，导致这些国家的货币与美元和其他货币之间的汇率严重失衡。这些国家的政策使得其本国货币的价值被严重低估，人民币的币值至少被低估了40%。中国和其他国家人为压低货币币值，等于为它们的出口产品提供了补贴，为进口设置了非关税性壁垒，给美国的制造业和农业造成严重的损失。因此，该议案要求美国政府迅速采取措施，促使这些国家改变不公平的汇率政策，否则美国应该对这些国家的进口商品征收惩罚性关税。

(3) H. R. 3283 法案：又称《美国贸易权执行法案》，由美国众议院共和党议员菲尔·英格利希（Phil English）和众议院筹款委员会主席比尔·托马斯（Bill Thamos）于 2005 年 7 月 14 日提出，27 日在美国众议院以 255 票对 168 票通过，是美国国会对华贸易法案中，迄今获得最广泛支持的法案。该法案的主要内容有：①授权美国反补贴法适用来自非市场经济体（如中国）的出口。②建立一套全面监督中国履行知识产权，美国商品、服务、农业市场准入，补贴通告义务的体系。该体系要求总统每半年向国会提出报告，内容包括中国政府为履行义务所采取的具体措施；对中国是否有诚意履行义务的评估；对中国未履行义务时总统拟采取的措施，包括在适当时候行使 WTO 争端解决机制的权利。对于中国应在 2005 年底前履行的义务，总统应对此提出月度报告。③要求财政部向国会提交报告，包括对货币操纵进行定义，说明被认为操纵货币的外国政府拟采取的行动，并且说明有关解决货币操纵的法律条款如何从行政角度予以更为清楚的阐述，以便完善币值估价并使之更有预见性。④鉴于中国开始实行新的货币机制，要求财政部每 6 个月向国会提交有关分析中国汇率机制运作情况的报告。⑤授予美国贸易代表办公室每年 600 万美元追加款项，加上总统提出的预算，总计 4480 万美元，其中 400 万美元用于法律总顾问办公室、协议监督和执行办公室、中国事务办公室以及日本、韩国、亚太经济合作组织事务办公室。⑥国会希望美应努力扩大 WTO 政府采购协议的成员国，寻求中国加入该协议，并寻求中国承诺在完成加入谈判之前暂停实施有关政府采购的法律。⑦授权向国际贸易委员会专项拨款，要求国际贸易委员会提交关于货币政策对美国贸易和就业的敏感性的报告等。

此外，参议员苏珊·克林思（Susan Collins）针对中国政府补贴提出的 S. 1421 提案以及民主党党议员 Rangel 提出的 H. R. 3306 议案，同样涵盖了反补贴、汇率操纵等内容。

其二，美国产业界，尤其是美国制造商协会和公平货币联盟、中国货币联盟力主动用“301 条款”对华施压。他们在 2004 年 10

月就人民币汇率问题提起美国1974年贸易法的“301条款”诉讼。根据该条款，如果美国的贸易伙伴违反了贸易协议，对美国商业设置“不正当”的负担，美国的相关实体可以向USTR提出动用“301条款”的请求。如果他们提出的诉讼获得通过，美国将对中国输美商品强征高额关税。美国的一些工会组织也大肆喧嚷中国人民币币值过低，导致中国商品对美倾销，造成大量美国工人失业，要求美国政府采取措施施压中国大幅度提高人民币汇率。

其三，美国政府借助国际多边金融机构对华进行施压。其典型事例是提出《2006年美国贸易加强法案》，其重要内容就是要求美国财政部确定有关国家货币是否存在严重的损害美国经济利益的根本性失衡，并对中国进行相关审查。如果最终认定中国存在上述问题，即要求中国在180天内解决问题，否则将面临一系列制裁，其中就包括要求IMF与中国进行磋商，借用IMF之力对华施压。美国还利用G7财长会议就中国人民币汇率问题进行磋商，企图利用“七国集团”集体施压人民币升值。同时，在美国通过国内立法渠道难以单方面解决人民币汇率问题时，美国政府还试图借助WTO争端解决机制做出有利于美方的裁决。

美国政府基于中美贸易失衡和美国国内及产业界的压力，持续在人民币汇率问题上对华施压，且施压人民币升值的力度趋于增大。但总体来看，美国政府比较顾全中美经贸关系大局，在中方做出有理、有利、有节的回应后，不过为已甚，愿意通过协商和互让的方式解决问题，而不理会美国产业界和国会一些过高与非理性的要求。如对美国制造商协会等三团体就人民币汇率问题提出的“301条款”诉讼请求，布什政府认为这是“不计后果的，因为其寻求的救济措施，即全面征收40%的关税，将在美国边境筑起高墙，损害美国出口，破坏美国就业状况并危及美国的经济复苏”①而予以否决。布什政府对国会议员一些非理性方案或不予回应，或予以驳回。布什政府的这种态度有利于中美围绕人民币汇率问题的

① 《国际贸易简评》，2004年10月。http: //www.sphere-logic.com/UploadFile/Ref.

争端“软着陆”。

三、对人民币汇率问题的评析

汇率是国家经济宏观调控的主要手段，也是属于一国主权范围的内政问题，各国有权根据自己的发展水平选择适合于本国经济发展的汇率政策。我国人民币汇率制度的确立，经历了由政府决定到市场决定的演变过程，今后汇率改革的目标，是确立根据市场需求、有管理的、浮动的汇率制度。然而，美国政府置中国汇率制度和汇率政策改革所取得的进步于不顾，自2003年以来，美国各界就人民币汇率政策发表了一系列不负责任的言论，对中美经贸关系的发展造成了严重的干扰。那么，究竟如何看待当前的人民币汇率之争呢？其实质又是什么呢？

（一）美国指控中国政府操纵人民币汇率的真实证据不足，法理依据不实

美国对人民币汇率问题指控的法律依据主要是IMF第4条和WTO《补贴与反补贴措施协议》，但这两项法律指控的依据本身均不充分。

一方面，中国实行人民币有管理的浮动汇率制本身并没有什么错，因为包括美国在内的西方主要工业国家，根据布雷顿森林体系，从20世纪50年代到70年代都实行固定汇率制度，目前只有少数国家实行完全自由的浮动汇率制。而新的牙买加体系仍然是各国自由选择汇率，这种选择本身就包含了国家对外汇市场进行干预，甚至是长期的单一方向的大规模干预。另外，按照IMF制定的原则，国际货币基金组织应该尊重各会员国国内的社会和政治政策，并且对各会员国的境况给予应有的注意。IMF第4条第1款规定，基金组织会员国“应该努力通过培育有序的经济、金融环境来促进国际货币体系的稳定，防止造成无序的混乱”；第4条第4款又规定，基金组织会员国的汇率政策应确保“世界经济的稳定”。很显然，中国政府关于人民币汇率的制度和政策不仅没有违反IMF的规定，而且完全是为了创造有秩序的经济和金融条件，有利于世界经济的稳定发展。

另一方面，根据 WTO《补贴与反补贴措施协议》第 1 条之规定，构成禁止性补贴或者可诉补贴必须具备三个条件：①存在由政府或任何公共机构提供的财政资助；②企业因此而得到一项利益；③该补贴行为具有专向性。在中国，调控汇率发行基础货币、票据并不是直接财政补贴，人民币和外币之间的汇兑也不存在由政府或任何公共机构提供的财政资助，并且中国采用单一汇率制度，在汇率上所有企业都是一致的，并非歧视性汇率制度，不存在任何专向性。因此，中国的汇率制度与补贴之间没有任何联系，根本谈不上是汇率操纵的问题，更不应该将其与出口补贴联系在一起。

那么，美国某些人口口声声说人民币汇率低估是中国政府汇率操纵的结果，有什么直接的证据吗？答案是否定的。迄今为止，美国财政部还没有掌握任何一项中国政府操纵人民币汇率的证据，因此在其向国会提交的《关于国际经济和汇率政策的年度报告》中多次指出，财政部发现中国的行为没有“阻碍国际收支平衡的有效调整或者获取国际贸易中的不公平竞争优势”；中国的货币实践也没有“达到《1988 年综合贸易竞争法》中设立的技术标准”以证实操纵的存在。美国白宫经济顾问委员会（Council of Economic Advisers，CEA）在其 2007 年度报告中同样指出：“中国政府对人民币汇率的干预并未有效改变中美贸易商品的相对价格。”IMF 执行总裁拉托（Rodrigo de Rato）也曾经宣布他和自己的同事没有获得任何证据表明中国在人为操纵汇率以获取竞争优势。相反，“中国政府有充分的理由保持人民币汇率的稳定确保经济健康发展的主要目标”①。

（二）人民币汇率不是解决美国国内问题的灵丹妙药，强行以中国操纵人民币汇率为由加征关税，受损的绝不仅仅是中国

美国产业界指责中国人民币汇率问题的一个重要原因就是认为人民币汇率低估导致对美出口增加，是 2000 年以来美国制造行业

① Daniel Griswold, *Who's Manipulating Whom? —China's Currency and U. S. Economy. Cato Institute's Center for Trade Policy Studies*, Trade Briefing Paper. July 11, 2006, p. 5.

工作机会大量丢失的首要因素。实际上，恰恰相反，造成美国制造业三百万工作机会丢失的首要原因不是来自中国的进口，而是2001年的美国经济衰退以及美国工厂生产率的快速提高。研究显示，虽然从2000—2003年，美国的制造业处于阵痛的衰退之中，但是美国工厂的实际产出从1994年以来却仍然增长了50%，中美贸易没有损害美国制造业的生产能力。① 因此，中国人民币汇率的重估对美国的就业增长根本不会有太大的影响。

那么，人民币升值对中美贸易不平衡能起多大作用呢？即使中国政府实行更加自由、灵活的浮动汇率，经济理论和现实证据也表明它不会对双边贸易不平衡问题产生显著的影响。理由有四个：一是更加灵活的人民币汇率并不意味着一定是强势货币；二是即使人民币大幅升值，它也不可能转化为美国市场上中国商品价格的大幅上扬；三是即使中国对美出口产品价格上涨，美国消费者也会面临其他国家产品的竞争；② 四是依据马歇尔—勒纳条件，人民币升值能否减少与中国的贸易顺差还要取决于中国的进出口需求弹性之和是否大于1。而有研究表明，中国的进出口需求弹性之和大致在1左右，企图通过人民币升值减少中国的对美贸易顺差也是很难的。③ 美中贸易全国委员会的报告也坦承，人民币升值对美国进口影响不大，只会使美国出口有所增加，即使人民币升值25%，两年内美贸易逆差最多只能减少约100亿—150亿美元。亚洲开发银行的报告同时表明，根据2004年的数据，中国货币升值10%仅会对美国2004年6660亿美元的经常账户赤字产生一个较小的影响(36亿美元)，因此即使一个更高的估价也不会起到更大作用，因

① Daniel Griswold, *Who's Manipulating Whom? —China's Currency and U. S. Economy. Cato Institute's Center for Trade Policy Studies*, Trade Briefing Paper. July 11, 2006, pp. 6-7.

② Daniel Griswold, *Who's Manipulating Whom? —China's Currency and U. S. Economy. Cato Institute's Center for Trade Policy Studies*, Trade Briefing Paper. July 11, 2006, p. 8.

③ 高洁等:《解析中美贸易间的“贵买贱卖”现象》,《国际贸易》,2008年第3期。

为美国从中国的进口仅占其总进口量的 13 %。① 对此，美联储前主席格林斯潘直言："想通过人民币升值来增加美国制造业的就业，是一种非常错误的观点。如果美国迫使人民币升值，那么原来从中国进口的纺织品、轻工业品、玩具和各种家用电器将被来自其他发展中国家的商品取代，对美国的就业没有丝毫好处。"② 美国经济学家、黑尔咨询公司董事长戴维·黑尔在美国《外交》杂志 2008 年第 1 期发表题为《升值问题需三思》的文章，同样明确指出"简单地让人民币升值并不能扭转美中贸易不平衡的趋势，更不可能让中国充满活力的经济保持持久的平衡状态。这充其量不过是一个解决次要问题的、破绽百出的办法"。

近年来的事实发展也足以证明了货币汇率与贸易平衡无关的结论。2005 年美国与十个主要贸易伙伴的贸易量占了美国全部贸易量的 75%，美国十大贸易伙伴中，除中国和马来西亚外，另外八个贸易伙伴均采用自由浮动的汇率机制。但近年来，美元持续贬值并没有出现美贸易逆差减少的现象。除中国台湾地区外，美与与这些采用浮动汇率机制贸易伙伴的贸易赤字仍在持续增长。比如：自 2002 年至 2005 年，美元对加元贬值 23%，但在此期间，美国对加拿大的贸易赤字却增长了 58%，从 480 亿美元增加到 760 亿美元。再如：美国与欧元区 12 个成员国的贸易情况，自 2002 年至 2005 年美元对欧元贬值 24%，但美国对欧盟的贸易赤字不但没有削减，反而由 857 亿美元上升至 1223 亿美元。还有，在此期间，美日贸易逆差增加了 18%，美韩贸易逆差增加了 22%，美英贸易逆差增加了 71%，美国对巴西贸易逆差增加了 181%。③ 上述例子从一个侧面说明，人民币汇率不是中美贸易不平衡的根源，人民币汇率大幅度升值只会对美国和世界经济的发展带来无法预测的、极有可能

① 《国际贸易简评》，2005 年 6 月。http://www.sphere-logic.com/UploadFile/Ref/200683111833732.pdf.

② 中国现代化国际关系研究院课题组：《中美经贸关系发展中的焦点》，《中国发展观察》，2007 年第 1 期。

③ Daniel Ikenson, *Chinese Currency Adjustment Is No Cure for U.S. Trade Deficit*. Cato Institute. Impact Analysis. July-August 2006, p. 4.

消极的后果。1985 年关于日元的《广场协议》不仅摧毁了日本的出口经济，同时也为美国经济带来不景气，最终导致 1987 年的股市崩溃。美国决策者应该清楚，中美贸易不平衡问题的根源在美国国内，只要美国居民的消费继续多于储蓄，只要中国居民的储蓄继续高于投资，资本从中国流向美国的趋势就无法改变，中美贸易不平衡的趋势只能继续加剧。

当然，正如经济学家们指出的那样，依据购买力平价理论和资产平衡（“Balassa-Samuelson”）效应，人民币的币值确实低估了(有的经济学家认为低估了 22.5%)，价格不能背离均衡水平太久。扭曲的价格意味着巨大的机会成本和效率损失，从这个层面上说，人民币汇率的调整与美国施压无关。

另外，如果按照美国上述议员们的提案，对中国实行惩罚性的贸易制裁或加征关税，是否真的给美国带来好处呢？答案也是否定的。一方面，会损害与中国进行商务往来的数千家美国公司的销售和利润。沃尔玛、戴尔、耐克这样的美国公司正依靠在中国制造的产品保证利润，如果人民币升值，它们的利润即刻就会受到影响，可能引起股票价格的下跌；另一方面，损害美国消费者的利益。由于中国出口产品多为物美价廉的生活必需品，有利于提高美国居民的生活水平。如果人民币升值，出口产品的价格将被抬高，既会造成美国消费者福利水平的下降，又将使他们进一步压缩开支，最终导致的结果必然是抑制需求、打击消费，对美国经济的增长产生负面影响。

（三）人民币汇率之争完全是美国国内政治斗争的延续，其实质是通过对人民币汇率的打压，扰乱中国经济发展的步伐，消除中国对美国的“经济威胁”

汇率问题主要是经济问题，然而大多对政治感兴趣的美国国会议员在人民币汇率问题上却扮演了积极的角色，最合理的解释就是美国国内政治斗争的需要。仔细审视美国议员的各种关于人民币汇率问题的提案，就会发现有太多的谬论。美国国会众议员、中国工作小组创始人马克科克曾有这样的描绘：对中美贸易摩擦，“白宫的看法复杂而深入；参议院的看法至少还有多个侧面；众议院则是永远负面，而且多半是出于无知”。大名鼎鼎的舒默参议员在人民币汇率问题上更是表现出了其无知的一面，其在国会就为什么对中国输美产品征收27.5%的关税进行作证时说：“我们咨询过专家意见，他们认为人民币币值低估最低值是15%，最高值是40%，将两者平均得到27.5%。”① 舒默参议员如此简单、草率地对待人民币汇率问题，不能不让人怀疑其另有所图。

近年来，中国经济的快速增长让美国某些人士忧心忡忡，他们在享受中美贸易给美国带来好处的同时，却肆意夸大中国的对美威胁。当中国以大量商品换回的美元又以购买美国国债和其他债券形式流回美国时，本来有利于支持美国经济的增长，缓和美元利率和国内的通货膨胀，但他们却认为美国大批国债由外国投资者持有威胁到美国的经济自主，尤其是“中日两国都持有大量国债，我们不可能期望他们为美国的利益着想”，美国政府应该采取措施，“必须自己照顾自己”。② 正是在这种对华政策思维的影响下，美国政府不断对华施加种种压力，企图以人民币汇率升值为突破口，寻求中国经济体系的弱点和漏洞，扰乱和延迟中国经济崛起的进程，确保美国的世界经济霸主地位。

四、结论

从深层次上讲，人民币汇率之争实质上是中美宏观经济政策博弈的结果，也是中美经贸摩擦进一步深入发展的重要标志。美国不断呼吁要求人民币升值以缓解两国之间日益恶化的贸易不平衡，但实际上很难达到这样的效果。除了上述所分析的理由以外，还有一个值得注意的因素就是中国加工贸易的迅速发展会抵消人民币升值

---

① Charles E. Schumer, *China's Currency and U.S.-China Trade Policy*. http://www.cfr.org/publication/8179/chinas_currency_and_uschina_trade_policy.html.

② 希拉里．中国应肩负责任．http://news.sohu.com/20070328/n249025076.shtml.

对中国进口带来的影响。主要基于以下两种可能性：第一，如果人民币升值导致加工贸易产品的出口价格上升，出口增速放缓，将直接影响到加工贸易进口的增长，因此汇率因素的影响通过出口间接地传导到进口，使中国自美进口的增速也会放缓。第二，人民币升值意味着人民币对外币的购买力将比过去增大。鉴于中国的许多出口产品大体上都是用进口原材料制成或是用进口零部件组装而成，人民币升值实际上反而会起到降低出口商生产成本的作用。出口商会将他们由此降低的成本全部或大部分回馈给客户，从而抵消人民币升值对中国出口商品海外最终售价的推升作用。在这两种情况下，出口和进口都可能会发生同方向变动。既然人民币升值对降低中美贸易顺差的作用有限，那么是否急于大幅调整人民币汇率值得中国政府深入的思考。而对美国政府来讲，即使中美签署新的“广场协议”，美国也不可能取得成功，因为今天的中国毕竟不是20世纪80年代中期的日本，如今的中美经贸关系对美国国内的深入影响也远远超过了日美经贸关系。对于人民币汇率之争的未来，笔者认为，只要中美经济失衡存在，只要美国国内政治需要，人民币问题将会一直成为美国“敲打”中国的工具。

第二节　中美纺织品、农产品贸易之争

纺织业①和农业分别是中美两国各自具有比较优势的行业，也是中美间互补性很强的两大行业，纺织品、农产品贸易在中美贸易关系中占有十分重要的地位。正因为如此，中美纺织品、农产品贸易摩擦从未间断过。顺利地处理好两国纺织品、农产品贸易争端是促进中美经贸关系进一步发展的一个重要基础，本节尝试从现实和理论层面对中美纺织品、农产品贸易摩擦的实质和根源进行简要的探析。

① 本书所指的纺织品是一个综合性概念，意指服装、服饰、布料和纱线的集合体。

一、中美纺织品、农产品贸易的现状

（一）蓬勃发展的中美纺织品贸易

美国有着世界上最大的纺织品服装市场，其年进口额约占全球纺织品服装进口总额的20%。尽管如此，从总体上看，纺织品贸易在美国对外贸易中并不占有重要的位置，2001—2005年，占其贸易总额的比重分别为5.34%、5.42%、5.41%、5.04%、4.7%，但是美国纺织品贸易逆差占美国全部贸易逆差的比重一直较高，同期比重分别达到了14.17%、12.87%、12.12%、10.71%、9.92%。① 根据美国商务部纺织品服装贸易办公室（OTEXA）发布的统计数字显示，2007年美国进口各类纺织产品共计531亿平方米，进口金额占美货物贸易总进口金额（19649亿美元）的4.9%，贸易逆差仍占美货物贸易总逆差的10.9%，达到890亿美元。其中服装逆差达727亿美元，占纺织产品逆差的81.7%；纺织品逆差达162亿美元，占纺织产品逆差的18.3%。

相对美国来讲，纺织业一直是中国出口的“拳头产品”，作为纺织行业全球第一生产、出口、消费大国，我国的纺织品出口总量占据全球的25%，美国是中国纺织品出口的最大市场之一。虽然近年来，美国采取特保等各种保护措施阻止中国对美纺织品出口，但是中美纺织品贸易份额还是获得了较快增长，2003—2006年，中美纺织品服装贸易占中美贸易的比重分别达到了8.83%、8.58%、9.72%、9.58%，与此同时，中美纺织品贸易顺差占美国纺织品逆差的比重也在不断上升，同期份额分别达到20.79%、23.82%、32.03%、35.41%②，2007年美国从中国进口各类纺织品首次突破300亿美元大关，达到323亿美元。按数量计算，中国占美国纺织产品进口市场份额从2006年的35.7%上升至2007年的40.2%，按金额计算的市场份额从2006年的29.0%上升至2007年

---

① 资料来源：美国商务部人口统计局网站。

② 资料来源：美国商务部纺织品服装贸易办公室网站。

的33.5%，中美纺织品贸易顺差占美纺织品逆差的比重上升到了41.2%。①

在中美纺织品贸易结构上，中国出口美国的产品主要以服装为主，服饰次之，布料和纱线较少；美国对华出口的产品以纺织原料，特别是原棉为主，中国是美国棉花最大的出口市场，近年来美国棉花出口占中国市场的份额一直维持在55%左右。2006年我国从美国进口棉花在连续三年保持增长的基础上继续大幅度增长，全年共进口165万吨，同比增长33%，进口金额达到20.8亿美元。

（二）不对等的中美农产品贸易

与纺织品贸易相反，美国农业在世界上拥有无与伦比的地位。作为世界上最大的粮食生产国，主要农作物产量均居世界前列，其中玉米、大豆产量居世界第一位，大豆产量的35%—40%用于出口，年出口量在2400万—2800万吨之间，其中50%左右出口到我国。据美国农业部的统计数据，2007年两国农产品贸易总额137.66亿美元，中国对美农产品贸易逆差39.3亿美元。目前，中国是美国的第四大农产品出口市场（仅次于加拿大、日本和欧盟）。中美农产品贸易分别以劳动密集型和土地密集型产品为主体，在2007年我国对美国出口的49.2亿美元农产品中，食品和水产品是中国具有比较优势的劳动密集型产品，所占比重超过总金额的80%。而在美国输华的88.46亿美元产品中，美方占有比较优势的土地密集型产品大豆和棉花所占比重高达64%。

基于美国农业的强大优势和多年来美方对中国不断施加压力，中美农产品贸易呈现出不对等的发展格局。迄今为止，美方关注的大部分农产品都已出现在中国市场，但我方关注的农产品却很难进入美方市场。拿禽肉产品为例，中方早已允许美方禽肉输华，即使在美国7个州发生禽流感后，还是按照OIE区域化的原则，允许美国其他州的禽产品输华。2007年美国共向中国出口禽肉3.47亿美元，比两年前翻了近两番。但美方却以有关预算执行难度大为由，使得解除中方禽肉禁令的努力迟迟没有进展，这是中美农产品贸易

① 《2007年中美纺织品贸易情况》，中国驻美大使馆经商处网站。

不断发生摩擦的重要根源之一。

二、中美纺织品、农产品贸易争端的主要历程

1979 年 1 月中美建交，之后两国纺织品贸易额就快速增长，不久就引起了美国方面的关注，尽管当时中国输美纺织品绝对数量还很低，但美国认为来自中国的纺织品进口激增给美国市场带来了潜在的威胁，即所谓的市场扰乱，因而要求与中国进行配额限制的谈判。1980 年 9 月，中美签订为期 3 年的纺织品贸易协定，不仅详细规定了中国对美出口的 8 种纺织品配额，而且将双方贸易的年增长幅度限定为 4%。之后，又在 1983 年和 1987 年分别签订了第二、第三个中美纺织品协议。20 世纪 90 年代以后，随着中国出口美国纺织品数量的增加，中美在纺织品贸易上的摩擦更加突出和尖锐。虽然 1994 年中美签订了第四个双边纺织品贸易协议，但是美国却重新颁布和实施纺织品和服装原产地新规则，并以中方企业没有遵守有关原产地规定协议为由，单方面扣减中国 1996 年度纺织品配额 13 个类别中的商品，给中方造成了巨大的经济损失，严重影响了中美贸易的正常发展。

2001 年 12 月 11 日中国加入世界贸易组织，2003 年 5 月美国政府以《中国加入世贸组织工作组报告书》第 242 段的规定提起纺织品特别保障措施申诉程序，第一次对中国出口的针织布、手套、胸衣三类纺织品实施进口限制措施。2005 年 1 月 1 日，纺织品配额取消以后，随着我对美纺织品出口增长迅速，美国进一步加大了对中国纺织品进口的限制力度，多次对我国发起纺织品特别保障措施调查，使刚刚摆脱全球纺织品配额约束的中国纺织业重新陷入更加不稳定的贸易环境。为了解决新一轮中美纺织品贸易争端，中美两国政府经过 7 轮的艰苦谈判，终于在当年 11 月 8 日达成协议，签署《中美关于纺织品和服装贸易谅解备忘录》。根据谅解备忘录，在 2006 年 1 月 1 日至 2008 年 12 月 31 日的协议期内，中国向美国出口的棉制裤子等 21 个类别的产品实施数量管理，并详细规定了三年时间中国对美出口的增长数额。

2008 年以后美国再对华实施纺织品配额限制已经没有法律依

据，美国如果打算采取新的措施必须找到相关新的法律依据，而且还需双方政府之间的协商和谈判。笔者认为美方会仿效欧盟做法，要求采用双边监控体系。即在取消数量限制的前提下，将备忘录项下的 8 个纺织品类别纳入双边监控体系，中方实施出口许可，美方实行自动进口许可制度。除此以外，美国纺织组织委员会（NCTO）分析报告认为，中国政府至少向中国纺织工业提供了 63 种补贴，美方会利用可能的措施（如起诉中国出口补贴）抵制中国对美纺织品出口，中美纺织品贸易争端的形势仍将延续。

相对美方对中国的纺织品设限的主动性，在中美农产品贸易争端中中方却占据着进攻的主动性。比如，2001 年 12 月，中国正式加入 WTO 时，几乎所有的美国人都认为对中国的农产品出口将会成倍增长。为了应对美国农产品进口的冲击，从 2001 年 3 月 20 日起，中国开始实施新食品法，对大豆和玉米等转基因农产品的进口加以限制，并利用世贸组织允许的技术壁垒，颁布了《农业转基因生物安全管理条例》和《农业转基因生物安全评价管理办法》、《农业转基因生物进口安全管理办法》、《农业转基因生物标识管理办法》三个配套规章以及农业部 190 号公告《转基因农产品安全管理临时措施公告》，对美国的农产品出口带来较大冲击，为此美中双方就此问题进行了多轮磋商，最终就转基因问题达成了协议，暂时避免了中美之间爆发农产品贸易战。当然，美方也不时地利用技术贸易壁垒反击中国的行动，如 2003 年美国 FDA 以食品安全原因为由拒绝我国 625 批次的农产品入境，并以两国法规体系不等效为借口，拒绝进口我国熟制禽肉制品等，所有这些都加剧了两国农产品贸易摩擦。

三、中美纺织品、农产品贸易争端的经济学分析

（一）中美两国在纺织品、农产品贸易上的优势比较

纺织业属于劳动密集型产业，劳动力成本的高低直接决定了一国纺织产业的国际竞争能力。目前我国经济活动人口达 7.8 亿，大量农村剩余劳动力向城市转移，劳动力成本低的优势确实明显。我国制造业劳动力成本仅相当于美国的 2.9%、日本和加拿大的

3.1%、法国的2.8%、德国的2.1%、韩国的5.8%、巴西的22%、墨西哥的26.8%。[①] 从纺织产业国际竞争力的比较看，中国在纺织品贸易竞争的优势也远远大于美国。首先，从劳动成本比较看，根据Werner国际管理咨询公司所做的关于世界纺织业劳动力成本的统计，2004年按小时计算的劳动力成本美国为15.78美元/小时，中国沿海地区只有0.76美元/小时、内地只有0.48美元/小时。国内有关专家的研究也表明，在目前月工资水平的基础上，假设未来15年中国平均每年增长10%，美国每年增长2%，中国劳动力成本仍然保持相对优势，至少还有15年的高竞争力。其次，从贸易竞争力比较来看，美国2002—2004年的纺织品贸易竞争力指数分别为-0.20、-0.25、-0.27，同期中国指数分别为0.22、0.31、0.37。再次，从显示性比较优势指数看，2004年美国纺织业显示性比较优势指数为0.68，中国则为2.55。最后，从市场占有率来看，美国纺织品、服装出口的世界市场占有率逐年下降。2000年和2004年美国纺织品出口、服装出口占世界纺织品、服装出口总额的比重分别为7.1%、4.4%和6.2%、2.0%，而中国则分别为10.4%、18.3%和17.2%、24.0%。[②] 因此，中国在中美纺织品贸易中具有明显的比较优势和贸易竞争优势。

相对于纺织品行业的比较劣势，得天独厚的自然条件、现代化的科学技术、雄厚的工业基础造就了发达、高效率的美国农业。美国的种植业、畜牧业、林业、渔业均实力强大，品种之多、产量之高均在世界前列，美国农业的国际竞争力一直高居世界首位。美国农场生产农产品的90%以上投入国际市场，使美国成为世界上最大的农产品出口国家，农产品出口创汇收入每年高达600亿美元，对平衡美国的贸易逆差起到了重要作用。与美国相比，虽然中国的粮食总产量也很大，但由于中国人口众多，粮食消耗量巨大，因此

① 李德水：《中美贸易不平衡的根本原因是什么?》，http://www.wyzxsx.com/Article/Class20/200709/23871.html.

② 赵京霞：《后配额时代的国际纺织品贸易》，中国纺织出版社2006年版，第105~121页。

美国在中美农产品贸易有着明显的比较优势。

（二）中美纺织品、农产品经贸摩擦的经济学分析

传统国际贸易的比较优势理论和要素禀赋理论从国家之间分工和劳动生产率差异的角度对不同国家之间的产业间贸易进行了合理解释。要素禀赋理论认为，一国应该出口密集使用本国丰裕要素生产的产品，进口密集使用本国稀缺要素生产的产品。这里的要素禀赋主要包括自然资源、劳动力、资本和技术等，根据要素禀赋开展国际贸易的国家都会从贸易中受益。因此，开展产业间贸易的国家之间一般不会爆发大规模的经贸摩擦，除非有其他政治方面的原因。

根据上面的分析，中美纺织品、农产品贸易是两国各自比较优势明显、互补性很强的产业间贸易，不应该具备产生经贸摩擦的理论基础。那么，现实与理论的差距究竟在哪里呢？笔者认为有两个因素在起作用。一是根据经贸摩擦理论的帕累托前沿，中美两国政府对双边政治关系的各自不同政策偏好的差异导致两国经常发生纺织品、农产品贸易摩擦。虽然美国的纺织业不具有比较优势，美国政府也无意给予本国纺织业特别的保护来挽救该产业日益衰落的命运，但出于保护本国就业的考虑以及减少纺织品贸易逆差作为对外贸易谈判的筹码，迫使其他国家开放其他领域市场的考虑，美国仍在纺织品进口上采取了许多进口限制措施和出口促进措施，这是中美纺织品贸易摩擦的主观原因。二是中美两国产业结构的调整与升级也是诱发纺织品、农产品贸易摩擦的重要因素。就纺织行业来讲，虽然其属于美国的夕阳产业，但美国政府通过强调高技术产业对传统产业的渗透和结合，引导纺织行业向其他国家尚不能生产的、高技术纺织产品转移，从而增强美国纺织工业的创新能力。与当前美国纺织产业的定位在高端产品领域相比，中国政府为了增强纺织行业的国际竞争能力，近年来也十分注重技术的进步，尤其重视应用高新技术和先进适用技术改造国内纺织行业，中国纺织品出口结构向高端领域的日渐转移加剧了对美国纺织行业的竞争能力，对美国抢占纺织行业的战略制高点带来冲击，现有产业链受到破坏及产业安全受到威胁是后配额时代美国不断挑起纺织品贸易摩擦的

内在动因。①

四、对中美纺织品、农产品贸易争端的评析

（一）中美纺织品、农产品贸易摩擦是产业性经贸摩擦的典型代表，产业结构的互补与经贸摩擦的并存存在明显的悖论，悖论产生的原因在于美国政府的“选票经济最大化”与中国厂商的“经济效益最大化”原则的冲突

目前，美国大部分低端纺织服装企业已经丧失比较优势，无法在经济全球化的环境下继续生存，保护的代价将是巨大的；而高端纺织服装业具有较强的竞争力，根本用不着保护。美国对于纺织服装业的保护，主要是出于政治需要，毕竟90.4万纺织服装业就业人口的选票对于政治人物来说具有很大诱惑力。从艾森豪威尔总统开始，历经肯尼迪、约翰逊、尼克松、卡特到里根，纺织服装业利益集团几乎无一例外地同他们做过政治交易。虽然农产品贸易在中美贸易领域中所占的份额不是很大，却对美国的政治走向有很大的影响。美国农场主虽然在总就业人数中不到3%，但是在政治上的实力相当大。哪个政党如果得罪了美国农民，就得下台。这是美国的政治制度决定的。美国国会的参议院代表席位不是按人口比例而主要是按州分配的。农民虽然人数不多，可是分散在全国，几乎每一个县都有农民，都会影响国会议员尤其是参议员的选举。而大部分非农业人员集中在大城市，但是大城市因为区少，所以选票就少。

从中国方面来讲，许多中国企业认为美国纺织行业的衰落标志着纺织业正在逐步退出历史的舞台，随着2005年1月1日WTO《服装与纺织品协定》(ATC)失效，在经济利益驱动下，不计成本地对美出口扩张，对美纺织服装行业带来了极大的压力。据美国商务部纺织服装贸易办公室的统计，2002—2004年中国对美纺织品服装出口额分别达到122亿美元、142亿美元和178亿美元，在美

① 陆圣、张斌：《美国对华纺织品特保政策的现状与趋势》，《世界贸易组织动态与研究》，2005年第7期。

国纺织品进口总额中的比重分别为15.65%、17.15%和19.84%。2005—2006年中国对美纺织品服装出口额分别达到224亿美元、271亿美元，在美总进口数额中的比重为25.12%、35.7%。因此，美国纺织行业认为，《纺织纤维协定》终止以来，美国19家纺织工厂关闭，2.6万名工人失业，主要责任在于中国。① 美国对华纺织品出口激增之所以反应强烈，主要原因在于美国的纺织产业目前不仅没有走向消亡，反而在高端产品开发、产品销售、品牌管理等方面仍具有相当的国际竞争力。这是美国反复对华纺织品设限的重要原因。

（二）中美纺织品、农产品贸易摩擦的频率增加既是“大国效应”的凸显反映，也是美国国内各利益集团博弈的结果，不仅对其他行业具有一定的示范效应，而且总是成为美国试探对华施用各种贸易壁垒反应的风向标

当一个国家某种商品的出口量或进口量在世界进出口总量中所占份额较大时，它往往对国际市场就有举足轻重的影响力，这就是所谓的“大国效应”。而中国在纺织品出口方面的巨大优势，刚好体现出非常明显的“大国效应”。伴随着贸易规模的迅速扩大，中美间贸易摩擦也日益增多，且大有愈演愈烈之势，纺织品贸易摩擦只是其中之一而已。

我们可以把美国对华贸易政策的制定看做一个各方博弈的过程。从历史的角度看，由于国家间的经济交往是长期和连续的过程，所以这种博弈又是一种重复博弈。各国在特定时期采取的贸易政策是该博弈的均衡解。至于博弈的均衡解的结果如何，则取决于博弈过程中的各种条件情况。一次性博弈常常会导致非合作的均衡解，解决方法就是增加博弈的次数。在重复博弈过程中，任何博弈方的“机会主义”行为都会遭到其他博弈方的报复或惩罚。中美纺织品贸易摩擦就是双方重复博弈的过程。美国政府对中国纺织品实施限制时，可能会引起中国的贸易报复或者将中美贸易争端诉诸

① Gary Clyde Hufbauer, *US-China Trade Disputes : Rising Tide, Rising Stakes*, *Institute for International Economics*, Washington, DC, August 2006, p. 32.

WTO，但美国知道中国的贸易报复的信号是不可信的。因为美国制造贸易摩擦只是为了在大选中获得政治利益，并不希望演变成全面的贸易战，因此它会对中国的贸易限制控制在一定的范围内。而对于中国来说，由于美国出口市场分散，实施全面报复并不能带来中国利益的最大化，宣布实施报复行动所带来的最大潜在收益就是迫使美国合作，放弃对中国部分纺织品的限制决定。

我们再来看美国国内各博弈方，也就是美国公众——消费者和纺织业利益集团对美国政府对华贸易政策的影响。限制纺织品进口的贸易保护措施会造成本国福利损失，不符合公众的利益。但问题是：虽然公众人数众多，但在其利益分散、信息不对称的情况下，公众很难觉察到限制纺织品进口给自己造成多大的福利损失，因此他们组织起来对美国政府施加压力的可信性不大。与此相反，纺织业利益集团在人数上虽然少，但是他们的利益集中，而且美国近年来纺织业的状况又有目共睹，他们更容易结成压力集团，对政府的决策产生影响。从政府的角度出发，迎合少数压力集团的利益可以赢得更多的选票，根据利益最大化的原则，政府自然会牺牲公众利益，选择限制纺织品进口的政策，迎合少数人的要求。

（三）美国纺织业衰落是其制造业普遍萎缩的缩影，与中美纺织品贸易基本无关

美国经济的现状是制造业衰落，服务业兴起，制造业占非农业就业比重连年下降。1960 年制造业就业人数占非农就业比重为 31.8%，1980 年下降为 22.4%，2005 年为 10.7%，2006 年为 10.5%，2007 年仅为 10.2%。① 2012 年预测将进一步减少为 1514.9 万人，占 9.2%。在此大环境下，美国纺织品服装行业人员持续减少，产值、利润下滑严重。据美劳工部统计，1992—2002 年间，美国纺织品服装业就业人数下降 74 万人，年均就业减少 6.5%，截至 2003 年 4 月底，美国纺织服装行业就业总人数为 90.4 万人。其中，纺织行业就业人数约 40.9 万人，与 2002 年同期相比

---

① Wayne M. Morrison, *China's Currency*: *Economic Issues and Options for U. S. Trade Policy*, CRS Report for Congress, May 2008, p. 30.

减少了约2.7万人，服装行业就业人数约49.5万人，为30年来新低。① 据美国商务部人口统计局的预测，2002—2012年间，美国纺织服装行业就业人数将会进一步减少到45万人，年均下降6.5%，仅占美国全部就业比重的0.3%。但是，美国制造业就业人数的减少是其自身行业衰落的结果，与中美纺织品贸易本身无关。即便美国不从中国进口纺织服装，也要从其他国家进口，中国对美纺织品出口的激增实际上只是对其他同类国家对美出口的替代。

（四）中美纺织品、农产品贸易是互赢的选择，贸易摩擦的结果依然是双方受损

中美双方在服装贸易上尽管有极大不平衡，但最终利益却是某种平衡的。因为它不仅为美国居民节省了开支，而且使美国服装巨头赚了可观的利润。而为满足出口需要，中国纺织品企业每年从美国大量进口棉花、面料和纺织设备，美国的棉农和设备制造商从中受益匪浅。中美纺织品、农产品贸易摩擦不仅对双方的利益带来损害，而且也直接影响双方的就业水平。据中国纺织工业协会统计，2004年国内纺织业的直接就业者达1900万人，出口企业达3.5万家，每出口1.5万美元，创造1个就业岗位。因此一旦美国对华纺织品设限，将会导致近10万名纺织工人失去工作。如果中国服装出口下降1个百分点，全国服装生产就要下降0.5个百分点，全国就会有3.6万人失业，对中国的负面影响显而易见。

第三节 “两反两保”与中美经贸摩擦

“两反两保”或者“两反一保加一特”是反倾销、反补贴和保障措施、特别保障措施的总称。反倾销是指进口国政府为了维护其对外贸易秩序和公平竞争，保护国内相关产业，应国内同类产品生产者或有关组织申请或由进口国政府直接发起对进口产品进行调查

① 赵京霞：《后配额时代的国际纺织品贸易》，中国纺织出版社2006年版，第36页。

并根据调查事实采取诸如增加关税等相关措施的一系列行为。反倾销的关注焦点是企业和企业本身的不公平定价行为。反补贴是指一国对于进口的直接或间接地接受政府补贴或奖金的外国商品征收进口附加税的行为，其关注焦点是政府和由政府提供的补贴而引起的不公平定价行为。反倾销和反补贴都是美国经常使用的贸易保护手段，最基本的目的就是限制来自外国公司的竞争，通过牺牲外国竞争者的利益来偏袒美国企业。①“两反”重点限制外国商品的进口价格；而“两保”则侧重限制外国商品的进口数量。随着中美贸易不平衡日益加剧，美国对华实施“两反两保”的案件大幅度上升，已经成为影响中美经贸摩擦的重要因素。

一、WTO 关于“两反两保”的原则和规定

关于反倾销的相关规定主要包含在《1994 年关贸总协定》第 6 条的协议中。世贸组织诞生后，根据 1994 年《关贸总协定》第 6 条的内容制定《反倾销守则》并作为 WTO 协议的重要部分。WTO 关于反倾销的规定主要包括四个部分：一是对倾销的认定。根据 GATT 第 6 条规定，倾销是指将产品的“正常价值”同出口价格做比较，如出口价格低于正常价值，即可确定倾销。《WTO 反倾销协议》第 2 条规定：凡在进口国国内市场上以低于“相同产品的单位平均生产成本（含固定和可变成本）加上销售与一般管理费用”的价格出售者，“可以按不在正常贸易过程对待”。换句话说，只要确定“低于成本销售”就可以直接认定为倾销，不需同出口价格做比较。二是对损害的认定。WTO 规定，在反倾销调查中，进口国有关当局不仅要证明倾销存在，还须认定进口国相关产业因此受到严重影响而遭到损害时，才允许进口国使用反倾销税。三是非市场经济问题。《WTO 反倾销协议》认为，确定来自非市场经济国家的进口产品的价格比较，是存在特殊困难的，因为这些国

① ［美］詹姆斯·德林：《美国贸易保护商务指南》，社会科学文献出版社 2007 年版，第 2 页。

家对贸易实行全面的或大范围垄断且国内价格由政府制定。因而《协议》针对非市场经济国家规定：WTO成员国可以将其市场上相同产品的价格，或以产自另一个国家（第三国）的相似产品价格为基础确定的产品价值，作为从这个国家进口的正常价值。只要在任何一个特定的案例中确定正常价值所使用的方法是适当的而不是不合理的，这种确定就是有效的。四是争端解决机制。《WTO反倾销协议》第17条规定了因反倾销而引起的贸易争端解决办法和反倾销案处理的具体途径——即由WTO成立专家裁定小组来具体解决。但是，WTO的上述规定有许多的模糊和漏洞，在实际执行过程中大大放宽了认定倾销的标准，反而成为经济发达国家利用反倾销实行贸易保护的手段。

WTO《补贴与反补贴措施协议》对补贴的定义与范围、分类及救济措施（包括国际途径和国内途径）、负责的机构及成员方的差别待遇等内容作了规定。根据该《协议》第1条和第2条的规定，补贴是指一成员方政府或任何公共机构向“某些企业”（即指一个企业或产业或一组企业或产业）提供的财政资助，以及采取GATT1994第16条意义上的任何形式的收入支持或价格支持。补贴的范围包括：(1) 政府直接转让资金（如赠与、贷款）；潜在的直接转让资金或债务（如贷款担保）；(2) 政府对本应征收的财政收入的放弃或不予征收；(3) 政府提供货物或服务或购买货物；(4) 政府向基金机构拨款，或委托、指令私人机构履行上述三项功能；(5) 构成1994年总协定第16条含义内的任何形式的收入或价格支持或由此而给予的某种优惠。该《协议》把补贴分为三类，即禁止性补贴、可申诉补贴和不可申诉补贴，针对三类不同性质的补贴，分别制订了与反补贴措施平行使用的救济方法。《协议》规定了双轨制的救济措施，即受不利影响的成员可采取两种救济办法：(1) 国际途径，即通过WTO争端解决机制获得救济；(2) 国内途径，即通过国内反补贴税法律程序获得救济。

WTO《保障措施协定》澄清了《1994年关贸总协定》第19条(“对某些产品进口的紧急措施”）的规定，明确了WTO各成员方实施保障措施的纪律，重建了保障措施的多边控制机制，为消除在保障措施方面的很多不恰当的做法提供了依据。它包括总则、条件（启动保障措施的条件）、调查（启动保障措施的必要程序）、严重损害或严重损害威胁的确定、保障措施的实施等 14 个条款及一个附件。按照 WTO 各缔约方的一般做法，《1994 年关贸总协定》和《保障措施协定》的规定是可以累积适用的（cumulatively applied），而不能认为《保障措施协定》已经取代了《1994 年关贸总协定》，两者的条文必须协调地理解，作为一个不可分割的权利和纪律的整体。

中国入世议定书第 16 条中所指的特别保障措施与关贸总协定第 19 条和 WTO《保障措施协议》所规定的一般保障措施相比，有几点明显的区别：一是原则依据不同。《保障措施协议》第 2.2 条规定，保障措施应针对一正在进口的产品实施，而不考虑其来源。而据中国入世议定书第 16 条的规定，某一 WTO 成员可只对中国的进口产品提起特别保障调查。二是条件不同。根据中国入世议定书第 16 条的规定，一 WTO 成员只需在我国产品对其生产同类产品或直接竞争产品的国内产业造成“市场扰乱”的情况下，即可针对中国进口产品提起特别保障调查。三是实施期限不同。通常情况下，一般保障措施的实施期限不得超过 4 年，特殊情况下可以延期，但最长不得超过 8 年，发展中国家的实施期限则最长可为 10 年。中国入世议定书第 16 条对特别保障措施的实施期限则没有明确的限制性规定，唯一可以作为参考的是“一世贸组织成员只能在防止和补救市场扰乱所必需的时限内根据本条采取措施”这一弹性条款。四是措施的后果不同。在进口相对增长的情况下，对一般保障措施而言，受影响成员方可以及时针对实施该措施的世贸组织成员的贸易中止实施 GATT1994 项下实质相当的减让或义务；对特别保障措施而言，只有在该措施实施满 2 年以后，中国才有权针对实施该措施的世贸组织成员的贸易中止实施 GATT1994 项下实质相当的减让或义务。在进口绝对增长的情况下，一般保障措施与特别保障措施的措施后果则是一致的，即在该措施实施的前 3 年内不得针对实施该措施的世贸组织成员的贸易中止实施 GATT1994 项下实质相当的减让或义务。

二、美国对华实施“两反两保”的主要法律条款

美国贸易法中关于贸易救济的条款很多，最主要的有201条款、301条款、303条款、731条款、332条款、337条款、406条款以及专门针对中国的421条款。

201条款，即全球保障条款。该条款规定，对由于进口的增加而遭受严重损害的国内产业提供暂时的税负减免；反对不公平贸易。这是针对不公平条件下的进口贸易，该条款规定如这种进口对美国的产业部门造成严重损害或有严重损害的威胁，美国可采取征收临时性关税，实施配额限制，与出口国达成限制性协议或给本国企业以贸易调整补助等措施。

301条款，即总统报复条款，出自美国《1988年综合贸易与竞争法案》的规定，分为“一般301条款”、“特殊301条款”和“超级301条款”。301条款的核心就是：如果外国贸易法律和贸易政策违反与美国签订的贸易协定，损害了美国依据有关贸易协定应当享有的权利或贸易利益，或不公平地、不合理地、歧视性地加重了美国的商业负担，对美国商业进行了限制，则美国代表必须采取行动，以实现美国依照贸易协定应享有的权利，或消除上述立法、政策的影响。301条款的目的主要有三个：一是取消外国所采取的“不公平”贸易做法；二是打开国外市场；三是未要求的贸易减让。根据301条款，美国可以单方面要求贸易减让，（即贸易协定中未要求的减让），而自己却不提供相应的、互惠的减让，威胁减少现有的贸易机会，以取得单向的减让。

303条款，即反补贴税条款，系指美国《1930年关税法》第303节。该条款规定，只要确认外国政府对在美国出售的商品提供了任何直接或间接的补贴，就可对该商品征收反补贴税，税额等于净补贴额。1995年1月1日，乌拉圭回合协定生效后，美国对国内的反补贴税法作了修正，废除了《1930年关税法》中的第303条款，并应乌拉圭回合协定的要求对法案及有关补贴和反补贴措施的协定作了修改。在协定下，所有的世贸组织成员方须自动遵守1994年补贴协定。美国目前的反倾销法来自《1930年关税法》中

的 701 条款，主要用于应对国外出口补贴。701 条款规定，如果国外出口补贴产品对美国的相关产业构成损害，就可以实施反补贴措施。

731 条款，即反倾销条款，系指美国《1930 年关税法》中的第 731 节的内容。该条款规定对那些以低于公平价值的价格出口到美国的商品征收关税的权利。这里包含三个要素：第一，向美国出口的产品是否存在价格倾销行为。第二，美国生产同类产品的国内产业受到实质性损害。这里既包括对于美国的国内产业造成了实际的实质性损害，也包括造成了实质性损害威胁，还包括实质性阻碍了美国国内同类产业的建立。第三，倾销行为和产业损害之间存在因果关系。根据美国反倾销法律的规定，反倾销税的征收要以价格的倾销行为和产业的实质损害之间具有因果关系为主要依据。在调查过程中，美国国际贸易委员会必须查明国内产业所遭受的实质损害是否由外国出口商的倾销行为造成的，如果调查发现倾销并非实质损害的主要原因，则不能采取反倾销措施。

332 条款，又称“常规性事实调查”，是美国《1930 年关税法》第 332 条。该条款规定，美国国际贸易委员会（USITC）可应美国总统、众议院、参议院财政委员会或美贸易代表的要求，或自行对美国与他国行业竞争态势在内的任何涉及关税和贸易的事件，进行“常规性事实调查”并出具报告。虽然该条款也规定，除非经特别要求，“332 调查”的最终报告并不包括任何政策性建议，亦不得为任何由总统实施的贸易行为提供法律依据，但它往往是未来启动反倾销、反补贴和保障措施等贸易救济措施的先兆。

337 条款，即知识产权条款，系指美国《1930 年关税法》的第 337 节，该条款的核心就在于对知识产权侵权的认定。一旦被认定侵权，该企业相关产品将可能被永久禁止进入美国，而且该国同行业的同类商品也可能永远无法进入美国市场。337 条款明确授权美国国际贸易委员会在美国企业起诉的前提下，对进口中的不公平贸易做法进行调查和裁处。目前，该条款已经成为美国企业阻止竞争对手的商品进入美国市场的最省钱、最省时的法律途径。

406 条款，是专门针对所谓“共产党国家”的对美出口产品制定的一项特别限制条款。该条款规定：如果在最近一段时间内出现了某货物进口（绝对或相对国内生产的）实质性增长，则该货物的进口应被视为正在急剧增长，以致对国内产业造成实质性损害或实质性损害威胁的一个重要原因，即存在市场干扰。406条款的启动条件很低，其实质是对“共产党国家”实行歧视性政策，迫使这些国家的经济制度向美国的经济制度靠拢。

421条款，根据2000年美国PNTR法案补充写入美国《1974年贸易法》，目的是实施与中国加入世界贸易组织相关的双边协议。该条款对“市场扰乱”作出了新的定义：“一项产品的进口快速增长，无论是绝对增长还是相对增长，从而构成对生产同类产品或直接竞争产品的国内产业造成实质损害或实质损害威胁的一个重要原因。在认定是否存在市场扰乱时，受影响的WTO成员应考虑客观因素，包括进口量、进口产品对同类产品或直接竞争产品价格的影响以及此类进口产品对生产同类产品或直接竞争产品的国内产业的影响。”421条款中的“市场扰乱”把WTO《保障措施协议》的“严重损害”改成了“实质损害”，从而使援用保障措施的条件放宽了。

除了上述法律条款外，还有一项特殊的法律依据，即《中国加入WTO工作组报告书》(以下简称“报告书”）的第242段和第246段所规定的“特定产品过渡性保障措施”，主要是针对中国纺织品和服装产品实施特殊保障措施。根据报告书第242段，在全球纺织品贸易配额取消后的四年内，“如果WTO成员认为《纺织品与服装协定》所涵盖的原产于中国的纺织品和服装产品自《WTO协定》生效之日起，由于市场扰乱，威胁阻碍这些产品贸易的有序发展，则该成员可请求与中国进行磋商，以期减轻或避免此市场扰乱”。“在接到磋商请求后，中国同意将对磋商所涉及的……产品控制在……不超过当月前最近的14个月的前12个月进入该成员数量的7.5%的水平。”在实施程度上，依据美国政府于2003年5月21日颁布的《关于审理公众要求实施中国进口纺织与服装保障措施的程序》，美国对华纺织品保障措施的主管机关为纺织品协议执行委员会。该委员会由来自美国国务院、财政部、商务部、劳工部以及贸易代表办公室的代表组成，商务部代表担任主席，委员会的行政事务由商务部的纺织品贸易办公室承担。

三、美国对华实施“两反两保”的现状、特点和动因

（一）美国对华实施“两反两保”措施的概况

根据世界贸易组织的统计，1995 年至 2006 年 6 月，美国共发动各类反倾销调查案 366 起，成为仅次于印度（448 起）的第二大反倾销立案最多的国家。在中国遭到的反倾销问题中，美国是世界上对我国产品发起反倾销诉讼最多、力度最大的国家之一。自 1980 年美国对华薄荷醇进行首次反倾销调查以来，美国针对中国的反倾销调查占美国反倾销案件总数的 10.5%（如图 5.2 所示）。根据美国国际贸易委员会的统计，1980 年至 2006 年 10 月，美国发起对外反倾销调查共计 1106 起，其中对华反倾销调查共计 111 起。在具体时间段的统计上，主要集中在中国入世以后，2001—2007 年美国对华反倾销调查案分别为 9 起、7 起、9 起、9 起、3

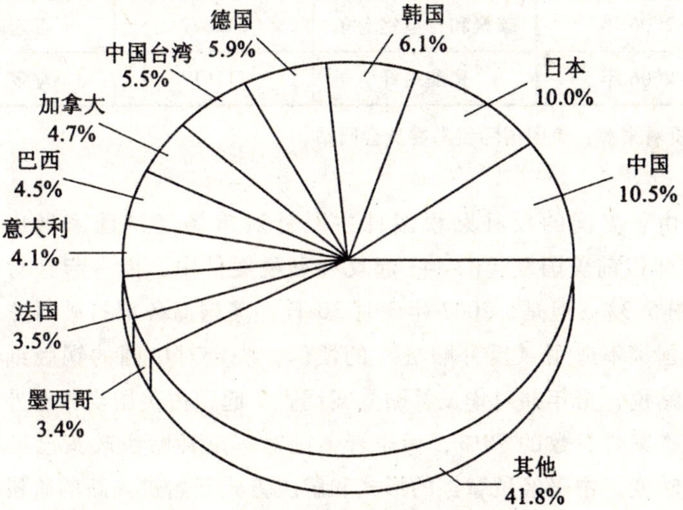

图 5.2　1980—2006 年美国反倾销前十位国家和地区

资料来源：美国国际贸易委员会网站。

起、4起、12起。在所有美国对华反倾销调查案中，涉案金额超过1亿美元的大案共有10起（如表5.1），最高的为木制卧室家具案，为9.58亿美元，在美国前十大反倾销涉案调查案中位居第四。

表5.1　　美国对华反倾销涉额金额前十位商品　　单位：千美元

调查时间	商品名称	涉案金额	裁决结果
1991年	电风扇	111878	肯定
1995年	自行车	221302	否定
2002年	球轴承	127957	否定
2003年	彩电	271110	肯定
2003年	聚乙烯零售包装袋	125718	肯定
2004年	木制卧室家具	957948	肯定
2004年	冷冻及罐装暖水虾	295300	肯定
2005年	文具纸	131836	肯定
2006年	碳素和合金钢盘条	340877	否定
2006年	聚酯短纤	111617	肯定

资料来源：美国国际贸易委员会网站。

由于美国的反补贴税案件主要针对市场经济国家做出，在2007年以前美国发起的443起反补贴税案件中，无一起针对中国（如图5.3）。但是，2007年3月30日，美国商务部打破对非市场经济国家不适用《反补贴法》的惯例，决定对中国的铜版纸征收反补贴税，全年共对华反补贴立案调查7起，占美国当年对外反补贴调查案件总数的78%，标志着美国对华反补贴税政策已经开始重大转变，中美经贸摩擦的形式和解决方式开始进入新的阶段。

根据美国《1974年贸易法》第406条，自1980年起到中国入世以前，美国共做出市场扰乱裁决案13起，其中对华裁决7起，分别为手套、缝衣针、陶瓷厨具和餐具、蘑菇罐头、氨化亚钨和钨

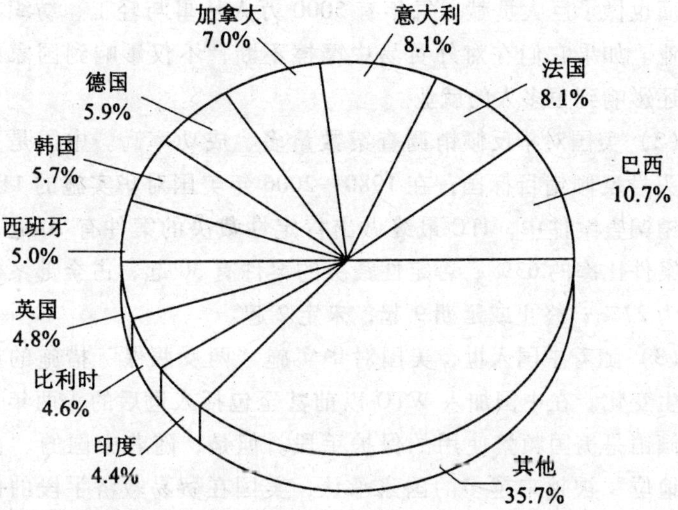

图 5.3　1980—2006 年美国对外反补贴案件前十位国家和地区

资料来源：美国国际贸易委员会网站。

酸、电风扇、蜂蜜案。中国入世后，美国根据 421 条款共对华实施保障措施调查案 6 起，分别为轴架传动器案、钢丝衣架产品案、刹车鼓案、自来水配件案、内置弹簧案和非合金焊缝钢管案。这 6 起保障措施案最终无一实施，其中对刹车鼓、内置弹簧的调查得出否定性结论，其余 4 项调查认定市场扰乱成立，但美国总统以不符合公共利益为由先后否决了针对这些产品实施保障措施的建议。

另外，根据美国纺织品协议执行委员会的统计，2003—2005 年，该委员会共受理各类对华纺织品"特保"申请案件数分别为 3 起、12 起和 27 起，案件总数达到了 42 起。

（二）美国对华"两反两保"案件的特点

（1）美国对华反倾销产品主要集中在轻工和机电、化工领域。根据美国 ITC 的统计，在美国对华反倾销案件中，涉案金额在 5000 万美元以上的产品主要有自行车、电风扇、球轴承、彩电、聚酯短纤、刹车鼓、冷轧卷、汽车挡风玻璃、钢管等。由于轻工、机电、化工等都是我国具有出口竞争力的产品，不仅为国家创造了大量外汇，更为开拓广阔的国际市场打下了坚实的基础，同时在就业方面也做了巨大贡献，每年有5000万人从事与轻工、纺织有关的职业。如果它们在对外贸易中摩擦不断，不仅影响到国家的收入，还影响到很多人的就业。

（2）美国对华反倾销调查案数量多、成功率高。中国是目前美国头号反倾销目标国，在1980—2006年美国对华实施的111起反倾销调查案件中，ITC最终做出肯定性裁决的案件有70起，占全部案件比率的63%；否定性裁决的案件有30起，占全部案件的比率为27%；终止或延期9起，未定2起。

（3）随着中国入世，美国对华实施“两反两保”措施的重心在发生变化。在中国加入WTO以前甚至包括入世后的头两年，对华反倾销是美国频繁使用的保护手段。但是，随着中国的“市场经济地位”被越来越多的国家承认，美国在贸易救济手段的使用上也日益力不从心，被迫尝试新的方法对付中国产品的竞争。所以，美国开始改变延续了23年的只对市场经济国家反补贴的做法，第一次对中国的铜版纸征收反补贴税。此外，特保措施也日渐成为美国对华贸易救济的重要手段。

（三）美国对华实施“两反两保”的动因

（1）经济利益考虑。作为贸易赤字巨大的头号贸易大国，美国近年来在经济结构调整上面临着巨大的压力，因此在经济结构调整的同时被迫对国内的产业实行保护，而中国是美国最大的贸易逆差国，加上近年来中国制造业的发展和升级，中国出口美国的产品不仅数量剧增而且产品技术含量越来越高，与美国本土产品的竞争日趋激烈，对华频繁使用“两反两保”就成为美国保护国内产业的重要手段。其实，美国国际贸易委员会做出的很多针对中国的倾销指控与所宣称的“伤害”是没有多大关系的，美国的反倾销行为只是一种用来阻止或妨碍从中国进口商品的折磨策略。①

（2）战略利益考虑。美国国民经济研究局研究员 Thomas

---

① Jason Z. Yin：*China*：*How to Fight the Antidumping War*？http：//pirate.shu.edu/～yinjason/papers/AD-China---J%20China%20&%20Global%20Economy-1.pdf.

J. Prusa 和 Susan Skeath 对 WTO 成员 1980—1998 年发生的反倾销案例数据进行了分析后，发现经济因素不是美国发动反倾销行动的唯一动因，美国的反倾销行动还受国内政治压力、国家安全利益和历史经济关系等因素的影响，而且有时候战略因素比经济因素发挥更重要的作用。①《华尔街日报》则报道说："中国会在二十年内赶超日本。中国持续增长的经济力量，包括对原油的大量需求，已经使北京在地缘政治中发挥相当大的影响力，成为美国需要面对的又一个权力中心。"这使美国觉得十分不安，为了保护国内产业，美国采取了"两反两保"措施，以此延缓或阻挡中国崛起的历史进程。

四、对"两反两保"摩擦的评析

（一）美国对华频繁使用"两反两保"贸易救济手段具有很强的歧视性

一方面，美国出于反倾销的目的把中国视为非市场经济国家，在对华实施反倾销过程中，始终不承认中国的市场经济地位，坚持使用替代国的价格进行判决，本身具有明显的不合理性和不公平性。依据美国政府审计署的研究结果，美国对中国产品征收的反倾销关税要比其他市场经济国家平均高出 20 个百分点。美国商务部在对华产品进行反补贴时，多次不认可中国的产品行业认定，任意扭曲中国的政府政策性贷款，无依据地认定中国土地法律界定模糊，地方政府在土地使用权出让中违反规定，存在腐败。在低价提供土地和低价提供原材料项目的认定中，背离法律规定，错误地使用外部基准，导致补贴幅度与初裁相比有相当大比例的提高。另一方面，在对中国的铜版纸等进行反补贴调查时，又对中国实施只针对市场经济国家的"反补贴法"，不仅有悖于 WTO 相关规则，也造成对我国国内补贴收益的重复计算，构成了对中国的双重歧视，

① Thomas J. Prusa and Susan Skeath: *The Economic and Strategic Motives for Antidumping Filings*, NBER Working Paper No. 8424. August 2001. http: //www. nber. org/papers/8424.

极大地损害了中国企业的利益。

（二）美国对华频繁使用“两反两保”的做法不仅对国际贸易的正常发展不利，最终损害的也是美国自己的利益

从理论上讲，反倾销的目的是对抗不公平竞争。但如果用反倾销手段来阻挡竞争，借以延缓已经出现的某些产品或行业的颓势，一方面会损害出口企业特别是发展中国家的出口企业的利益；另一方面，可能会迫使出口企业改变生产或寻求新的市场，鼓励进口竞争企业的寻租行为，扭曲国际贸易和公平竞争，对国际贸易带来严重的损害。

对于目前在美国政经领域颇有市场的中国出口“补贴”论，摩根斯坦利全球首席经济学家罗奇认为：“这是对中国货币政策和改革状况有失偏颇的评论，评论者没有注意到中国如何制定其货币政策，也没有看到这种所谓‘补贴’给美国带来的好处。”中国每年新增的外汇储备当中，有60%～70%用于购买美元资产，按中国外汇储备每年新增2000亿美元计算，意味着每年需购入最少1200亿美元的美元资产。“没有中国买入美元资产，美元肯定会下滑，美国的利率也会走高，这表明中国正在补贴美国利率，即向美国借款者及投资者提供折扣融资及充分估价，如果没有中国货币政策的美元再循环，美国由于国内储蓄空前降低而造成的资金缺口就难以弥补。”同时，作为一个低成本且产品质量不断提高的生产商，中国与美国做买卖，无形中是给美国家庭的购买力提供了补贴。“即便终止对华贸易，美国的贸易逆差也会出现在别处，如果是成本较高的生产商，就等同于对美国消费者征税。”① 因此，借中国出口补贴问题制造中美经贸摩擦，除增加美国消费者的负担外，并不能挽救已经陷于衰落的美国产业。但是美国政府2007年决定对华产品征收反补贴税会带来很大的“羊群效应”和“跟风效应”。如果美国对中国铜版纸征收反补贴税，则钢铁、纺织和木材制品等行业都会提出类似请求。2008年5月30日，美国商务部

① ［美］史蒂芬·罗奇：《论中美贸易关系的政治化》，《中国发展观察》，2007年第4期。

决定对中国输美标准钢管征收69.20%—85.55%不等的倾销税和29.57%—615.92%不等的补贴税；6月16日美商务部又对华复合编织袋反倾销反补贴案做出终裁，裁定29.54%—352.82%不等的补贴幅度和64.28%—91.73%不等的倾销幅度，即是这种负面影响的最新体现。同时，美国对华产品征收惩罚性关税，也引发了欧盟等西方大国的效仿，极大地损害了中国企业的利益。

至于美国对华贸易特保措施，美国总统在否决对华4起特保措施调查时已经给了明确的答案，布什指出："提供进口救济不符合美国的国家经济利益，特别是，提供进口救济对美国经济造成的负面影响将大大超过这种措施可能带来的好处。一方面，实行进口救济，会使从中国进口的产品数量减少，但对美国国内产品市场来说，不会有多大的变化，因为那个从中国减少的进口的产品数量会从其他第三国进口到美国。同时，实行进口救济，会使美国一些生产商获益，但会增加广大消费者的负担，消费者的花费往往比生产者的获益要多。另一方面，实行进口救济，也会对该产品的下游产业产生负面影响，特别是对一些小型企业造成不利；同时，即使实行进口救济也不会产生有效的结果。"①

第四节 中美半导体税制之争

作为新经济产业的重要代表以及现代工业的"吐金机"，半导体产业历来是高科技领域的必争之地，其发展水平代表了一个国家科技实力和未来经济增长的含金量。因此，世界各国纷纷出台优惠政策，鼓励或扶持本国半导体产业的发展。中美半导体税制之争也由此展开。

一、中美半导体税制争端的历程

为鼓励集成电路产业的发展，2000年中国国务院颁布了《鼓

① 见美国白宫网站2003年1月17日。http://www.whitehouse.gov/news/releases/2003/01/20030117-4.html.

励软件产业和集成电路产业发展的若干政策》(即“18 号文件”),规定自2000 年6 月起至2010 年年底以前,对增值税一般纳税人销售其自行生产的集成电路产品,按17%的法定税率征收增值税后,对其增值税实际税负超过6%的部分实行即征即退政策。所退税款由企业用于研究开发集成电路产品和扩大再生产。此后,2002 年国务院发布51 号文件进一步规定,对部分芯片企业实际税负超过3%的部分实行即征即退政策。同时,把优惠范围扩大到集成电路产业上游的设计企业和下游的制造商。这两份文件是遵循世界通行的办法,鼓励和支持当时中国刚刚起步的、尚处于稚嫩期的集成电路和软件产业发展的第一个重要的专项产业政策,是我国集成电路和软件产业发展史的重要里程碑。

正是这两项对中国国内芯片产业的支持政策,遭到了美方的异议。他们认为,中国海关对进口芯片产品课征17%的进口环节增值税,中国国内厂商则可以通过上述税收规定获得11%—14%的增值税退税额,甚至可以退还进口投入品的增值税,由此赢得10%左右的降价空间。这种做法构成了对进口半导体的歧视,违背了世贸组织的国民待遇原则。于是,2004 年3 月18 日,美国政府正式向世贸组织提起申诉,指控中国在半导体生产方面实行的税收政策使美国半导体出口商“处于非公平竞争的地位”。这也是中国入世以来,美国第一次到 WTO 申诉中国。

7 月14 日,经过双方谈判,中美在日内瓦正式签署《中美关于中国集成电路增值税问题的谅解备忘录》,沸沸扬扬的中美集成电路增值税争端终于得到解决。根据备忘录,中方将于2004 年11 月1 日前调整国产集成电路产品增值税退税政策,取消“即征即退”的规定,2005 年4 月1 日正式实施;谅解备忘录签署前享受上述政策的企业及产品可继续执行“即征即退”政策直至2005 年4 月1 日;中方将于2004 年9 月1 日前宣布取消国内设计国外加工复进口的集成电路产品增值税退税政策,2004 年10 月1 日正式实施。美方表示撤回3 月提出的在 WTO 争端解决机制下的对中国的申诉。

二、中美半导体税制争端评析

（一）美方对中方起诉的理由不充分、依据不合理

根据美方的理解，由于增值税的退税政策，美国集成电路产品进口交纳的增值税是中国境内企业的5倍（美认为境外企业进口产品的增值税率是17%，中国境内的企业是3%。），明显混淆了“税负”和“税率”的概念。实际上，“实际税负”的概念并不等同于“实际缴纳的增值税”。实际税负＝纳税额/市场销售额。根据有关调查，国内集成电路生产企业的增值税实际税负通常在7%—8%。“实际税负超过6%的部分即征即退”，只意味着大约1—2个百分点的返还；即使按照“超过3%的部分即征即退”，也只不过是2—3个百分点的返还，绝非是美方所说的“11%或14%”。美方的错误就在于从曲解了的概念出发，导出了错误的逻辑关系，认为中国“歧视”美国。事实上却是美国对中国“歧视”的不断加深。

（二）此次争端的实质是战略性贸易政策在高科技行业实施导致的中美国家利益之争

由于半导体行业具有动态规模经济和典型的学中干效应，再加上半导体行业的垄断性和其强烈的外部经济效应，已成为信息产业的基础和高新技术的核心，也是各国政府实施战略性贸易政策的理想行业。正如《中国信息产业“十五”计划纲要》指出的那样：信息产业是关系国家经济命脉和国家安全的基础性和战略性产业。而集成电路（芯片）是信息技术产业群的核心和基础。小到电子表、计算器、收音机，大到汽车、飞机、航天器、武器装备都离不开芯片；同时，信息技术和装备是国防现代化建设的重要保障，信息产业已经成为各国争夺科技、经济、军事主导权和制高点的战略性产业。然而，中国发展集成电路战略性产业的决心却引起了美国某些人士的忧虑。他们担心中国以退税方式扶持国内半导体工业发展的做法，会使更多的半导体制造商将生产转向中国，从而威胁到美国的半导体产业发展，这是美国所坚决不能接受的。因为“维持美国在微电子领域的领导地位对美国的经济和国家安全至关

重要”①。

（三）此次争端是世界技术领先大国美国和处于国际分工网络低端位置的中国之间进行的一次遏制和反遏制的斗争

随着经济全球化的深入发展和国际经济一体化程度的不断加深，当今国际分工的方式也在发生巨大变化，以往那种产业间垂直型的国际分工格局不断减弱，而产业内水平型国际分工以及混合型国际分工在日益增多。

但是，以美国为首的西方发达国家却极力维护原有国际分工格局，企图使自己永远处于国际分工的最上游，保持对发展中国家的掠夺和剥削。中国极力扶持半导体产业发展政策以图改变国际分工格局的不利地位的做法当然遭到美国的反对，他们想尽办法遏制中国的这种努力。

早在2002年4月，美国审计总署就发表了长达83页的《出口管制：中国半导体工业的快速发展着重表明彻底重新审议美国政策的必要性》报告，指出自1986年以来，得益于外国直接投资，中国与美国在半导体制造技术方面的差距迅速缩小；半导体技术属于敏感的军民两用技术，该领域的技术进步将改进中国的军事工业基础，从而推动中国军事现代化的进程；美国现有出口限制体系未能发挥“有效减缓”中国半导体工业现代化进程的作用，有必要对该体制进行重新评估，以便在美国的国家安全与商业利益之间进行权衡。基于这样一种思维，美国从根本上对中国半导体产业的发展进行遏制，而中国大力支持半导体产业发展的政策，无疑触动了美国紧张的神经，成为其向WTO申诉中国的最根本缘由。

第五节　中美知识产权保护与高技术出口管制之争

知识产权保护和高技术出口管制一直是中美贸易中的核心和敏感问题，中美两国政府关于知识产权的交锋和高技术出口管制的争

---

① 亢梅玲：《中美半导体贸易争端的表现及原因》，《亚太经济》，2005年第3期。

论在彼此的利益冲突与弥合中起起落落，沉沉浮浮。美国长期指责中国政府对美国的知识产权保护不力，盗版猖獗、制假横行，使美国的经济利益遭到重大损失。中国指责美国政府对华实行高技术出口管制，使中国买不到想要买的高技术商品，是导致中美贸易不平衡的最重要因素之一。本节在对中美知识产权和高技术出口管制争端进行简要回顾的基础上，对争端的内在实质作深入的剖析。

一、中美知识产权和高技术出口管制争端的历程

（一）中美知识产权争端

1. 争端历程

中美关于知识产权问题从 20 世纪 80 年代以来就一直存在着摩擦。早在 1980 年，《中美贸易关系协定》第 6 条就规定，每一方提供的专利、商标和著作权保护，应与对方给予自己的此类保护相适应。在 1988 年 8 月美国修订《综合贸易及竞争法》后，专门设定了“特殊 301 条款”，该条款要求美国贸易代表办公室每年确定那些拒绝充分和有效地保护知识产权的国家的名单，以及拒绝给予那些依赖知识产权保护的美国生产商提供市场进入机会的国家的名单，从而对这些国家进行贸易报复。自 1989 年起，美国便把中国列入该条款的“重点观察国家名单”。1991 年 4 月 26 日，美国以中国对知识产权保护不力为由进行特别 301 调查，并于 1991 年 12 月 3 日在《联邦公报》上公布了拟对中国输美 105 类、总计 15 亿美元出口商品实施增加关税的报复清单。经过谈判，1992 年 1 月中美双方签署了《中美关于知识产权保护的谅解备忘录》。中国对美国做出了以下承诺：第一，加入有关知识产权国际条约；第二，对中国国内相关法律作相应的修改。美国依据该备忘录也做出如下承诺：终止根据美国贸易法“特殊 301 条款”所发起的调查，并取消把中国指定为重点观察国家。

1994 年 6 月 30 日，美国再次将中国指定为“重点观察国家”，并宣布立即对中国发起“特殊 301 条款”调查。美方要求中方：修改知识产权法律；允许外国知识产权机构在中国设立办事处，并保证这些机构开展活动不受限制；要求中国修改司法制度，特别是

修改《民事诉讼法》中对侵权案件的审理期限，减少诉讼费用。中方主张从中美关系的大局出发，采取积极和建设性的态度，通过谈判解决问题，并及时公布对美反报复清单。1995年12月26日中美达成《有效保护及实施知识产权的行动计划》，即所谓“中美关于知识产权保护的第二个谅解备忘录”，避免了一场贸易战。在《有效保护及实施知识产权的行动计划》中，中国政府做出三项具体承诺：第一，采取立即的步骤，在全国范围内打击盗版活动；第二，采取长期措施，保证知识产权的有效执行；第三，保证美国权利持有人增加进入中国市场的机会。美国贸易代表办公室认为，这些承诺对美国有关知识产权的公司在中国和亚洲的工作将产生重要的、积极的影响，并在美国一些最重要的经济部门中创造更多的就业机会。因此，美国对中国作出承诺：第一，撤销“301”行动，不实施对中国的贸易制裁。第二，在保护知识产品方面，为中国提供技术援助。第三，继续通过协商办法与中国就其他货物、外国竞争性产品和农产品的市场准入问题进行工作，以及提供相应的协助。

1996年4月30日，美国贸易代表再次宣布中国为“特殊301重点观察国家”，拟对中国价值30亿美元的输美产品征收惩罚性关税。中国表示抗议，并宣布对美实施反报复清单。经过谈判，1996年6月17日，中美签署第三份知识产权协议。协议由部长换函和“关于中国在1995年知识产权协议项下所采取的实施行动的报告”两部分组成。报告的主要内容是：第一，中国为制止CD工厂盗版行为所采取的行动：中国政府已采取行动控制生产和复制CD、CD—ROM、LD及VCD工厂的盗版行为。这些行动针对已获授权的工厂、地下工厂以及对这些工厂盗版负有责任的个人。第二，在特别执法期，中国已经采取有效的调查、关闭、查获生产侵权产品的工厂的行动。第三，中国政府已采取措施防止盗版CD、CD—ROM、LD及VCD的进出境。第四，中国正在采取措施，加强对CD工厂的监控，其中包括暂时不再设立新的CD工厂，加强版权认证和实施SID码；核查CD工厂的营业执照；采取清理行动。第五，在市场准入方面，中国也在录音制品、电影及软件领域作出了一些承诺。美国许诺，立即把中国从“特殊301重点观察国家名单”上撤出，且不实施拟进行的报复。

随着中国制造业的发展和升级，中国出口产品的技术含量越来越高，与美国部分本土高技术产品日益形成激烈的市场竞争。为了抵制中国具有一定技术含量的产品扩大在美国的市场份额，美国逐渐加大了对中国出口到美国货物进行侵犯美国专利权、商标权、版权或集成电路芯片布图设计专有权的调查力度，中美知识产权摩擦不但没有减少反而越来越多，并出现了新的变化，即美国由20世纪90年代动用“特殊301条款”对中国进行制裁转为现时更多地动用“337条款”对中国企业和公司进行起诉。与“特殊301条款”的进攻性不同，“337条款”是一种防守性武器，其目的是要限制外国产品进入美国市场，以避免外国产品对本国产品造成的冲击。由“特殊301条款”为主到以“337条款”为主，不单是一种方式方法的变化，它同时表明了美国由保护本国产品在国外市场的利益为主转向了限制外国产品进入其市场为主。

2005年4月29日，美国公布2005年度“特殊301报告”，中国再次被列入“重点观察国家名单”。同年10月，中美围绕知识产权执法透明度的问题发生争议。美方称根据WTO《与贸易有关的知识产权协议》(TRIPS) 第63条第3款，要求提供中国公布的知识产权案件的详细情况，时间范围从2001年到2004年，以及2005年的有关情况。中方认为，第一，TRIPS第63条第3款有“有理由相信……影响了本协定项下的权利”的字样，但美方没有提出任何事实与理由，证明美国的权利受到了影响。第二，该款提到了“一项具体的……”，中方认为，美方要求提供的2001—2004年所有案件，不属于“一项具体案件”。第三，该款只是提到了WTO成员要求提供信息的权利，而没有规定必须提供信息的义务，更没有对提供信息的方式和时间作出规定，因此中方任何形式的答复，都不影响中方根据该协定所享有的权利。① 后来双方经过协商，同意先撇开“是否有权利”和“是否有义务”这一法律依据

① 见WTO文件：IP/C/W/465.

问题不谈，而是坐下来探讨提供信息的问题。2006 年 3 月 1 日，中美双方在北京举行会谈。后来美国贸易代表办公室（USTR）在其公布的“特殊 301 报告”中说，2005 年 10 月，美国根据 TRIPS 第 63 条第 3 款要求中国提供执法信息，是使用 WTO 的“新方式”①，是“创造性”运用 WTO②，因为这个条款是第一次被使用。当然，美国的“创造性”并非突发奇想，而是早有预谋。在 2005 年初公布的“特殊 301 报告”中，USTR 就首次提到了 TRIPS 第 63 条，认为这一条要求 WTO 成员公布法律、法规和司法判决，而中国在知识产权侵权水平和执法活动方面，缺乏透明信息，已经成为一个尖锐的问题；有些企业抱怨中国政府不愿提供具体执法信息，使得权利人很难评估执法行动的威慑性效果。③ 看来，关于 TRIPS 第 63 条的法律争议只是表面现象，真正的原因是美国想了解中国的知识产权执法信息。

2006 年 4 月 28 日，美国贸易代表办公室公布了 2006 年“特殊 301 报告”，中国被列入“重点观察国家名单”。该报告长达 47 页，其中有 10 页谈及中国，充分说明中国已经成为美国头号关注的国家。报告认为，中国没有对美国的版权、发明、品牌和商业秘密给予应有的保护，中国政府也没有兑现在 2004 年商贸联委会上的承诺，即“极大降低知识产权侵权水平”(significantly reduce IPR infringement levels)。该报告称，根据产业的估计，中国的整体盗版水平达 85%—93%，在美国海关查获的知识产权侵权产品中，总价值 69% 来自中国，比任何其他国家都多出 10 倍。报告还认为，整体执法不当，尤其是政府部门协调不力，地方保护主义及腐败等是中国最大的缺点之一。鉴于中国在知识产权实施的某些方面进展甚微，美国将开始考虑诉诸 WTO 的问题。

---

① USTR：2006 Special 301 Report，p. 17.

② *Report to the President and Congress on Coordination of Intellectual Property Enforcement and Protection*，the National Intellectual Property Law Enforcement Coordination Council，September 2006，p. 96.

③ USTR：2005 Special 301 Report，p. 17.

在美国贸易代表办公室公布的2007年度“特殊301报告”中，中国再次被列入“重点观察国家名单”。2007年4月10日，就中国两项与知识产权有关的议题，美国向WTO正式提出贸易申诉：一是中国打击盗版泛滥的执行力度不够。美方认为，中国对侵犯知识产权的行为追究刑事责任的门槛过高，同时要求对新产品的知识产权保护应当尽早而不是待中国有关部门审核之后才开始。二是美国电影、音乐和书籍进入中国市场存在准入障碍。美方对中国要求进口图书和音像产品通过规定渠道分销的做法表示不满，因为影响了其相应产品进入中国市场。9月25日，WTO争端解决机构就中美知识产权争端正式成立专家组，标志着这一案件已经全面进入法律诉讼阶段，也是WTO争端解决机制的核心阶段。美国此次向WTO申诉中国的知识产权保护行动，创下了多个纪录。在此前的WTO历史上，一次性针对同一个国家提起两个争端解决机制程序，还从未有过；美国就一个国家的知识产权执法提起诉讼，亦属首次。此次申诉标志着中美知识产权摩擦进入了一个新的阶段。美方起诉中国的做法遭到中方的强烈不满，因为“这有悖于两国领导人有关大力发展双边经贸关系、妥善处理经贸问题的共识。此举将严重损害双方在这些方面已建立的合作关系，并将对双边经贸关系带来不利影响”①。

中美第一次知识产权争端是围绕着“立法”问题展开，而第二、第三次以及中国入世后的中美知识产权争端则都是围绕着“执法”问题而展开。历次争端的重心内容虽然不同，核心目标却只有一个，就是确保美国企业的竞争能力和在华投资利益。它是美国依托其知识产权优势和先进技术水平，利用知识产权制度和美国的国家政策，对中国企业设置知识产权壁垒的不正当措施和策略。但三次知识产权争端双方最终都通过谈判协商予以化解，反映了经济全球化背景下，各国经济相互依存又相互竞争的关系。它以事实证明，通过谈判协商来解决问题，避免采取贸易制裁或其他形式的制裁行为，有利于双边经贸关系的健康发展。

---

① 新华网：《中国对美国向WTO提出盗版诉讼表示强烈不满》。

2. 争端的特点

第一，中美知识产权摩擦的主体由以中国政府为主，逐步向企业延伸。从中美知识产权争端的历程可知，在前期的知识产权争端中，美国对中国的指责较多地集中在中国政府的知识产权“立法”和“执法”能力上。而最近时期美国国际贸易委员会（ITC）针对中国企业的“337 调查”呈逐年增加的趋势，2001 年 1 起，2002 年 5 起，2003 年 8 起，2004 年 10 起，2005 年 10 起，2006 年 13 起，2007 年 19 起，2008 年上半年 8 起。其中，电子、化学和轻工等成为涉案最集中的行业，越来越多的企业开始成为摩擦的主体。

第二，美国对华采取进攻与防御相结合的施压策略。在宏观层面，美国政府积极进攻，将中国列入“特殊 301 条款”的“重点观察国家名单”，美国高官不断指责中国政府对知识产权保护不力，一方面要求中国在法律上加大对侵犯知识产权的违法行为比如盗版的处罚力度；另一方面要求进一步加大对美国版权产品的开放程度。在微观层面，美国企业尤其是跨国公司全面防御，频繁地向美国国际贸易委员会提起针对中国企业的“337 调查”申请，以此来对华施压，保护自己的利益。

（二）中美高技术出口管制争端

1949 年，出于冷战的需要，美国制定了“出口管制条例”，防止对共产主义国家出口能用于军事的产品与技术，并根据不同国家与美国的关系和实力等因素，按管制的严宽程度将世界上的国家分为七组，即 Z 组、S 组、Y 组、W 组、Q 组、T 组和 V 组，中国被列入 Y 组。朝鲜战争爆发以后，美国商务部将中国列入全面禁运的 Z 组。

1979 年，随着中美恢复外交关系以及前苏联入侵阿富汗，卡特政府开始放宽对华技术限制，并于 1980 年单独为中国建立一个 P 组，以示与前苏联有所区别。1983 年，里根政府将中国的管制等级再次下调至 V 组，进入美国技术出口管制中限制最弱的一组，标志着美国第一次将中国作为“友好国家”看待。另外，里根政府还公布了新的“对华出口指导原则”和 7 类电子产品对华出口的技术界限，形成了对华出口管制的“双倍政策”，即允许美国出口商向中国出口技术和产品的技术水平是对前苏联出口的两倍，并宣布所有不需“巴统”审查的出口申请将由商务部审批而不需跨部审查。

1989年6月之后，中美关系再次进入低潮。美国停止对放松中国出口管制政策的审议。20世纪90年代，由于美国国会在美对华出口管制问题上的压力加大，克林顿政府在对中国的技术转让问题上一直裹足不前。布什政府上台后，进一步恶意地实施对中国的技术出口限制，并不断强化“视同出口”管制制度，规定中国学者和研究人员在接触其敏感知识和技术时，必须申请“视同出口”许可证。其范围既包括在美中国公民，也包括可能将敏感技术携带来华的外国公司。2005年，美国商务部还提出限制生于中国、但拥有他国国籍的个人获得美国技术的提案，虽遭学界和商业团体等强烈反对而不得不撤销，但仍然表示，将进一步加强“视同出口”管制执行力度。2006年年底美国商务部专门成立了“视同出口建议委员会”，向商务部长建议如何强化包括中国在内的“视同出口”管制。2006年美国政府审议的865个“视同出口”许可证中，有60%是针对中国公民的。

2007年6月，美国公布了新的对华出口管制政策《对中华人民共和国出口和再出口管制政策的修改和阐释；新的经验证最终用户制度；进口证明与中国最终用户说明要求的修改》，对现行出口管制规则作了大幅度修订。新规则指出了“美国政府有关物项对华出口的总政策，简而言之就是，允许对华民用出口，但禁止能够对中国军事实力产生直接和重要帮助的出口。如果有关物项会给中国军事能力提供直接和重要的帮助，则应否决其出口申请”。依据本规定，还实施了一项新控制措施，即某些原本对华出口不需申领许可证的《商品控制清单》所列物项，一旦出口商被告知或了解到其将用于“军事最终用途”，其向中国出口或再出口也需申领许可证。与这项控制措施有关的物项涉及31个出口控制分类编号，共约20类产品和相关技术。主要包括：飞机和航空发动机、水下系统、激光器、贫铀、特定合成材料、机载通信和惯性导航系统以及用于电子战、航天或防空领域的专业电信设备等商品、技术和软件。同时，对于相机和计算机出口总价值超过5000美元、其他超过50000美元的出口物项，出口商必须从中国商务部获得最终用户证明。同时，美国还加强了对违规的本国和外国企业与个人的惩处。包括所谓严惩涉嫌对华出售敏感技术的国内企业和个人，加强对外国公司的制裁，刻意炒作所谓“涉华间谍案”。2007年11月，美中经济与安全评审委员会宣称，中国正在从事一项“间谍计划”，以获取美国军事工业关键技术，要求立即采取措施，全面评估中国的“违法技术转移”，并对出口管制执行与反间谍工作提供额外资金。“总的来看，此次提出的针对中国的修订内容，应更加准确地反映了美国的外交政策和国家安全政策。”① 通过上述一系列举措，美国政府大大强化了对华出口管制的力度。

二、中美知识产权和高技术出口管制争端的实质

（一）美国不断要求中国加强知识产权保护和对华实行高技术出口管制具有很强的单边性，其共同目的就是确保美国的国家利益不受损害

拥有自主的知识产权是一个国家科技、经济创新能力和实力的标志。加强对知识产权的保护不仅有利于技术创新和企业竞争力的加强，而且有利于国家经济实力的增长。美国作为世界上最大的发达国家，其经济已经越来越集中于资本和研发高度密集的领域。由于美国具有先发优势，其在许多领域拥有大量专利、商标和版权等无形财产。据美国官方的统计，美国出口额的一半以上来自于知识产权产业，经济增长的40%来源于知识产权产业，1800万美国人从事与知识产权产业有关的工作。美国的知识产权价值5万亿美元，约占其GDP的一半。② 美国2006年《总统经济报告》称，

① 资料来源：美国商务部产业安全局《对中华人民共和国出口和再出口管制规则的修改和澄清及新的授权合格最终用户制度（草案）》。

② 杨丽媪：《中美知识产权交锋：谁主沉浮》，《进出口经理人》，2006年第5期。

“知识产权保护对美国优势产业十分重要，促进经济增长与出口”。美国政府高层也将保护知识产权上升到维系美国在知识经济时代的根本利益的高度，将打击盗版和造假作为“首要优先目标”。所以，在涉及知识产权的保护问题上，直接涉及美国的经济垄断地位。若从经济学的角度来看，美国一直重视该问题的原因在于知识产权技术具有公共产品的性质，它的扩散有利于全社会的进步，它的国际扩散当然也就有利于其他国家的更快进步，而其他国家比如中国的更快进步意味着美国优势的削弱。因此，美国保护知识产权也就是不让知识产权技术的正外部性发挥出来，以尽可能长久地保持其技术上的垄断优势地位，从而更好地维护美国的经济利益和经济地位。

为达到知识产权保护的目的，美国在实践中既滥用知识产权保护制度，也滥用知识产权权利。美国在宪法第一条第八款、专利法、商标法、版权法、贸易法、反不正当竞争法、乌拉圭回合协议和海关条例中，都写有许多知识产权保护内容，特别是美国每年都发表所谓的“知识产权报告”，竞争对手一旦受到追究，会很快进入司法调查程序，而且救济措施广泛、惩罚极为严厉。同时，美国经常滥用知识产权权利，比如擅自延长保护期限的行为、排斥平行进口行为、没有正当理由的拒绝许可行为等。此外，美国还经常将专利与贸易挂钩，依靠专利优势，给新的公司与研究者的进入造成困难，遏制发展中国家的技术创新空间和创新能力，并通过大力发展专利贸易战略来阻碍他国商品进入美国市场，却为美国商品占领国外市场提供方便。根据美国专利商标局统计，专利转让收入一直是 IBM 公司增长最快的利润来源之一。2000 年 IBM 的总利润为 81 亿美元，而专利转让就占了 17 亿美元。① 美国通过上述一系列知识产权保护措施，不断强化其在经济全球化格局中的优势地位和在国际分工中的主导权，压缩中国在信息技术等新兴产业中的创新

① 中国科学院：《美国知识产权战略特点》，http：//www.sipo.gov.cn/sipo2008/ztzl/ywzt/zscqzl/zlmt/tszs/200806/t20080602_405114.html.

和发展空间，给我国相关产业的发展和经济安全带来了很大压力。①

相对于要求加强知识产权保护，“防止有关出口帮助中国增强军事实力，是美国政府的基本政策”②。因此，美国对华技术出口管制政策具有更强的单边性，从根本上讲则是为了服从和服务于美对华军事遏制战略。“凡是对那些有助于增强共产党国家的经济和军事潜力而有损于美国国家安全的出口都予以拒绝”，《美国1949年出口管制法》中的条款道出了美国对华出口管制的实质。尽管冷战期间对华出口管制逐步有所放松，但其首要目的只是加强中美战略合作以改变美国在全球战略中的对苏劣势。一旦这种战略合作的基础消失，美国对华出口管制措施又会重新加强，因为“美国要在有战略意义的关键领域保持至少30年的领先地位”。美国商务部负责工业与安全事务的副部长马里奥·曼库索在2007年新出口管制规定出台后也直言不讳地说，美国对华出口管制新规定有两大目的：一是帮助美国企业在与中国企业的竞争中取得优势；二是限制中国利用来自美国的高技术加快军事现代化。但不论如何，确保美国对华高技术领域竞争的绝对优势、保证美国的国家安全利益不受损害才是美国对华高技术出口管制的核心目标。

其实，美国要求中国加强知识产权保护和对华实行高技术出口管制是一个问题的两个方面，两者都是极力维护美国的技术垄断优势，保障美国的国家利益不受损害，只不过前者强调美国的经济利益，后者则更注重美国的安全利益。但是，美国在知识产权问题上对中国的期望值过高，美方单方面要求中国在知识产权执法方面达到的水准往往是发达国家上百年才达到的水准，远远超出了中国当前经济发展阶段和发展水平，完全是不切实际的。

---

① 田力普：《如何应对知识产权国际规则变革》，人民网2007年7月1日。

② 资料来源：美国商务部产业安全局《对中华人民共和国出口和再出口管制规则的修改和澄清及新的授权合格最终用户制度（草案）》。

（二）美国要求中国加强知识产权保护和对华实行高技术出口管制反映了美国接触与防范中国的矛盾心态

美国是全球最大的知识产权生产者，从计算机软件、音乐、书籍、药品到电影等，无所不包。美国约有超过四分之一的出口，都与知识产权有关。中国作为世界上最大的发展中国家和经济转型体，对先进技术有着巨大的需求和广阔的市场，因此中国成为近年来美国出口增长最快的新兴市场。据中国商务部的统计，2007 年我国高技术产品进口累计为 3277.4 亿美元。在今后一个长时期内，中国还可能成为高技术产品需求增长最快的地区。这是美国不得不与中国接触和发展经贸关系的重要缘由。但由于美国不愿意接受近年来中美贸易严重失衡的现实，于是便认为中国工业经济的发展在某种程度上是盗用外国先进技术、侵犯其知识产权的结果，所以，美国又不断地要求中国建立起与其标准相同的知识产权保护制度，以便充分保护其知识产权，体现出对中国防范的一面。①

虽然美国要求中国加强知识产权保护，但主动权却不在自己手中，于是加强对华高技术出口管制就成为美国防范中国的新选择。伴随着经济全球化的大潮，美国的对华高技术出口管制也处在一个兼顾自由贸易和国家安全利益两难的处境当中。一方面，“中国是世界上发展最快的外国贸易和投资市场，特别是在技术领域”，“如果美国厂家不能同他们的国外竞争对手在中国市场竞争，其结果将使美国人民失去工作机会，并扼杀在某些领域中的技术创新”；另一方面，美方认为“中国仍然是一个扩散威胁。由于其他国家并不像美国那样对中国实行严格的出口管制，美国必须强化现有的多边出口管制制度，进一步协调许可证政策以便缩小国际出口管制体系中存在的一些差异”②。“中国为了实现经济和军事现代化，对能源和技术的胃口无休止地扩大，因此美国有必要对中国采

① 赵放、冯晓玲：《从中美知识产权冲突看中国知识产权战略》，《财经问题研究》，2006 年第 10 期。

② 见美国商务部官员提出加强出口管制的途径 . http: //www. madeinchina. cn/china/zd/zd2s. asp? id = 104

取更为严厉的技术和商品出口控制措施。"① 但是，如何在经济利益和安全之间取得平衡，则是美国政府必须面对的一道难题。

（三）知识产权不是造成美中贸易失衡的关键，对华高技术出口管制才是深层原因

面对美国对中国知识产权保护不力的不断指责，中国时任商务部长薄熙来直言，"造成中美顺差的原因，并不是知识产权的问题，主要的因素还是结构性的问题以及我们自身生产竞争力的问题。另一方面是由于美国高科技产品对中国出口的限制，影响了美国和中国贸易的平衡"。近年来随着中国经济在价值链上的地位迅速提高，从玩具、纺织品等低附加值产品日益转移到高附加值的技术产品，中国政府加强了对自身创新产品及创新技术的知识保护，尤其是加入世界贸易组织以来，中国不仅严格履行承诺，而且在很多方面已经超出了国际公约所要求的保护水平。就在美国起诉的前几天，中国最高法院和最高检察院出台新司法解释，加大知识产权刑事司法保护力度。根据这一司法解释，以营利为目的，未经著作权人许可，复制发行其文字作品、音乐、电影、电视、录像作品、计算机软件及其他作品，复制品数量合计在500张（份）以上的，属于刑法第217条规定的"有其他严重情节"；复制品数量在2500张（份）以上的，属于刑法第217条规定的"有其他特别严重情节"，这明显降低了侵犯著作权犯罪的数量门槛。此外，中国不断在全国范围内采取大规模打击侵权盗版，保护商标、专利的行动，也取得了良好效果。正如世界知识产权组织前总干事阿帕德·鲍格胥博士在回顾该组织与中国合作20年的历史时指出的那样："在知识产权史上，中国完成所有这一切的速度是独一无二的。"②

作为世界上的技术大国，美国本应在对华高技术出口上占有主导地位。但是，美对华高技术产品出口在美国高技术产品出口中所

① 杨晴川：《解读美欧对华出口管制"黑名单"》，《环球》，2008年第12期。

② 参见《中国知识产权保护状况》一文，中华人民共和国国务院新闻办公室发布。

占比重却不足6%。这与美国技术大国的地位是很不相称的。造成这种情况的首要原因是美国对华高技术出口管制严重阻碍了美国在高技术产品上比较优势的发挥，直接限制了美国的出口能力，使得美对华高技术出口大大降低，进而影响到美中贸易平衡。据中国海关的统计，虽然2001年至2005年间中国高技术产品进口快速增长，但是自美进口高技术产品的增幅远远低于自欧盟和日本进口的增幅，中国自欧盟进口的高技术产品2005年比2001年增长71%，自日本进口的高技术产品增长151%，而自美进口高新技术产品仅增长38%，① 并且中国自美进口高技术产品占同期中国进口高新技术产品的比重也在逐年下降，由2001年的18.3%下降至2007年的8.9%。如果这个比重没有下降，美对华出口至少可增加700多亿美元。② 正因为如此，美国全国对外贸易理事会主席比尔·赖因施主张，“美国政府应立刻放弃对华出口管制措施。因为这不会对美国的安全有任何好处，相反只会损害美国企业的竞争力”③。美国企业也因此项政策失去了许多潜在贸易机会，付出了高昂的机会成本。比如，2006年，中国进口机床总额为72.4亿美元，其中自美国进口仅占8%；集成电路进口总额为1056亿美元，其中自美国进口为63亿美元，仅占6%；半导体材料及器件进口总额约160亿美元，自美国进口份额不足3%。④

其实，美国对华技术出口管制除了自己利益受损外，也难以达到预期的理想效果。中国政府目前已经制定了宏伟的发展目标，特别是通信、电子和制药等高附加值产业的发展。中国已经是世界高技术产品出口的一个大市场，近期内可能成为购买美国高科技产品和服务最多的国家。这些产品包括计算机、办公设备、家用电器、工业电器、电子医疗设备、光电子、半导体及电子元器件。中国的

---

① 《国际商报》，2007年2月12日。

② 资料来源：新华网，2007年5月25日。

③ 《金融时报》，2006年12月8日。

④ 杨晴川：《解读美欧对华出口管制“黑名单”》，《环球》，2008年第12期。

电信业、计算机业和半导体市场可为美国公司带来巨大的商机。预计未来15年，年增长率将达20%～40%。① 由于美国并不是世界上独有高科技成果的国家，其他拥有高科技的国家也有向中国转移其技术的权利，对华出口管制只会让美国公司将中国的庞大市场让给其竞争对手。2007年，我国大陆高新技术产品从东盟、我国台湾地区、韩国和日本这前4大进口市场进口额合计为2118.6亿美元，占当年高新技术产品进口总额的64.6%。而作为我国第二大技术来源国的美国由于2007年扩大了对华出口管制许可证商品和要求我国政府出具最终用户说明的范围，增加了两国企业开展高技术产品贸易的成本，使当年我国从美国进口高新技术产品额在上年增加39.5%的情况下，只实现了8.1%的增长。②

第六节　非市场经济地位之争

"非市场经济"，旧称"国家控制经济"或"中央计划经济"，是反倾销调查中认定倾销幅度时使用的一个重要概念。美国依据其《1979年贸易法》关于非市场经济国家的判断标准和《1988年综合贸易与竞争法》中的新规定，至今不承认中国的市场经济地位，成为中美之间爆发经贸摩擦的重要原因。

一、"非市场经济地位"的由来

WTO是一个由市场经济国家组成的组织，加入WTO本身就意味着成员国的市场经济国家地位。但中国为了打破中美入世谈判僵局，在中国市场经济地位问题上作出了重大让步。在中美入世协议第15条反倾销和补贴方法条款中，明确规定"美国和中国同意美方将来碰到反倾销个案时可以维持美方现时的反倾销方法（把中

① 王立：《2004年上半年中美经贸关系分析》，《国际经济合作》，2004年第11期。

② 武芳：《我国2007年高新技术产品进出口分析》，《中国高新技术产业导报》，2008年5月12日。

国视为非市场经济国家），而无须遭遇法律挑战。这个条款在中国进入世贸之后15年内维持有效”。在《中华人民共和国加入世界贸易组织议定书》第15条确定补贴和倾销时的价格可比性时也规定：成员对中国出口产品进行反倾销调查的过程中，在比较出口价格和正常价值时，如受调查的中国生产者能够明确证明，生产该同类产品的产业在制造、生产和销售该产品方面具备市场经济条件，则应使用受调查产业的中国价格或成本；反之，可使用不依据与中国国内价格或成本进行严格比较的方法；这一“非市场经济”国家条款将持续15年（至2016年12月10日）。

关于中国“非市场经济地位”的规定，在一定程度上形成了对华贸易歧视待遇，也隐含着很大的危害性。主要原因在于以下两个随意性：一是对非市场经济地位的认定的随意性：由谁认定、以什么标准认定都没有规则可循，也没有透明性可言。在GATT/WTO中没有专门的“非市场经济国家”条款。GATT仅对“非市场经济”国家下了比较模糊的定义。世贸组织的规则实际上没有专门针对非市场经济的条款。因此，根据申请加入的程序，以及世贸组织的决策机制，这种认定往往由一些世贸组织主要缔约方或成员操纵，成为限制申请方的一种手段。即便是世贸组织成员之间的非市场经济标准也往往表现出很大不同，这种情况对于通过自己的努力改变非市场经济状况的国家非常不利。二是在非市场经济地位被认定的情况下，在贸易纠纷，譬如确定反倾销和反补贴的贸易摩擦中，选择哪个国家的哪个产业或企业作为“类似的参照标准”也具有很大的随意性。在同样一宗贸易争端中，两个世贸组织成员会选择两个完全不同的参照国家。如1998年欧盟对中国彩电的反倾销是以新加坡作为参照的，2004年美国对中国彩电的反倾销则是采用印度作为参照。

二、美国否认中国“市场经济地位”的原因

美国商务部根据其《1930年关税法》提出了判定一国是否可以获得市场经济地位的六项具体标准，主要包括：一是货币的可兑换程度；二是劳资双方进行工资谈判的自由程度；三是设立合资企

业或外资企业的自由程度；四是政府对生产方式的所有和控制程度；五是政府对资源分配、企业的产出和价格决策的控制程度，要求该产业的产品数量和价格决策没有政府介入，所有重要的产品投入都是以市场价格支付的；六是商务部认为合适的其他判断因素。根据六项标准，美国举行了数次关于中国“市场经济地位”问题的听证会，听证代表几乎一边倒地认为中国还远远没有达到“市场经济地位”的要求。

中国是否达到市场经济地位的标准，与俄罗斯等国相比便一目了然。客观地说，美国迟迟不愿意承认中国的“市场经济地位”的原因，除了中国自身还有待努力外，主要在于以下两个方面：

（一）复杂的政治动因

对中美双方来讲，“非市场经济地位”问题不仅仅是一个经济问题，更是一个政治问题。它代表着美国对中国社会经济性质的理解，以及对中国在建立市场经济体制改革方面所取得成绩的认可程度。①根据中国专家的研究结果，2001年中国市场经济发展程度已达69%，超过世界市场经济60%的临界水平。中国经济自由化指数排名均领先于俄罗斯。② 中国社会科学院美国所撰写的《美国贸易政策评估报告》也对中国市场经济建设的进程给予了充分肯定。报告指出，中国的经济和贸易体制已经发生了巨大变化：在1999年中国社会商品零售总额中，由市场调节和实行国家指导价的比重已达到95%左右；在农产品收购总额中，市场调节和国家指导价的比重约占90%；在生产资料的销售总额中，市场调节和国家指导价部分则约占85%。到2001年年底，由中央政府控制的价格（包括服务价格）只剩下15种左右。报告由此认为，中国经济的市场化程度已经远远高于许多世界贸易组织成员，绝非“全部或大体上由国家垄断贸易并由国家规定国内价格的国家”。然而，

① 陈泰锋：《中美贸易摩擦》，社会科学文献出版社2005年版，第185页。

② 北京师范大学经济与管理研究所：《2003年中国市场经济发展报告》，中国对外贸易出版社2003年版，第217页。

2002 年当美国、欧盟先后把“完全市场经济国家地位”给予俄罗斯时，以事实说明世贸组织规则不仅仅是经济规则，很大程度上它还是政治游戏规则。作为以市场经济为基础的世贸组织成员的中国，依旧没有被给予这一应得的地位，显失公平。

美国对中国“非市场经济地位”的处理方式充分说明了其对待中国的复杂、矛盾的心态。一方面，它希望中国经济发展起来对自己有利，另一方面又十分担心中国经济崛起给美国的国家利益带来威胁，于是便想办法寻求一种手段来遏制中国。从上述美国提出的“非市场经济地位”六项标准来看，其实并不存在可以量化的指标，那么中国能否取得“市场经济地位”关键在于中国能否与美国存在战略上的交换。对于美国的战略需求，美国商务部长明确指出：“除非由市场主导劳资和货币兑换率，否则中国仍将是一个非市场经济国家。”可以说，让中国以“非市场经济地位”身份加入 WTO，既是中美两国贸易政治较量的结果，也是美国国内各种政治力量斗争的结果。①

（二）经济利益的考量

由于近年来中美贸易不平衡的趋势越来越严重，如何扭转这种不利局面，增强与中国产品的竞争优势，加大对美方关心的其他中国问题的压力成为美国有关人士考虑中国“市场经济地位”问题的出发点。在他们看来，借道“非市场经济”，美国可以对物美价廉的中国商品施以重税，阻挡中国企业角逐美国市场。“不具备市场经济地位，中国将遭受更多的反倾销调查，并有可能为此支付更多的关税。”“如果美国顺应中国对市场经济地位的诉求，将比宣传贸易威胁论更好地推动中国在劳工标准和货币政策上实施改革。”

三、对“非市场经济地位”之争的评析

“市场经济”与“非市场经济”并不是 WTO 使用的概念。在 WTO 诸多正式协定中，并无所谓“市场经济”与“非市场经济”

① 宿景祥：《中国“非市场经济地位”地位与美国贸易政治》，《世界经济与政治》，2004 年第 10 期。

的严格定义。这一概念是美国单方面炮制并使用的，只是其国内法的措辞，不应作为国际贸易法规中的概念广泛应用。从某种意义上讲，这一概念的提出，本身即是对 WTO 框架下诸多文件精神的违背。将“市场经济国家”与“非市场经济国家”的概念运用于双边经济关系中，特别是运用于发达成员与发展中成员的双边经济关系中，极易造成不公平现象，是针对中国的最严重的非关税壁垒。

（一）对中国企业开拓国际市场造成了极为严重的困扰和伤害，也使我国具有比较优势企业的出口遭到众多国家的围堵，恶化了中国外贸企业出口面临的国际环境

根据 WTO 的统计数据，2001—2005 年，国际上针对中国的反倾销调查立案分别为 53 起、51 起、52 起、49 起、56 起，2006 年上半年中国遭遇反倾销调查案件为 32 起。中国已连续多年成为世界上反倾销调查和被实施反倾销措施数量最多的国家，由于不承认中国的市场经济地位对美国反倾销案件的判决极其有利，引起了其他国家尤其是与中国相同比较优势产品的发展中国家的效仿，极大地恶化了中国外贸企业的出口环境。据统计，从 1980 年到 1989 年，中国被投诉的反倾销案为 64 起，占全世界反倾销案 1388 起的 4.6%，平均每 20 起案子就有一起是针对中国的；1990—1999 年，中国被投诉 306 起，占全世界 2321 起的 13.2%，平均每 8 起案子就有一起是针对中国的；2000—2002 年，中国被投诉 331 起，占全世界 1653 起的 20%，平均每 5 起案子有一起是针对中国的；2003—2006 年，中国被投诉 189 起，占全世界 733 起的 25.6%，平均每 4 起案子就有一起是针对中国的。①

（二）“非市场经济国家”的认定与“替代国”做法的存在违背了 WTO 原则，直接导致了我国企业在美国许多案件中的败诉，间接刺激了美国产业大量提起对华反倾销申请，最终限制了中国产品的对美出口

20 世纪 80 年代以来，随着中国市场经济体制的建立和完善，

① 李洁、王漫雪：《全球反倾销聚焦中国　如何用国际规则保护自己？》，《瞭望新闻周刊》，2008 年第 14 期。

美国在其1988年的综合贸易法中，相应地引入了“市场导向型产业条款”。在中国被视为“非市场经济国家”的情况下，允许中国企业在反倾销中申请所在行业被认定为“市场导向型产业”。如果某一行业被确认为“市场导向型产业”，则可使用企业自身数据确定正常价值，可以不使用“替代国”的做法。但是为了提高自身案件的胜诉率，美国往往以企业数据不真实为由，对中国仍然更多地采用“替代国”价格审理，导致中国对美国反倾销应诉中败诉率居高不下，败诉率达到了75%左右，造成中国企业的重大损失。

（三）在美国极力追求“公平贸易”的时代，已经大大市场化的中国仍被视为“非市场经济国家”，不仅是对中国的严重歧视，而且阻碍了双边经贸关系的正常发展

目前，在149个WTO成员国中，美国不承认具有市场经济地位的国家，包括中国在内，只有7个国家，另外几个国家分别是蒙古、阿尔巴尼亚、格鲁吉亚、摩尔多瓦、亚美尼亚、吉尔吉斯斯坦。由于上述国家的年出口额甚少，对它们的反倾销调查几乎没有。实事求是地说，尽管目前中国的市场化程度还不如美国，但中国在市场经济建设方面已经取得的巨大成就是不容抹煞的。就市场容量、市场秩序、市场潜力而言已经远远高于许多世贸组织成员，绝非“全部或大体上由国家垄断贸易并由国家规定国内价格的国家”。美国仍视中国为“非市场经济国家”不仅严重干扰了中美正常的贸易秩序，而且阻碍着中国企业更深、更广泛地参与和融入世界贸易和国际经济的步伐，对双边经贸关系的正常发展和世界经济的良性循环都会带来一系列负面影响，成为引发中美经贸摩擦的重要根源。

第七节 主权财富基金与中美经贸摩擦

近年来，随着国际油价的飙升和国际贸易的扩张，主权财富基金快速发展，成为当前国际金融市场上最有影响力的参与者和收购者。主权财富基金的兴起把国家经济安全问题推上全球政治博弈的舞台中央，21世纪的国际关系尤其是国际经济关系开始出现新的

变化。

一、主权财富基金的类型和特征

主权财富基金（Sovereign Wealth Funds），是指一国政府利用外汇储备资产与国家财政盈余创立的、在全球范围内进行投资以提升本国经济和居民福利的金融投资工具，是现代国家资本主义的主要表现形式之一。它是一种全新的专业化、市场化的进取性投资基金，除进行股票、债券、房地产等风险投资外，已逐步扩展到私人股权投资、商品期货、对冲基金等非传统类投资领域。主权财富基金主要来源于外汇储备盈余、国家财政盈余、自然资源出口盈余和国际援助基金①，主要目的是通过对外投资获取长期利润最大化。

根据设立动因的不同，主权财富基金主要分为五种类型：一是稳定型主权财富基金，主要是为保障自然资源枯竭后政府有稳定的收入来源，避免短期自然资源产出波动导致经济大起大落，如挪威政府石油基金和俄罗斯主权财富基金。二是冲销型主权财富基金，主要是协助央行分流外汇储备，冲销市场过剩的流动性，如香港金融管理局设立的主权财富基金。三是储蓄型主权财富基金，主要是跨代平滑国家财富，为子孙后代积蓄财富，以中东国家为典型代表。四是预防型主权财富基金，主要是应对潜在社会经济危机和发展的不确定性，如科威特投资局设立的主权财富基金。五是战略型主权财富基金，主要是在全球范围内优化资源配置，培育世界一流企业，协助本国特定产业的重构，如新加坡淡马锡控股公司、中国投资公司下属的汇金公司等。

与对冲基金相比，主权财富基金具有以下几个鲜明的特征：一是具有浓厚的政府背景，本身是由政府拥有、控制和支配的非私人或投资银行金融机构。二是数量快速增长，资产规模急剧膨胀，一般均在数百亿美元甚至数千亿美元，市场影响力不断增强。根据

① 1998年乌干达使用3.5亿美元国际援助基金成立贫困援助基金，扩展了主权财富基金的资金来源，但迄今仅此一家，在资产规模上不具有代表性。

IMF 的统计，目前已正式设立主权财富基金的国家或地区共有 36 个，截至 2007 年 7 月资产规模超过 100 亿美元的共 13 个，全球主权财富基金总额约 3.2 万亿美元，相当于全球私募基金和对冲基金的总和。美林全球研究近期发布的一份报告预测，主权财富基金到 2011 年将翻 4 倍，从 1.9 万亿美元攀升至 7.9 万亿美元。国际货币基金组织（IMF）2007 年春发表《全球金融稳定报告》认为，“主权财富基金（主要集中于新兴市场）拥有的国际资产将继续以每年 8000 亿美元到 9000 亿美元的速度递增，到 2012 年，主权财富基金管理下的外币资产总额将达到 12 万亿美元”。三是风险较高，投资领域多元化，投资限制也较少，可在全球范围内配置资产，流动性压力较小。主权财富基金谋求长期性和战略性投资，不争一时长短，不求快进快出，不做杠杆投资，亦不追求“主权置换”，寻求高额回报是主权财富基金投资的最主要、最直接的目的。四是透明度较低。对于许多主权财富基金来说，由于国际市场的投资运作存在各种各样的陷阱，不透明才能使自己在投资中处于一种更安全的状态。

作为国际金融市场新兴的机构投资者，主权财富基金的活动日趋活跃，仅 2007 年有影响的主权财富基金国际并购案就有数起。2007 年 5 月，中国投资有限责任公司以 30 亿美元购入美国私募基金黑石集团 9.9% 的股份；迪拜国际资本公司收购英国汇丰控股 10 亿美元的股份；7 月，新加坡淡马锡控股公司和中国国家开发银行以 54 亿英镑认购英国巴克莱银行股权，迪拜国际资本公司收购了空中客车公司的母公司——欧洲航空防务航天公司 3.12% 的股份；9 月，卡塔尔投资局购入伦敦证券交易所近 24% 的股份；11 月，阿联酋主权财富基金阿布扎比投资局投资 75 亿美元购入美国花旗银行 4.9% 的股权，迪拜国际资本公司又收购了日本索尼公司的大量股份。

二、主权财富基金的兴起促使国际经济关系发生新的变化

国际主权财富基金的主要拥有者是发展中国家中的新兴经济体和产油国，主要投向发达国家。主权财富基金的快速兴起及日益增

强的国际影响力，已经成为国际社会关注的热点话题。美、日、欧等西方发达国家不断质疑和忧虑主权财富基金的投资动机，在主权财富基金的发展方向、投资战略等方面与新兴经济体之间的矛盾和分歧日渐加深，将有力推动21世纪国际经济关系出现新的变化和特征，具体表现在以下几个主要方面：

第一，主权财富基金的兴起是21世纪各国经济实力不平衡发展的结果，标志着以美国单极霸权统治的国际金融市场体系开始走向以欧亚国家新兴经济体和产油国共同参与的多极金融体系新时代，要求变革不合理国际经济秩序的呼声将会因此逐步高涨。

主权财富基金在新兴经济体国家和产油国的兴起和扩张，与这些国家的发展模式和发展成就密切相连，是这些国家多年来不断反思和调整自身发展战略的必然结果。特别是进入21世纪以来，中国经济高速发展，俄罗斯经济逐步恢复，石油价格不断高涨，为新兴经济体国家外汇储备的快速增加提供了重要基础，如何实现庞大外汇储备的保值和增值，取得国际资本市场上的主动权和对西方国家的话语权，成为它们努力探索的新课题。从某种程度上讲，主权财富基金的兴起既是新世纪各国经济实力继续不平衡发展的反映，也是推动国际金融体系发生变化的前奏。

第二次世界大战以后，美国依靠布雷顿森林体系将美元与黄金挂钩，又依靠牙买加体系建立起来的浮动汇率制度确立了美元的全球霸权地位，世界各国尤其是新兴经济体国家政府辛辛苦苦积累起来的财富却为美国经济的平衡发展带来了滚滚财源，成为美国经济长期主宰世界的重要支撑。多年的发展使越来越多的新兴经济体国家认识到，目前的国际经济秩序是以美国为首的西方国家根据自身利益的需要所建立起来的，是殖民主义、帝国主义统治的产物，也是广大发展中国家长期处于贫穷落后状态的根源，因此是一种不公平、不合理的国际经济秩序。维持这种国际经济秩序的直接后果，就是世界经济的长期失衡发展加剧了全球范围的贫富差距。

主权财富基金虽然刚刚在世界经济和国际金融舞台上崭露头角，但是它对现行国际金融体系的巨大冲击值得我们高度重视和深入研究。其中最重要的一点是主权财富基金的国际性资本投资将大大促使国际财富的重新再分配，促使国际金融市场的权力重心发生显著性转移，主要是从传统发达工业国家如美国，向历史上从未扮演过国际金融主要角色，在塑造国际金融体系的实践、规范和惯例方面影响微小的发展中国家或新兴经济体转移，其后果之一就是这些国家为确保自身核心利益的发展，必然要求参与或改变不合理、不公正的国际经济旧秩序，建立多极国家共同参与的新型国际金融体系。这是西方发达国家对主权财富基金的日益增长给予密切关注的根本原因。美国认为，主权财富基金进行外汇投资多元化的任何尝试，都有可能使外国减少所持有的美国资产和债权投资，从而导致美元汇率的大幅度贬值，降低美元作为主要国际储备资产的吸引力，危及美元的国际地位，对美国经济的可持续发展带来损害。因此，尽管主权财富基金对美国大额投资入股缓解了在美国次贷危机中遭受较大资产损失的花旗集团、瑞银集团、摩根斯坦利、美林等主要金融机构的资金压力，减轻了国际金融市场的动荡，却也直接加深了西方发达国家对主权财富基金功能的担忧和疑虑。在它们看来，主权财富基金的大规模扩张会逐步瓦解西方国家对世界经济和金融格局的垄断地位，冲击西方国家主导的现行国际政治和国际经济秩序，进而从根本上挑战美国等西方国家在国际上的战略地位。这是它们所不能接受的。双方围绕主权财富基金的矛盾和较量恐难避免。

第二，基于对主权财富基金的疑虑，发达国家开始制定一系列立法条款约束和抵制主权财富基金的扩张，使原本商业性很强的主权财富基金投资呈现出越来越浓的国际政治色彩，“金融保护主义”正日益成为新一轮国际经贸摩擦频繁爆发的导火索。

从历史上看，国际金融权力的多次重新分配与组合往往是在发达国家之间进行的，资本利器为发达国家攫取了大量的政治权力和经济利益，国际金融市场的发展史就是一部西方金融资本争夺和主宰国际金融体系的斗争史，任何威胁西方发达国家既得利益的国际资本流动都会受到它们的坚决反对和抵制。当前，新兴经济体主权财富基金的国际投资与并购活动，直接冲击了发达国家的国际资本垄断能力，威胁了西方发达国家的金融话语权，是西方发达国家难以接受的。因此，在它们直接受益主权财富基金对本国企业投资的同时，却肆意夸大和歪曲主权财富基金的正常经济功能，把主权财富基金看做是新兴市场国家的“金融武器”，是带有政治意图的“国家战略工具”。

面对主权财富基金的大规模投资和并购，西方发达国家从两个方面加以应对。一方面，美欧国家施压国际货币基金组织、经合组织等国际组织，要求尽快制定约束主权财富基金发展的游戏规则或国际行为准则，加强对主权财富基金独立性和透明化程度的国际监管。目前，国际货币基金组织执行董事会已经批准制定主权财富基金的相关准则，新准则将于 2008 年 10 月的 IMF 秋季会议前出台。这是西方发达国家与新兴市场经济体在主权财富基金发展方向的斗争中取得的初步胜利。另一方面，美、加、澳等西方发达国家开始制定新的国内法律条款，以此限制新兴经济体对本国战略性产业的投资。2007 年 7 月，美国国会通过法律提案，加强政府对外资收购美国企业的审查和相关情报工作，禁止批准任何威胁美国国家安全的外国投资方案。2008 年 2 月，澳大利亚财政部公布约束、指导主权基金对澳投资的六项行为准则，包括“保证不受政府操纵”、“不能买澳大利亚的国有资产”、“远离涉及国家安全的领域”等条款性规定，成为制定防范措施的第一个西方国家。同月，欧盟 27 个成员国齐聚布鲁塞尔，共同商讨主权基金“自律”原则，公布一份限制非欧盟国家投资欧盟能源领域的文件，包括防范甚至禁止非欧盟国家收购欧盟的天然气和电力供应网。另据英国《金融时报》报道，美国财政部基于国家安全的考虑，于 2008 年 4 月发布新规定，允许政府对持股低于 10% 的外资展开调查，对主权财富基金的投资并购带来直接负面影响。

发达国家对主权财富基金的上述约束或限制措施呈现出浓厚的国际政治歧视色彩。事实上，主权财富基金奉行长期投资，通常不谋求控股，具有极强的商业化特征，本是一支世界金融体系的稳定性力量，尤其是在美国次贷危机愈演愈烈、世界经济衰退风险日益增加的大背景下，主权财富基金的跨国投资对于解决西方国家的资本困境有着十分重要的作用。然而，美欧发达国家不断立法对其限制，属于典型的"金融和贸易保护主义"，极大地恶化了主权财富基金的投资环境，由此引发的新兴经济体的强烈不满和报复行为，成为未来国际经贸摩擦频繁加剧的重要诱因。

第三，主权财富基金的国家所有性质，从某种程度上标志着"国家资本主义"的再次回归，发达国家的政府决策将被迫偏离传统的、以私人部门和市场为导向的理论框架，加强国家垄断资本主义来应对主权财富基金的冲击有可能成为发达国家的新选择。

国家资本主义是国家政权直接控制或支配下的资本主义，不同性质的国家存在着不同性质的国家资本主义。资产阶级专政条件下的"国家资本主义就是资本主义制度下由国家政权直接控制某些资本主义企业的一种资本主义"。而无产阶级专政条件下的国家资本主义，是无产阶级专政国家"能够加以限制、能够规定其活动范围的资本主义"。① 主权财富基金与对冲基金、私募基金的最大不同就是国家政府对主权财富基金的所有权，主权财富基金的任何投资活动最终要对国家政府负责，是国家资本主义得以强化的重要表现形式。国家资本主义在新兴经济体市场的复兴或回归，使世界经济的重心由私营部门重新向国有部门转移，直接冲击了西方发达国家以往推行的以私人部门和市场为导向的政策。

20 世纪 80 年代初期，伴随着撒切尔出任英国首相、里根出任美国总统，新自由主义成为英美政府的施政理念，并在世界范围内得到大力推广。与其他经济学派不同，新自由主义主张"使经济尽可能最大程度地自由化"、"尽可能最快地私有化"，要求在财政和金融方面采取强硬措施保证自由化和私有化的实施。这种在西方国家曾经取得成功的新自由主义实验最终在拉美国家以失败而告终。从某种程度上讲，主权财富基金的兴起是新兴经济体对自身发展道路和发展模式深刻反思的衍生品，是对西方国家 20 年前发起私有化运动的一次颠覆，因此与新自由主义私有化进程的目标有着激烈冲突。在此背景下，要有力应对主权财富基金的挑战，美欧国家会重新考虑加强国家垄断资本主义的力量，化解非市场力量控制

① 《列宁选集》第 4 卷，人民出版社 1972 年版，第 627 页。

为主的主权财富基金带来的冲击。具体政策层面，一是加强对本国垄断资本的运用；二是组建自己的主权财富基金。一旦上述政策成为现实，发展中国家和发达国家之间的国际经济斗争将会以国家资本集团的形式展开，推动国际经济秩序发生变革的较量将会更加激烈。

第四，主权财富基金对发展中国家的正负面影响都很突出，使其面临两难选择。

主权财富基金规模庞大，资金雄厚，对国际资本的流向有着重要影响力。由于近年来不少发展中国家投资政策的改变，对外国资本的投资吸引力逐步增强，主权财富基金对发展中国家的投资力度也在不断加大。这一方面能缓解发展中国家资金匮乏的困难，有利于促进其经济增长和人民生活的改善；另一方面也对他们带来负面效应。由于发展中国家的金融架构、管理模式、调控能力比发达国家弱得多，其对主权财富基金的吸纳能力和抵御能力都有限。如果发达国家向它们投入包括主权财富基金在内的资金超过其消化能力，即可能发生“消化不良”反应，其经济还可能易于被发达国家控制。同时，源源不断流入的外来资金使其外汇储备迅速增长或膨胀，对其货币币值的稳定造成巨大压力，增大了这些国家对货币政策有效调控的难度，不利于经济稳定、健康地发展。

在接受其他国家主权财富基金和其他资金投入时，如何最大限度地发挥其利好作用，削弱其负面影响，是发展中国家所面临和需要妥善应对与解决的新课题。

三、中国主权财富基金的兴起对中美经贸摩擦的影响

主权财富基金主要流向发达国家。从表面看，这是新兴经济体创造的财富，以收购西方公司、金融机构以及其他不动产方式重新流回到西方，但是权力转移的更深层次则是新兴经济体通过改变以往单纯的为美欧西方发达国家政府和消费者融资的模式或途径，影响和塑造全球新的分工体系，建立世界贸易、投资和金融新秩序。短期来看，主权财富基金的兴起还不足以扭转西方发达国家主导国际经济秩序的现实，但是长期来看，其对西方主导的国际经济关系

带来的冲击与影响是巨大而深远的。这是美欧发达国家限制新兴经济体主权财富基金的主因。在这一背景下，刚刚加入主权财富基金俱乐部、以追求商业化为根本目标的中国投资公司的对外并购和投资活动一开始就受到了发达国家特别是美国的打击。中国主权财富基金的对美投资在为中美经贸关系的未来发展增添了新的动力的同时，也成为中美经贸摩擦的新领域。

第一，美国内不断掀起妖魔化中国主权财富基金的寒流，直接影响和恶化了中国的对美投资环境。

中国主权财富基金对美国的投资不算多，迄今只完成了四笔交易：2007 年 5 月，以 30 亿美元入股美国黑石集团；2007 年 12 月，以 50 亿美元投资摩根斯坦利；2008 年 2 月，以 1 亿美元参与中铁股份有限公司的 H 股 IPO；2008 年 4 月出资 32 亿美元和美国 JC · 弗劳尔斯投资公司共同设立一只 40 亿美元的基金，由 JC · 弗劳尔斯公司运作，专门投资境外的金融机构。虽然上述投资只占中国主权财富基金总额的约 6%，远远低于其他国家主权财富基金的对美投资额，但已经引起美国某些保守人士的恐惧和不安，从而掀起一股妖魔化中国主权财富基金的寒流。

2007 年 7 月 29 日，美国前财长、哈佛大学教授劳伦斯 · 萨默斯在英国《金融时报》发表了一篇耸人听闻的文章——动摇资本主义逻辑的基金。文章称外国主权财富基金将从两个方面动摇资本主义的运营逻辑：一是主权财富基金在成为所投资的东道国公司股东后并不完全追求盈利，而是有着政治和其他动机；二是由外国政府控制的主权财富基金将利用自身特殊地位危害到东道国政府的主权。

10 月 24 日《外国投资与国家安全法案 2007 年修正案》正式生效，该法案要求美国外资审查委员会将对外资的审查结果上报国会，且规定如果收购美国产业的外国公司属于国家所有，审查期将在 30 日的基础上再延长 45 日，表明美国进一步强化了对外国公司投资美国资产的审查与限制。舆论一致认为，该法案具有明显针对中国主权财富基金的意图。

11 月 14 日，美国参议院银行委员会召开听证会，探讨近年来迅速壮大的主权财富基金对美国经济和国家安全的影响，以及是否有必要通过立法手段加强监控。该委员会国际贸易及金融分委会主席、参议员埃文·贝赫（Evan Bayh）在作证时指出：“在对外投资上，我们美国不仅谋取经济利益也谋取地缘政治利益，他国亦然。美国对事物的估值不只看金钱，他国亦然。既然如此，凭什么假设其他国家单纯受经济利益驱动呢?”“主权国家在实现利润最大化之外还有别的利益诉求，为了这些利益，他们会动用任何可以动用的资源，包括国家财力。鉴于这一点，国会现在必须建立一套有关此类投资透明度和行为规范的标准，以防外国政府对美国经济造成不应有的干涉。”埃文·贝赫的证词表达了他对主权财富基金背后可能蕴藏的政治动机的担心，但这种担心明显有一种以小人之心度君子之腹的味道。

2008年2月7日，美国国会美中经济与安全评估委员会举行“中国主权财富基金投资对美国国家安全的含义”为主题的听证会，十几个专家学者和政策制定者到会作了证词，他们几乎众口一词，对中国刚刚成立的中国投资公司表现出极大的关注和担忧。美国外交关系协会研究员布拉德·希泽尔（Brad Setser）认为，中国建立中投公司不管对中国还是投资对象国，都将特别引发一系列“令人十分焦虑”的问题，具体归纳为以下五个方面：第一，中投公司的资金来自于发行的债券，而不是财政盈余，中投公司是通过财政部向国务院负责，而不是向央行负责，所以它必须要获取足够的收入向财政部支付利息。第二，中投公司承担着巨大的汇率风险，市场预期是每年8%左右，而承担的债券利息是5%，这就意味着在不算行政费用的情况下中投公司需要的回报率至少应在13%左右。第三，中国建立的中投公司已超出了外汇多元化投资的目的，它还负责包括对国有银行的投资管理等，甚至国内的投资要比国外还要大。第四，与任何一个其他拥有主权财富基金的国家相比，中国是一个贫穷的国家：按PPP计算，其他国家人均GDP均超过5万美元而中国只有5000美元，所以，人均GDP只有5000美元的国家建立的主权财富基金，其支持国家经济发展的动机要远远大于5万美元的国家，中投公司面临着巨大的压力。第五，中投公司的潜在规模令人担心，中国外汇整体增长趋势意味着中投公司在不久的将来就有可能成为世界上最大的主权财富基金之一。在希泽尔看来，上述五个方面的特点决定了中投公司为了获取利润很可能将不遗余力或不择手段。2008 年 6 月，美联储决定暂缓批准中国工商银行以及中国建设银行在美开设分行的申请，原因在于美国想当然地认为中国银行、中国工商银行和中国建设银行均由中投公司控股，属于中投子公司，必然存在关联交易，所以对工行及建行的审查也格外苛刻。实际上美国政府十分了解三家银行独立运作的现实，以关联交易为名实行投资保护主义凸显了美国政府对中国主权财富基金的排斥。另外，对于中国主权财富基金的“威胁”，美中经济与安全评估委员会委员、前美国商务部官员帕特里克·莫罗伊（Patrick Mulloy）还提出了两个充满贸易保护主义色彩的方案：一是进出口配额计划，即联邦政府向出口商发放可转让的出口额证明，出口多少就可以进口多少，以此确保美国进出口平衡。二是单边提高进口商品的关税。

其实，中国主权财富基金对美投资根本没有美国某些人士想象的那么危险，相反对美国还有很多益处。这一点连美国一些著名的专家也承认。美联储前主席格林斯潘、现主席伯南克等曾在不同场合指出，以中国持有的“区区”4000 亿美元美国国债和 2000 亿美元主权财富基金，就有人认为会扰乱甚至颠覆美国经济，这是对自身实力没有自信心的表现。美国财政部主管国际事务的副部长戴维·麦科密克（David McCormick）也在国会作证时指出：“包括中国主权财富基金在内的国外投资不仅加强了美国的经济，提高了生产效率，创造了就业，还促进了健康竞争。”实际上，“对美国经济和国家安全最大的威胁，并非来自中国或其他国家的主权投资，而是美国日益保守的投资政策”①。因为它将抑制创新，削减生产力，瓦解经济增长。因此，对于中国主权财富基金进行政治投资的担忧

---

① Daniella Markheim, *Testimony before the U. S. - China Economic and Security Review Commission: Implications of Sovereign Wealth Fund Investments for U. S. National Security*, February 7, 2008 http: //www. uscc. gov/hearings/2008hearings/written_testimonies/08_02_07_wrts/08_02_07_markheim_statement. php.

根本不足为据。目前，中国投资公司的对外投资相对来说仍然是很谨慎的，因为每年要向财政部缴纳5%的利润决定了它不可能入股仅在战略上重要的企业，换句话说，中国主权财富基金出于政治动机的投资空间并不大。但不管怎样，美国国内妖魔化中国主权财富基金的趋势正在演变成一场新的“中国投资威胁论”，甚至发展成为“威胁中国投资论”，将极大地恶化中国企业的对美投资环境，客观上不利于中美贸易不平衡问题的解决和中美经贸关系的健康发展。

第二，美国有意混淆中国国有企业海外投资与中国主权财富基金对外并购的区别，大大增加了中美经贸摩擦的可能性。

从主权财富基金的定义可以看出，主权财富基金与一般国有公司的海外并购有着本质区别。中国投资公司注册资本金为2000亿美元，包括中央汇金公司670亿美元的投资，对国家开发银行200亿美元的注资，未来还将对中国农业银行进行200亿—400亿美元的注资。可用于境外投资的实际资金总额大约在730亿—930亿美元，这一规模仅次于中东和新加坡的主权财富基金。而中国国有企业资金总额究竟多大目前没有人做过统计，中国国资委也没有公布相关数据，但可以肯定的一点是，要比中国主权财富基金大得多，如果把两者混为一谈，无疑会放大中国主权财富基金的能量和规模。

目前，美国存在着将中国大型私人企业等同于国有企业、将国有大型企业的直接并购和政府投资公司进行的直接企业收购等同于主权财富基金在债券和股票市场的被动投资，造成了对中国企业赴美投资的严重歧视，也给中国企业的整体对外投资带来了极大的负面影响。比如，美国国会议员将中国华为公司看作是中国国有公司，更有甚者认为其是受中国政府支配的主权财富基金，迫使华为公司不得不撤回与英国投资公司贝恩资本共同出资22亿美元收购美国3Com公司的交易申请。在美国议员们看来，华为公司与贝恩资本的联合收购，将会控制3Com所掌握的敏感的安全技术，给美国的国家安全带来影响，必须禁止该项“有军方背景”的华为公司的并购。而在2005年，由于美国国会的强烈反对，中国国有石油公司中海油同样被迫撤回了以185亿美元收购美国能源集团尤尼科（Unocal）的要约申请。所有这些案例充分表明，美国在贸易和投资领域针对中国的保护主义色彩日渐强烈，从而大大增加了中美经贸摩擦爆发的可能性。

四、结语

中美关于主权财富基金的争论及摩擦远远不同于一般的经贸摩擦，从某种程度上讲，它是未来中国大型国有企业对外投资国际障碍的一个缩影，也是新兴经济体主权财富基金遭遇国际障碍的一个缩影。尽管中国和其他新兴经济体主权财富基金一直强调自己的商业性，从来没有想通过并购美资企业的控股权来扩大自己的政治影响，但美国等西方国家却竭力推动 IMF 等国际组织制定主权财富基金游戏规则来约束新兴经济体主权财富基金的发展。这是一种不利于经济全球化和世界经济健康、正常发展的损人损己的短视行为。发展中的新兴经济体团结努力，共同维护和保障自己主权财富基金投资的正当权利，对扩大本国与发展中国家的经济实力，促进南北经济的协调发展，推动建立公正、合理的国际经济新秩序，都有重要的现实意义。

第八节　中海油并购与中美经贸摩擦

随着经济全球化的深入发展，各国间的经济合作与依存也在不断加深，企业跨国投资已经成为经贸关系深入发展的重要标志。作为世界上最重要的双边经贸关系之一，中美企业间的相互投资与合作也日趋紧密。以海尔、联想、中海油为代表的一批中国大型企业以并购方式进入美国，成为中国企业国际化发展的主要捷径。伴随着中美企业并购案的不断增多，中美经贸摩擦的领域也日益扩大。本节以中海油并购尤尼科一案为例，对中美两国投资摩擦进行分析和研究。

一、中海油并购案例简介

近年来，美国第九大石油公司尤尼科由于经营不善等原因导致连年亏损，并申请破产，最终挂牌出售。2005年1月我国第三大石油天然气集团——中国海洋石油有限公司（中海油）提出愿以“无约束力报价”对尤尼科公司进行并购。随后，美国雪佛龙公司提出了以160亿美元加股票的形式并购尤尼科，并购计划包括25%的现金（44亿美元）、75%的股票交换以及接收尤尼科的16亿美元债务。由于没有竞争对手，雪佛龙很快与尤尼科达成了约束性并购协议。在美国联邦贸易委员会批准该协议后，6月23日中海油宣布要以185亿美元的现金并购尤尼科石油公司。6月24日，美国政府宣布将对中海油并购尤尼科案进行审查。8月2日，出于非经济因素的考虑，中海油宣布退出并购尤尼科竞争。至此，迄今为止涉及金额最大、最重要的中国企业海外并购行动由于美国政治因素的干扰而告终。

二、政治因素是中海油并购尤尼科失败的主因

在中海油并购尤尼科失败以后，分析人士普遍认为，政治因素是导致中海油退出竞购的最主要原因。美国世界安全研究所中国项目主任孔哲文认为，美国政府通过施加政治压力让中海油在竞购尤尼科的过程中出局。英国《金融时报》也指出，中海油的竞购受到了所谓“人为风暴”的干扰，美国政界的反对扼杀了此次并购。从整个竞争收购的过程看，主要是美国国会议员的反对导致了中海油出局。在中海油宣布并购尤尼科当天，美中经济安全与评估委员会主席就表示，希望政府阻止这笔交易。美国国会部分议员也纷纷发表声明，强烈反对中海油并购尤尼科。众议院军事委员会安全政策中心主任小弗兰克·加夫尼（Frank J. Gaffney，Jr.）宣称，把尤尼科卖给中海油“会对美国的经济安全和国家安全造成不利影响”。他还耸人听闻地说：“中国存在更大、更具威胁性的战略计划，而这次并购就是该计划的标志。”① 美国国会能源商业委员会主席乔·巴顿（Joe Barton）也致信布什，表示了对中海油并购尤

① 转引自［美］詹姆斯·多恩：《中海油竞购案之后的美中关系》，《美国凯托研究所政策分析》，2005年11月2日。

尼科的担忧，称其对美国能源和安全构成了“明显威胁”，要求美国政府确保美国能源资产不出售给中国。据统计，前后共有64个国会议员参与到这场中海油并购的游说行列中来。之所以如此，与他们很多人潜意识中的“中国威胁论”不无关系。他们不愿意看到本土大公司被并购，更不愿意看到中国作为大国的崛起，因此总是要想办法围堵中国。由于尤尼科的主要能源储备地以及市场势力在全球分布非常广，并且掌握部分涉及国家安全的原材料、技术和设备。一旦通过并购，中国能够迅速扩大在全球、特别是亚洲地区的政治和经济势力，从而对美国在该地区的利益形成制约，这是美国议员们所坚决不能接受的。

除美国国内的政治因素外，中美两国之间在政治以及经济体制方面存在非常明显的差异，构成了另外一个带有政治色彩的影响因素。比如，中海油的国有股控股身份，使美国认为中海油不是一个按照市场规则运行的企业，这是一次国家并购行为；同时，中海油用于并购的资金中，有1/3来自国家提供的低息或者无息贷款，相当于政府补贴，属于不公平竞争，这也具有一定的“政治风险”。

除了政治因素外，安全因素的考虑也是一个重要的方面。这里的安全主要包括能源安全和地缘安全。在中海油并购尤尼科过程中，美国国内认为此次并购会影响美国的能源安全。因为中国经济的高速发展正在产生巨大的能源需求，中国源源不断地从全球各地进口各种能源，不仅使全球能源价格不断攀升，而且会耗尽地球有限的能源资源，从而危及美国的国家安全。其实，这里面有对能源供应的担忧，更主要的是对美国能源产业安全的保护考虑。

三、对中海油并购尤尼科案的评析

（一）中海油并购尤尼科一案折射出中美在能源问题上的冲突日益显露

作为石油消耗大国，美国也是世界上的石油进口大国，2006年美国累计进口原油50600万吨，占世界石油贸易量的26%。而中国自2003年以来，已成为仅次于美国的第二大石油消费国，目前也是仅次于美国和日本的第三大石油进口国，2006年中国石油净进口量达到了16286万吨。中国石油进口量的快速增长引起了美国政府的紧张。美国政府认为，作为不可再生的资源，中国石油消费量的增加与美国在有限能源的争夺上存在着不可避免的冲突，这是美国对中国能源外交心存疑虑的重要原因。具体来说，这种疑虑主要有三个方面：一是担心我国挑战其国际能源霸主地位。2003年，我国成为世界第二大石油消费国，对外依存度升到43%(2005年)。美能源信息署预计，2025年中国石油需求将达1420万桶/日，其中75%需要进口。巨大的能源需求使我国与主要产油国联系加深，触及美地缘政治利益。二是担心我国打乱由其主导的国际能源秩序。美依靠国际市场支配全球能源供应，维护其在国际能源体系中的领导权。美认为，我国有石油公司并购海外资源相当于“圈占”国际能源资源，使供应与市场隔绝，破坏国际能源秩序。三是担心我国能源需求损害其经济利益。2002—2004年，我国占全球石油需求增量的1/3，被美国视作抬高石油价格的主要原因。

其实，中美在能源领域的紧张关系从某种程度上讲是由全球生产体系的扩张造成的，主要是一种市场行为，是经济全球化的集中体现。① 虽然美国不断指责快速增长的中国能源需求对其自身的利益造成了损害，但实质上美国在华直接投资及美国对中国产品的需求激增恰恰是拉动中国能源需求增长的重要因素之一。因此，用全球化的眼光审视中美能源竞争关系，才能建立起符合实情的有用框架，才能通过能源消费合作扩大双边共赢的可能性。

（二）美国政府将中海油并购尤尼科的经济活动“泛政治化”，不仅不利于美国整体福利的提高，也不利于中美经贸关系的健康发展

中海油收购尤尼科公司是企业之间正常的商业活动。一方面，由于尤尼科在美国的油源基地相对来说比较小，中海油对尤尼科真正感兴趣的是它在亚洲的资产，因此并不会对美国的能源供应造成威胁。另一方面，中国是一个能源进口国，并不想以控制石油生产

① 王勇：《中美经贸关系》，中国市场出版社2007年版，第25页。

来抬高油价。相反，如果中国获得了对尤尼科公司的控制权，它会尽可能地增加石油产量，这会压低世界油价，因此也对美国有利。中海油在最后撤回并购要约时发表的声明也对这个问题做了较好的解释："中海油知道竞购交易将经过美国外国投资委员会的审查，按埃克松—弗洛里修正案的要求，中海油主动提出要求美国外国投资委员会审查，并主动承诺对尤尼科在美国的资产采取措施，从而满足美国外国投资委员会的要求。中海油曾经积极考虑进一步提高并购要约中的条件。如果不是由于美国的政治环境，应已付诸实施。我们竞购交易宣布以后，在美国出现了前所未有的政治上的反对声音，甚至要取消或更改美国外国投资委员会多年来行之有效的程序，这实在是令人遗憾，也有失公道。这种非常遗憾的政治环境使我们很难准确评估成功的几率，对我们完成交易形成了很高的不确定性和无法接受的风险。尽管我们不情愿，但不得不撤回我们的报价，这对尤尼科的股东及员工来说无疑是非常不利的。"①

中海油并购尤尼科失败对中美经贸关系的影响是直接体现在中国对美投资的下降。根据美国商务部的报告显示，中国 2005 年对美国直接投资只有 7300 万美元，仅占中国当年对外直接投资总额 69.2 亿美元的 1% 左右，比 2004 年中国对美 9300 万美元的直接投资下降了 22%。当然，此次事件使越来越多的对外投资者认识到，美国很可能成为发达国家中政治化风险最高的国家之一，对美国投资决不会像美国所说的那样受到欢迎。

（三）中海油并购尤尼科案再次凸显了美国将国际经济政治化的倾向

美国的国家利益也是全球性的、霸权主义的。它强调建立一种有利于美国的生存与发展的全球环境，强调它的国家利益与国际经济制度、地缘政治环境和世界秩序之间的相互联系，强调其他潜在对手的崛起对美国地位的威胁，强调美国必须成为世界的领袖。美国霸权战略决定国际经济政治化的结果只能阻碍全球经济的增长。从美国国家战略和国家利益的角度看，美国对并购尤尼科的干涉目

① 中国海洋石油总公司网站：《中海油撤回并购尤尼科报价》。

的和结果是十分清楚的。它从所谓的安全利益考虑，实际上是把中国视为潜在的竞争战略对手，以霸权的姿态和不平等的手段，阻挠弱小势力正常的商业活动。并购尤尼科案凸显了美国一直在用双重标准进行操作，既是市场法则的制定者又是市场法则的执行者；既倡导全球经济一体化，又在具体操作中将国际经济政治化。这将造成国际经济的发展过程中不能获得高质量的信息、增加交易成本、增加不确定性，不利于国际经济关系的正常发展，并最终阻碍全球经济的增长。

第六章　中美经贸摩擦的根源分析

前面几章从理论和案例的角度对中美经贸摩擦的总体概况进行了考察与分析。本章将从宏观因素、微观个体因素（包括美方因素和中方因素）对中美经贸摩擦的根源进行分析与探讨。

第一节　中美经贸摩擦的宏观因素

中美经济失衡、产业结构的日益趋同以及经济外交的碰撞是中美经贸摩擦的三大主要宏观因素，本节重点围绕三大宏观因素展开，从宏观视角对中美经贸摩擦进行深度剖析。

一、中美经济失衡因素

20 世纪 90 年代以来，随着经济全球化趋势的不断发展，以及全球产业结构调整和产业转移速度的加快，世界储蓄和投资、贸易收支和资本流动格局都发生了重大变化，各主要国家之间经常项目收支、国际资本流动，以及储蓄与投资关系的不平衡状况日益加剧。作为“利益攸关方”的中、美两国，近年来随着经贸关系的快速发展，双边国际收支不平衡的趋势也愈加明显，并且已经成为全球经济金融失衡的一个缩影。

（一）中美经济失衡的主要表现

全球经济失衡有广义和狭义之分。广义上的全球经济失衡是指世界经济任何方面的不平衡，包括经济发展的不平衡、南北贫富的差距、贸易和资本流动的不平衡等。狭义上的全球经济失衡，主要是指美国经常项目尤其是货物贸易持续出现巨额赤字、资本项目连年呈现大量盈余；而以中国为代表的东亚国家则拥有巨大的经常项目顺差和巨额外汇储备。中美经济失衡，主要指的是中美之间表现出的“交互逆差”或“交互顺差”的总体贸易格局。也就是说，双方中的任何一方既不是单纯的顺差，也不是单纯的逆差，而是既有顺差又有逆差。在货物贸易方面，中国是顺差，美国是逆差；在服务和资本投资贸易方面，美国是顺差，中国是逆差。

从第二次世界大战结束后的1946—1979年，33年的时间段里美国经常项目仅出现8次小额赤字，而从1980—2007年，26年的时间里美国经常账户除三年外（1980年、1981年和1991年）都是逆差，而资本账户始终是相同数量的顺差。特别是2002—2006年，美国资本净流入大量增加，2006年美国经常账户赤字达到8745亿美元，比2001年多了近5000亿美元，占美国GDP的比重接近7%（详见图6.1、图6.2）。美国资本净流入的规模和持久性既反映了美国经济持续强劲增长、富有竞争力和资本市场高效等优势，也反映了美国国内储蓄不足①、联邦财政赤字庞大等现实难题。②

与美国国际收支走势不同，中国国际收支平衡态势从20世纪90年代初发生结构性变动，在此之前，我国国际收支结构较多表现为经常账户逆差和资本账户顺差不同方向平衡方式的组合，1982—1993年12年间有9年逆顺差组合。之后我国国际收支结构通常形态转变为双顺差，1994—2007年14年中有13年为双顺差。持续双顺差推动中国外汇储备的快速增长，尤其近年来外汇储备超常增长，2007年中国外汇储备余额达到1.53万亿美元。从各组成

① 美国国内储蓄不足可用三个指标来说明：(1) 国民净储蓄率，这是一个剔除货币贬值因素后反映家庭、企业和政府部门总体储蓄状况的指标。1994年美国国民净储蓄率为14%～15%，2001年后一直徘徊在1.5%。(2) 个人储蓄率，1995年美国个人储蓄率为4.6%，1999年开始大幅度下降，2005年、2006年连续两年降为负值，分别为－0.4%、－1%。(3) 储蓄占GDP的比重，1990—1999年这一比重的平均值为16.4%，2000—2006年的平均值为14.6%，2006年为13.8%（约为世界其他国家平均水平的一半）。从1990年到2006年美国储蓄占GDP比重的变动率为－2.6%。

② 资料来源：《2006年美国总统经济报告》。

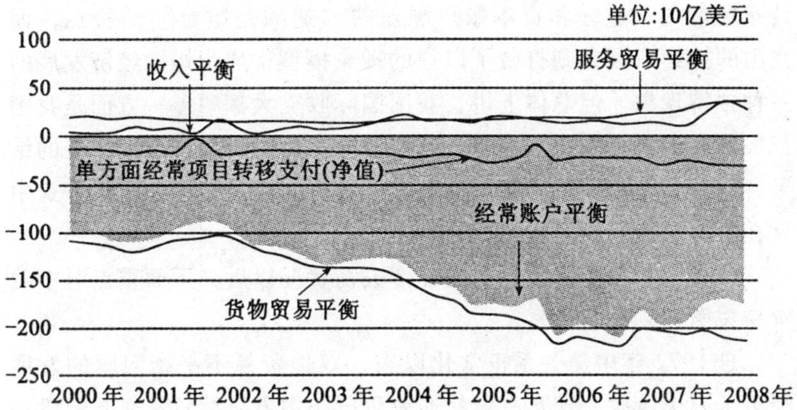

图 6.1 2000—2008 年美国经常项目平衡及其构成

资料来源：美国商务部经济分析局（数据经过季节性调整）。

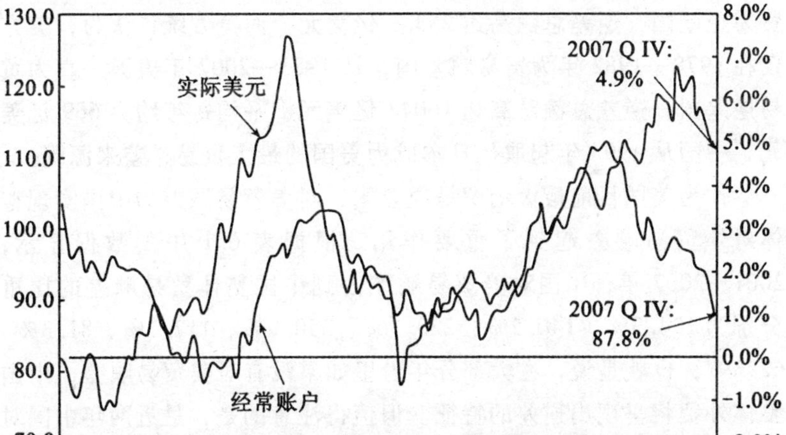

图 6.2 1973—2007 年美国经常项目赤字和美元实际有效汇率

资料来源：美国商务部经济分析局、美联储、经济政策学会（左轴：实际美元 1973 = 100；右轴：经常账户赤字占 GDP 比重）。

项目看，中国国际收支顺差主要来自货物贸易、经常转移、外国来华直接投资和贷款等其他投资。按照宏观经济学的理论，任何国际交易都应该具有借方和贷方两个方面，也就是说，国际收支结构应具有经常账户逆差和资本账户顺差的“逆顺差组合”的特点，而我国的持续双顺差则打破了以往的理论模型，成为国际经济发展的一种独特现象。但总体上讲，我国国际收支大额顺差一方面是我国积极融入经济全球化和参与全球产业分工后对外经济迅速发展的结果，另一方面也反映了我国储蓄大于投资，经济结构和增长方式中存在着深层次问题。

分析了中美两国各自的内外部失衡状况以后，下面重点对中美贸易失衡问题进行考察。

自1972年中美关系正常化以来，双边贸易不平衡问题的发展经历了三个阶段，即互有贸易逆差阶段→中方持续贸易逆差阶段→美方持续贸易逆差阶段。中美双方对第一阶段的统计时间是一致的，即从1972—1977年。而对第二、三阶段的时间统计，双方存在较大分歧。中方认为，从1978—1992年的15年间，中方为持续贸易逆差国，逆差总额高达253.6亿美元。而美方统计认为，美方仅在1978—1982年为贸易顺差国，从1983—2007年美国一直为贸易逆差国，逆差总额已高达16048亿美元，平均每年约为669亿美元，中国从1994年起取代日本成为美国的最大贸易逆差来源国。

作为美国目前最大的贸易逆差国，对美贸易顺差为中国实现整体对外贸易顺差起到了重要作用。根据表6.1中的数据显示，2001—2007年，中国对美贸易顺差占到中国整体贸易顺差的比重分别为124.3%、140.5%、220.3%、250.9%、112.1%、81.3%、62.3%，也就是说，在大部分年份里如果没有对美贸易顺差，中国整体外贸将呈现出逆差的特征。但值得注意的是，最近两年中国对美贸易顺差占中国整体外贸顺差的比重呈现下降趋势，特别是2006—2007年连续两年对美贸易顺差占中国整体外贸顺差的比重首次降到100%以下，说明中国最近几年努力实施外贸出口区域多元化的政策初步取得明显效果。

另外，对美贸易顺差也是中国外汇储备快速增长的重要因素。从表6.1可以看到，2001—2007年中美贸易顺差对中国外汇储备增长的贡献率分别达到了60%、57.6%、50.1%、38.9%、

54.6%、58.3%、35.4%。但是，中国累积的很大一部分外汇储备最终以购买美国政府债券的形式回流美国，为美国经济发展提供了资金支持。2007年中国持有美国国债总额达到了4776亿美元，占外国持有美国债券总额比重的20.3%。

表6.1 **2001—2007年中美贸易失衡统计表** 单位：亿美元

年份		2001	2002	2003	2004	2005	2006	2007
美国的贸易逆差总额		3628	4211	4949	6113	7167	7636	7116
中方统计	对美贸易顺差额	281	427	586	803	1142	1443	1633
	占美国逆差比重(%)	7.7	10.1	11.8	13.1	15.9	18.9	22.9
	占中国整体顺差比重(%)	124.3	140.5	220.3	250.9	112.1	81.3	62.3
	对中国外汇储备增长贡献率(%)	60	57.6	50.1	38.9	54.6	58.3	35.4
美方统计	对华贸易逆差额	820	1020	1230	1620	2016	2325	2563
	占美国逆差比重(%)	22.6	24.2	24.9	26.5	28.1	30.4	36.0
	中国持有美国国债额	786	1184	1590	2229	3100	3496	4776
	中国占外国持有美国国债额比重(%)	7.6	9.6	10.4	12.1	15.2	15.7	20.3

资料来源：根据美国商务部经济分析局、美国财政部、中国商务部公布的数据资料整理。

（二）中美经济失衡的内在原因

对于中美经济失衡的程度和原因，中美两国各自有着不同的认知和理解。由于统计方法的差异，加上经过香港的转口贸易因素，中美经济失衡的程度被严重夸大①。对于中美贸易的统计和转口因素的研究成果已经颇丰，笔者不再对其详细论述，而是从中美两国

① 随着中美贸易额的增加，双边贸易不平衡的趋势也在加大，由于统计因素和香港转口因素加上对华服务贸易统计的遗漏，2006年中美双方关于贸易不平衡的统计差额已经扩大到882亿美元。

对双边经济失衡的理解进行比较出发，重点探讨引发中美经济失衡的内在原因。

美方认为，导致两国贸易不平衡的原因主要有以下几个：(1) 中国长期推行新重商主义政策，使美国产品遭遇中国贸易与投资壁垒，缺乏对中国的市场准入，从而使得美中贸易伙伴缺乏平等、持久和均衡。(2) 中国不能完全执行 WTO 协议，尤其在汽车、钢铁、能源、电子和信息技术等行业发展上缺乏政策透明度。(3) “中国对人权、劳工权和环保的滥用以及拒绝遵守这些领域的国际标准，从而获得不公平的对美国贸易优势。”① (4) 未来的不可预见性②。(5) 中国有意压低工人工资，操纵人民币汇率，使人民币币值低估，以促进对美国的出口。(6) 中国对美进行商品倾销，工人的低工资和恶劣的劳工环境使中国产品在与美国竞争时拥有不公平的竞争优势。(7) 知识产权保护不力，美国知识产权局官员估计，2005 年中国的盗版行为使美国版权企业损失了 24 亿美元，中国与知识产权相关产品的盗版率是世界上最高的。对于这些问题的解决，美方倾向于使用的政策工具有：增加进口配额、限制自华进口；加大反倾销调查力度、阻止中国产品的进口；贸易制裁等。

美方将中美贸易失衡主要归因于中国的贸易保护主义，这是不客观的。中国是目前全球最开放的市场之一，甚至是所有快速增长的经济体中最开放的市场。中国对进口产品的高度开放主要表现在以下几个方面：一是近年来中国的进口规模以惊人的速度增长。进口额从 1990 年的 534 亿美元增加到 2007 年的 9558 亿美元，年均增长率达到 17.3%，中国已经成为仅次于美国、德国的世界第三大进口国。③ 2000—2007 年美国对华出口增长了 301%，居美国前

---

① Jim Perlow, *Trade Deficit with China Puts US at Disadvantage*, http://phoenix.bizjournals.com/phoenix/stories/2002/10/14/editorial4.html.

② Geza Feketekuty, *Addressing Concerns on the Growing US Trade Deficit with China*, http://www.commercialdiplomacy.org/ma-projects/us-chinatrade.htm.

③ USITC, *Growth in US Exports to Top 15 Markets*, 2000-06. http://www.uschina.org/public/documents/2007/04/uscbc_us_exports_china_by_state_2000-06.pdf.

十五位出口国首位。二是中国的经济开放表现在中国进口对国内生产总值的比率，即较高的进口率方面。中国的进口率由1990年的15%提升到2006年的30%。三是进口关税对国内生产的产品的保护程度较低。早在入世之前，中国就将平均进口关税率降低了约75%，从1982年的最高点56%下降至2006年的10%以下。中国所有商品的约束税率是10%，远远低于其他大的新兴市场的承诺。例如，阿根廷约束税率是31.9%，巴西是31.4%，印度是49.8%，印度尼西亚是37.1%。① 如果站在全球的角度看，中国关税保护水平更是远远低于世界平均水平。比如目前中国关税总水平是9.9%，而全球的关税总水平是39%；中国非农产品关税是9%，而全球是29%；农产品关税水平是15%，而全球平均水平现在是60%。②

根据美国专家的研究，即便是美国的产品遭遇到中国不公平的贸易壁垒，也不是造成中美贸易赤字的根本原因。美国卡图研究所贸易政策研究中心副主任丹尼尔·T. 格瑞丝伍德（Daniel T. Griswold）曾撰文指出，美国的贸易赤字与外国的贸易壁垒并没有很大的联系，比如墨西哥和加拿大对美国的产品出口几乎全部开放市场，然而美国对两国却是贸易逆差。巴西对美国的产品出口设置很多的贸易壁垒，然而美国对其却是贸易盈余。虽然日本经济今天要开放得多，但美国对日本的贸易逆差比30年前要大得多。美国对欧盟的出口面临统一的壁垒措施，然而美国与荷兰的贸易盈余却是美国最大的贸易盈余，德国却是美国的第三大贸易逆差国。因此，对美国贸易壁垒并不能很好地解释中美巨额贸易逆差的成因③。

相对于美方的理解，中方则认为两国贸易不平衡主要是由于美国因素造成的：（1）美国的统计夸大了中国的对美出口。（2）美

① Nicholas R. Lardy, *China: The Great New Economic Challenge*? 见 C. Fred Bergsten, *The United States and the World Economy: Foreign Economic Policy for the Next Decade*. p. 130. IIE. January 2005.

② http://www.sina.com.cn 2007年3月16日中国产经新闻。

③ Daniel T. Griswold, *The U.S. Trade Deficit: A Sign of Good Times*, http://www.freetrade.org/pubs/speeches/ct-dg081999.html. 1999.

国使用的原产地规则难以全面衡量中美贸易平衡的状况。(3)美国对华高技术出口管制是造成双边贸易不平衡的主要原因。(4)美国贸易不平衡是由于东亚、东南亚国家或地区的贸易转移效应造成的，如果美国从中国以外的国家进口，美国的贸易逆差总额可能会更大①。

随着对中美经济失衡问题的不断深入研究，中美两国政府对中美经济失衡的内在因素达成某种程度的共识。比如，在美国贸易代表办公室2006年2月公布的《美中贸易关系：进入更大责任和执法新阶段》的报告明确指出，美方认识到“贸易失衡不仅仅是贸易政策的问题，美国与其贸易伙伴的经济增长率差别和储蓄、投资、消费模式等宏观经济因素才是导致美国巨额贸易逆差的首要因素”。“从更广泛意义上讲，中国对美出口增长对于东亚地区而言绝非零和游戏，因为中国更多地发挥了组装线的作用，马来西亚、印度尼西亚、菲律宾等国直接对美出口数额虽然有所下降，但对中国出口的元件在中国组装后，最终还是出口到了美国。”② 因此，不应单纯地看待中美贸易统计数字，而需要将视角拓宽到美国和亚洲这个更大的范围内。美国政府对中美经济失衡的这种理性、客观的分析，为两国通过战略经济对话解决分歧与矛盾创造了有利条件。

除了美国贸易代表办公室的报告以外，2006年的《美国总统经济报告》也给予了详细阐释，认为美国的资本盈余和贸易赤字密切相连，分析美国的资本盈余，“需要考虑两个因素：一是国际资本流动由多个国家共同决定，要理解美国的资本净流入需要理解为什么像日本、德国、中国、俄罗斯等国家拥有大量的资本净流出，因此应从全球视野而不单从美国政策的角度来看待和分析美国的经常项目赤字；二是对资本流动应分清是市场驱动还是政策驱动。比如最近中国的资本净流出很大程度上是政策驱动的结果，但

---

① Elizabeth Van Wie Davis, *Chinese Perspectives on Sino-American Relations 1950-2000*. p. 174. The Edwin Mellen Press, 2000.

② USTR. *U. S. -China Trade Relations: Entering a New Phase of Greater Accountability and Enforcement*, pp. 4-11. Feb., 2006.

美国的资本净流入反映了市场和其他国家政策的双重作用"①。从某种程度上讲，中美经济失衡正是全球视野下的市场力量和国家政策双重作用的产物。

1. 全球视野与中美经济失衡。笔者认为，所谓中美经济失衡的全球视野，是指经济全球化的深入发展所带来的地区产业结构的调整和国际分工格局的变化。在这个背景下，自20世纪80年代中期以来，中国周边国家和地区进行产业结构的调整和升级，把其在国内已经丧失比较优势的劳动密集型产业和对欧美出口摩擦较大的商品的加工组装工序转移到中国，充分发挥中国组装基地的重要作用，在使中国成为劳动密集型产品主要生产基地的同时，很巧妙地将自己的对美贸易顺差转移给了中国。换句话说，中国对美欧贸易的大量顺差是亚洲许多经济体的叠加效应和综合结果。根据美中贸易全国委员会公布的数据显示（如图6.3），虽然在过去十年中美贸易顺差的绝对数额有所上升，但占美国贸易赤字总额的比重却只有轻微的增长，从1998年的24%上升到2007年的32%，美国与中国以外东亚国家的逆差，占美国全球逆差的比例，却从51%降至17%；同期，美国与东亚外其他国家贸易逆差的比重由25%上

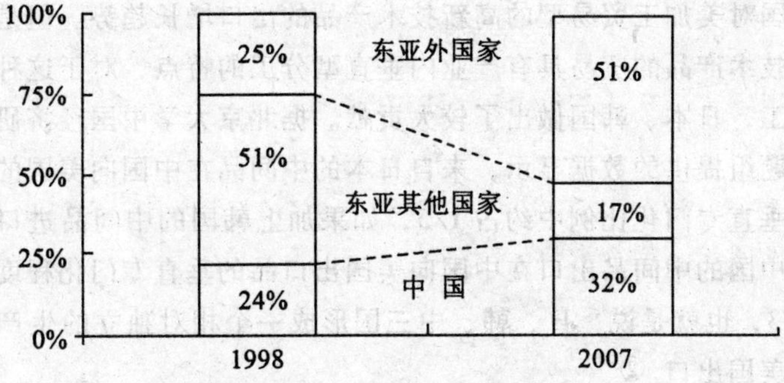

图6.3　美国全球贸易赤字地区构成

资料来源：美国商务部、财政部、国际贸易委员会，转引自美中贸易全国委员会网站。

① *U.S. Economic Report of the President*, 2006, p. 127.

升到51%。因此，中美贸易失衡问题是东亚国家对美贸易失衡在经济全球化背景下对华部分转移的结果，因为在过去10年中，包括中国在内的东亚国家在美国全球贸易逆差份额中所占的比重已经从整体上的75%下降到49%，而东亚外国家整体对美贸易逆差比重上升到了51%。① 从这一点讲，美国对华贸易失衡的过分指责是不客观的，也是不公平的。

全球视野的另外一个方面就是经济全球化的深入发展也进一步推动了中美产业间比较优势的发挥和产业内垂直分工的合作。根据美国商务部的统计，2007年美国自华进口排在前五项的分别是电气产品，如音像设备、电视等（23.9%）；核子反应器、锅炉、机器及机械用具（19.9%）；玩具、游戏、运动用品及零附件（8.1%）；家具、床及其零件、灯具及活动房屋（6.3%）；鞋靴、护腿及类似品（4.4%）。美国对华出口排在前五项的分别是电气产品，如音像设备、电视等（16.3%）；核子反应器、锅炉、机器及机械用具（13.6%）；航空器、太空船及其零件（11%）；含油子仁、杂项子仁果实及植物（6.4%）；塑料及其制品（5.5%）。以上以互补贸易、分工合作为基础的数据既体现了中美各自比较优势行业的特征，也反映了经济全球化时代全球产业链的分工及近年来中国对美加工贸易型的高新技术产品的出口增长趋势。但是中美高新技术产品的贸易具有产业内垂直型分工的特点，对于这种垂直型分工，日本、韩国做出了较大贡献。据北京大学中国经济研究中心课题组提供的数据显示，来自日本的中间品在中国向美国的出口品的垂直专门化比例中约占1/5，如果加上韩国的中间品进口，日韩对中国的中间品出口在中国向美国出口品的垂直专门化程度中约占1/3，也就是说，日、韩、中三国形成一个相对独立的生产体系在向美国出口。②

---

① USCBC, *US-China Trade in Context*, http://www.uschina.org/.

② 北京大学中国经济研究中心课题组：《垂直专门化、产业内贸易与中美贸易关系》。http://www.ccer.edu.cn/download/4798-1.pdf.

2. 市场力量与中美经济失衡。根据国际贸易理论的 H-O 模型，在自由贸易条件下，一国应生产和出口密集使用该国生产要素相对丰裕的产品，进口该国生产要素相对稀缺的产品。美国作为最发达的资本主义国家，其比较优势在于拥有资本和技术，能够生产出技术含量较高的高技术产品或者说是高档商品；而中国作为世界最大的发展中国家，比较优势在于拥有大量廉价的劳动力，能够生产出与人们生活密切相关的劳动密集型产品，在现实中更多地表现为生活必需品。由于中美两国居民的收入水平差距很大，美国人的收入水平除了能够购买日常生活必需品外，还有能力购买高档产品来提高其福利水平，而中国居民由于收入水平较低，在自己生产的劳动密集型产品迎合美国居民消费需求的同时，却对美国生产的高档产品无法产生更多的消费需求。这种由于生产要素结构的巨大差异构成了影响中美贸易商品类型的市场力量，它无形中造成了两国居民对各自贸易产品的非对称需求，最终导致两国非对称商品交换的巨大贸易失衡。

除消费能力的非对称性需求市场力量外，还有一个市场力量就是外商和美国对华直接投资的影响。美国对华直接投资开始于 20 世纪 80 年代，90 年代以后进入大发展时期。与其他国家相比，美国在华投资的特点突出表现为投资范围十分广泛，既包括机械电子、冶金、石油、化工、通信、能源、交通等重化工业和基础工业，轻纺、食品、医药、服装等轻工业，又有商业零售、金融、房地产、银行、保险、旅游、建筑设计、信息咨询、律师公证等服务行业。在投资策略上，美国大型跨国公司更注重进行长期战略投资。由于美国在华企业 85% 的产品在中国市场销售，大大减少了美国对中国的出口。比如，2004 年，美资在华企业在中国市场销售的商品额就达 750 多亿美元；如果扣除跨国公司的关联贸易，美国的对华贸易逆差将下降 30%。再如，2007 年中国对美贸易顺差 1633 亿美元。其中，外商投资企业对美出口 1590 亿美元，自美进口 397 亿美元，外商投资企业贸易顺差 1193 亿美元，占当年我国对美贸易顺差总额的 73.1%。同年，我国对美国以加工贸易方式出口 1454 亿美元，占当年对美出口总额的 62.5%，加工贸易项下实现贸易顺差1272亿美元，相当于当年我国对美总体贸易顺差规模的77.9%。如果扣除中国的加工贸易或外资企业的顺差，中国对美国顺差将大幅减少。① 另外，美国经济政策学会研究员 James Burke 的研究报告也证实，快速增长的美中贸易逆差是与跨国公司在华投资运营的增长直接相关的。James Burke 认为，如果美国在华某一行业直接投资增长10%，则该行业美国从华进口量将增长7.3%，美国对华出口量将下降2.1%。② 所以，美国在华直接投资带来的“贸易转移效应”对中美经济失衡的形成有着直接的影响和作用。

3. 国家政策与中美经济失衡。根据宏观经济学关于开放经济体的国民经济恒等式，如果一国的储蓄大于投资，则该国净出口为正，即有贸易顺差；如果一国的储蓄小于投资，则该国的净出口为负，即有贸易逆差。因此，影响国内储蓄和投资的因素也就是影响贸易差额的因素。另外，国民经济恒等式还告诉我们，在开放经济条件下，一国的贸易收支失衡通常与该国国内的经济失衡相伴而生。因此，考察中美贸易逆差的原因不能不联系到美国国内的经济平衡状况，而美国政府鼓励投资和消费③的政策最终导致储蓄的严重不足，总需求大于总供给成为美国经济长期面临的难题，也是造成美国巨额经常项目赤字的重要原因。有关数据显示，过去10年，美国经常项目逆差占GDP比重增加5倍，个人储蓄则由1980年的10.3%降到2006年第三季度的-1.3%，企业和个人储蓄率低于投资率6.3个百分点。IMF估计，2006年美国经常项目逆差占GDP的6.6%，总储蓄率占GDP的13.7%，总投资率占GDP的20.2%，总

① 资料来源：http://www.cinic.org.cn/shownews.php? id=5257

② James Burke, *U.S. Investment in China Worsens Trade Deficit*, May 2000, Briefing Paper. EPI.

③ 美国居民的过度消费尤其是对石油的大量消费也是造成美国巨额贸易逆差的重要因素。根据美国商务部人口普查局提供的数据和美国经济政策学会的分析，2006年美国贸易赤字占GDP的比重为6.8%，而石油进口所导致的资源型贸易赤字占GDP比重就达到了2.2%。

储蓄率低于总投资率 6.6 个百分点。① 美中贸易逆差作为美国巨额经常项目逆差的一部分，只是美国国内经济失衡的一个具体表现而已（见表 6.2）。

表 6.2　　美国储蓄—投资平衡表　（占 GDP 的百分比）

	1975—1982 年年度平均值	1983—1990 年年度平均值	2000 年	2001 年	2002 年	2003 年	2004 年	2005 年	2006 年
储　蓄	19.7	17.1	18.2	16.5	14.7	13.5	13.4	13.5	14.1
投　资	20.3	19.5	21.8	19.1	18.4	18.2	19.2	19.7	20.0
净贷（+）或借（-）	-0.6	-2.4	18.6	-2.6	-3.7	-4.7	-5.8	-6.2	-5.9

资料来源：美国商务部经济分析局。

对华高技术出口管制是美国政策层面导致双边经济失衡的又一因素。本来高技术产品是美国对外贸易中最具比较优势的领域，然而作为美国的保留产业（retainable industry）②，为维护自己的垄断地位，美国长期以来对国外，尤其是对中国高技术产品出口实施严厉的管制措施，使中美贸易无法从扩大对华出口方面进行平衡。根据美国商务部提供的数据，2006 年美国对外高技术产品贸易逆差总额为 383 亿美元，同期美国对华高技术产品贸易逆差额达到了 551 亿美元。中美高技术产品贸易失衡的原因一是美国对华高技术管制政策限制了美国比较优势的发挥，二是随着近年来中国产业结

① 中国现代化国际关系研究院课题组：《中美经贸关系发展中的焦点》，《中国发展观察》，2007 年第 1 期。

② 保留产业是美国经济学家拉尔夫·戈莫里、威廉·鲍莫尔在其专著《全球贸易和国家利益冲突》一书中提出的一个概念，意指启动成本很高由此导致很难以小规模进入的产业。由于其很高的启动成本，一个保留产业为现有生产者提供了很高程度的保护，使之免于竞争性进入的威胁，从而很容易地保留既有的地位。因此，保留产业的市场力量倾向于维持现状。

构的调整，美国从中国进口的商品结构正在从原有的劳动密集型加技术密集型产品向技术密集型加劳动密集型产品快速转型，成为美国对华贸易赤字增长的重要原因之一。

（三）经济失衡问题诱发和加剧了中美经贸摩擦

总体上讲，中美经济失衡是全球经济失衡的一个缩影。全球经济失衡的直接后果是引发世界各国之间的矛盾和冲突。一方面，全球经济失衡会对世界各国的经济运行和货币政策产生相当大的不确定性冲击，国际收支的长期失衡以及利率水平在失衡两极间的可观差异为资本频繁且大规模地跨境流动提供了动力，使得国际汇率争端爆发的可能性大大增加。另一方面，全球经济失衡会加剧世界各国间的经贸摩擦。在全球经济失衡中，美国处于中心位置，作为美国最大的贸易顺差国和第二大债权国的中国也同样扮演着重要角色。解决全球经济失衡问题，不仅取决于美国，同样取决于外围国家，而中国则是外围国的代表。

尽管有不少学者列出了众多理由说明全球经济失衡的可持续性，但是2007年以来美国次贷危机的爆发和对全球金融市场的蔓延，则证明了全球经济失衡最终是不可持续的，全球经济失衡问题必须得到纠正。但由于造成全球经济失衡原因的复杂性，想在短期内解决全球经济失衡问题也是不现实的，这就决定了国家间的经贸摩擦会越来越多地成为常态。这也是中美经济失衡状态下，美方对中国的指责不断升级，双边经贸摩擦呈现出愈演愈烈之势的深层根源。一方面美国政府以中美贸易失衡为借口，滥用各种关税和非关税壁垒措施限制中国商品进入美国市场。纺织品、农产品、高技术产品、人民币汇率、税收政策等几乎所有经贸领域都成为双方爆发经贸摩擦的重要阵地。美国滥用世贸组织条款，采取反倾销、反补贴、特保措施等多种手段阻止中国的产品进入美国，同时为美国的产品进入中国打开市场。另一方面，美国国会议员们也不断利用贸易失衡问题提出各种反华方案，阻碍中美经贸关系的正常发展。在议员们看来，中美贸易失衡不仅是造成美国巨额经常项目赤字的主导因素，而且是造成美国高失业率的主要根源。他们提出应对中国实行经济制裁，对中国输美产品征收高额进口关税等提案，更有甚者提出取消对中国的永久性正常贸易关系。此外，美国的各种利益集团，尤其是与中国产品竞争的行业协会，以美国对华贸易逆差为由，多次组织有关中国问题的听证会，施压美国政府对华采取强硬措施，以达到削弱中国产品竞争能力、保护其弱势行业发展的目的，成为中美经贸摩擦频繁爆发的直接诱因。

2007年，美国经济失衡最终引发了次贷危机的发生，美国政府采取美元贬值、注资、降息等一系列措施缓解次贷危机的冲击，并成功地将美国经济失衡的部分风险转移到中国，严重影响到中国国内的宏观经济运行，压缩了中国政府制定宏观经济政策的选择空间，尤其使得中国失去了货币政策的独立性，加剧了中国国内的流动性过剩。在此情况下，中国政府开始以自己偏好的方式提出解决中美经济失衡的对策，比如，要求美国政府放松对华高技术产品出口管制，提高美国国内的国民储蓄率，放宽中国企业投资美国的审核程序等，这些都会促使中美经贸摩擦的增多，但基本上还是处于可控的范围。从中美经济的互补性这个角度来看，只要加强中美双方的政策协调，增强双边的政策互动，就能有效地解决中美经济失衡问题，最起码可以维持中美之间的动态均衡，改善或缓解由此引发的中美经贸摩擦。

二、国际产业结构的日益趋同化因素

20世纪90年代以来，世界各国普遍加快了对本国产业结构调整的步伐，尤其是以电子信息为主的高利润产业和以农业为主的战略性产业成为各国竞相追逐的焦点。在这一转变过程当中，不可避免地出现了国家间产业结构的耦合问题，引发了贸易保护主义的盛行和国际贸易摩擦的加剧。

（一）比较优势陷阱与中国产业结构的升级

在国际贸易领域，比较优势理论是解释国际贸易存在和贸易利益的主导理论，其核心在于各国应按照比较优势原则参与国际分工，从而形成对外贸易的比较优势结构：即资本和技术密集的发达国家应出口资本和技术密集型产品，进口劳动和资源密集型产品；而发展中国家可以出口劳动和资源密集型的产品，进口资本和技术密集型的产品，这样各国都可以在国际贸易中获得利益，从而提高国家福利。从理论的逻辑推理上讲，比较优势理论是十分完美的。但许多发展中国家的实践表明，由于发展中国家的资源要素禀赋特点，许多发展中国家长期被局限在国际贸易中的分工底层，商品利润非常微薄，与发达国家的差距在不断扩大，新兴产业在国际市场竞争中处于不利地位而难以升级，从而陷入了“比较优势陷阱”。

比较优势陷阱可以分为两种类型：

第一种是初级产品比较优势陷阱。它是指执行比较优势战略时，发展中国家完全按照机会成本的大小来确定本国在国际分工中的位置，运用劳动力资源和自然资源优势参与国际分工，从而只能获得相对较低的附加值，并且比较优势战略的实施还会强化这种国际分工形式，使发展中国家长期陷入低附加值环节。由于初级产品的需求弹性小，加上初级产品的国际价格下滑，发展中国家的贸易条件恶化，贫困化增长现象的出现就不可避免。

第二种类型是制成品比较优势陷阱。由于初级产品出口的形势恶化，发展中国家开始以制成品来替代初级产品的出口，利用技术进步来促进产业升级。但由于自身基础薄弱，主要通过大量引进、模仿先进技术或接受技术外溢和改进型技术等作为手段来改善在国际分工中的地位，并有可能进入高附加值环节。但是这种改良型的比较优势战略由于过度地依赖技术引进，使自主创新能力长期得不到提高，无法发挥后发优势，只能依赖发达国家的技术进步。

根据以上分析，比较优势战略由于过分地强调静态的贸易利益，而忽略了贸易的动态利益，即对外贸易对产业结构的演进、技术的进步以及制度的创新的推动作用。因此，比较优势战略不能改变发展中国家经济落后的面貌，也无法改变国际贸易利益分配的不公平现象。长期执行单纯的比较优势战略会造成一国的产业结构不能得到升级，而且具有固化原有产业分工的作用，使发展中国家处在国际分工的不利地位。由于侧重于发挥资源和劳动力的优势，还会引起对与强化资源和劳动力优势关系不大的先进技术特别是劳动替代技术或资源替代技术的不重视甚至是排斥，这会使发展中国家享受不到现代高新技术进步带来的利益。长期执行比较优势战略还会使国内的要素所有者收入发生分化，产生出一批既得利益者。在现有贸易制度下的既得利益者会采用各种方法阻止对制度的创新，而另外的人又因为经济和政治的影响力低，无力改变现有制度，使发展中国家无法突破贫困制度陷阱。所以发展中国家必须要调整自己的贸易发展战略，突破比较优势战略的束缚，实行竞争优势战略。

作为发展中大国，中国拥有丰富的、廉价的劳动力资源和绝对量不小、人均占有量却较低的自然资源。长期以来，中国的出口导向战略主要立足于比较优势，将生产的劳动密集型商品出口到发达国家与地区，并从发达国家和地区进口资本密集型与技术密集型商品。也正因为中国出口商品过多集中在部分劳动密集型、资源密集型产品上，一方面导致大宗轻纺产品在美、日、欧市场占有率超过临界点①，引发与西方大国之间的贸易摩擦不断；另一方面，由于发展中国家具有比较优势的趋同性，这种趋同性也必然导致其比较优势产业的趋同，从而加剧了与发展中国家之间的产业竞争。

为了扭转上述不利形势，实现国内产业发展由静态比较优势向动态比较优势转变，中国加快了经济结构调整的步伐。调整的方向是既要保持我国中低端产品或生产环节的国际竞争力，又要提高和实现中高端产品或生产环节的国际竞争力。为此，采取各种促进政策大力发展利润高的高新技术产业，加强高技术、高附加值产品的出口比重，努力培育新的经济增长点，并取得了明显的效果。

与中国产业结构升级同步，中国对外出口商品结构也开始发生某些“质”的变化。据中国国家统计局的数据显示，2007 年中国高新技术产品出口额达到 3478 亿美元，占当年中国出口总额的 29%，而高技术产品和机械产品出口也已占到对美出口商品总额的 2/3 以上，也充分说明了中国对美出口商品结构正在升级。

（二）中美产业结构的比较与分析

基于中美两国不同的比较优势，长期以来拥有丰富劳动力资源的中国向美国出口的多是玩具、纺织品、服装、鞋类、家用电器和

① 商务部政策研究室：《如何看待我国外贸依存度提高问题》，商务部网站。

旅行箱包等劳动密集型产品；而拥有大量资本、土地和高技术能力的美国向中国出口的多是航空航天器、肥料、光学影像医疗设备、动力设备、通信设备、钢材以及大豆、谷物、棉花等技术与资本密集型产品，这与国际贸易的比较优势原理非常吻合。但是，这种相互具有比较优势的中美贸易最终形成了巨大的贸易失衡，其原因除了美国对华高技术出口严格管制，限制了其对华贸易出口总量等因素外，也与近年来中国积极进行产业结构的调整，增强了自身在高技术产品领域的对美出口能力不无关系。表 6.3 反映了 20 世纪 90 年代初期的中美主要贸易结构，表 6.4 则反映了 21 世纪以来中美贸易结构的变化，两项对比可以看出中美产业结构逐步趋同的趋势。

表 6.3　**1990 年美国向中国出口及从中国进口的前 20 位商品**　单位：亿美元

美国向中国出口前 20 位商品		美国自中国进口前 20 位商品	
产品类别	金额	产品类别	金额
84 核反应堆、锅炉、机械器具及零件	8.6	95 玩具、游戏或运动用品及其零附件	21.4
88 航空器、航天器及其零件	7.5	62 非针织服装及衣着附件	21.1
31 肥料	5.4	85 电机、电气、音像设备及其零附件	19.3
10 谷物	5.4	64 鞋靴、护腿和类似品及其零件	14.8
52 棉花	2.8	61 针织服装及衣着附件	10.9
85 电机、电气、音像设备及其零附件	2.6	42 皮革制品、旅行箱包等	8.7
29 有机化学品	2.5	27 矿物燃料、矿物油及其产品、沥青等	6.6
90 光学、电子、医疗设备及零附件	2.3	84 核反应堆、锅炉、机械器具及零件	4.7
44 木及木制品、木炭	1.8	03 鱼、甲壳及软体类动物及制品	4.0
39 塑胶及其制品	1.7	39 塑胶及其制品	4.0
55 化学纤维短纤	1.1	63 其他纺织品、成套物品等	3.1
48 纸及纸板、纸浆及纸板制品	0.8	94 家具、灯具、寝具等	2.8
47 木浆、纸浆	0.6	67 已加工羽毛、羽绒及制品	2.3

续表

美国向中国出口前20位商品		美国自中国进口前20位商品	
产品类别	金额	产品类别	金额
87 车辆及其零附件	0.5	73 钢铁制品	2.2
26 矿砂、矿渣和矿灰	0.5	90 光学、电子、医疗设备及零附件	1.5
98 特殊分类物品	0.5	52 棉花	1.5
74 铜及其制品	0.3	69 陶瓷产品	1.3
38 杂项化学产品	0.3	82 贱金属工具、器具、餐具及其零件	1.2
73 钢铁制品	0.3	91 钟表及其零件	1.2
59 涂布包纺织物、工业用纺织品	0.3	71 珠宝、贵金属及制品	1.1

资料来源:美国商务部人口统计局,http://www.census.gov.

表 6.4　**2007 年美国向中国出口及从中国进口的前 20 位商品**

单位:亿美元

美国向中国出口前20位商品		美国自中国进口前20位商品	
产品类别	金额	产品类别	金额
85 电机、电气、音像设备及其零附件	106.6	85 电机、电气、音像设备及其零附件	767.3
84 核反应堆、锅炉、机械器具及零件	88.6	84 核反应堆、锅炉、机械器具及零件	640.4
88 航空器、航天器及其零件	72	95 玩具、游戏或运动用品及其零附件	261.3
12 油籽、子仁、工业药用植物	41.8	94 家具、灯具、寝具	203.6
39 塑胶及其制品	36	64 鞋靴、护腿和类似品及其零件	141.4
90 光学、电子、医疗设备及零附件	33.1	62 非针织服装及衣着附件	134.1
72 钢铁	22.3	61 针织服装及衣着附件	105.6
74 铜及其制品	21.6	73 钢铁制品	97.7
29 有机化学品	21	39 塑胶及其制品	82.6
47 木浆、纸浆	20.5	42 皮革制品、旅行箱包等	72.3
87 车辆及其零附件	19.7	87 车辆及其零附件	60.9

续表

美国向中国出口前20位商品		美国自中国进口前20位商品	
产品类别	金额	产品类别	金额
76 铝及其制品	18.1	90 光学、电子、医疗设备及零附件	55.5
52 棉花	14.8	63 其他纺织品、成套物品等	51.4
41 生皮及皮革	9.7	44 木及木制品、木炭	31.1
26 矿砂、矿渣及矿灰	9.2	40 橡胶及其制品	30.9
38 杂项化学产品	9.1	29 有机化学品	28.3
02 肉及食用杂碎	7.3	71 珠宝、贵金属及制品	27.9
28 无机化学品、贵金属等化合物	7.2	99 特殊交易品	27.8
44 木及木制品、木炭	5.8	82 贱金属工具、器具、餐具及其零件	23.9
40 橡胶及其制品	5.7	48 纸和纸板及其制品	21.5

注：表中商品分类采用的是海关合作理事会制定的《商品名称和编码协调制度》(HS)。

资料来源：美国商务部统计局。http://tse.export.gov/NTDChart.aspx?UniqueURL=kadzkn45lpbcv1bgtdnbs455-2008-5-11-2-58-10

从表6.3、表6.4可以看出，在1990年中美贸易前20项商品中重叠部分只有6项，前5项商品中没有1项重叠，中美贸易结构的互补性非常明显。到了2007年中美贸易前20项商品中重叠部分增加到7项，其中贸易额最大的前2项商品完全相同；同时，与1990年相比，中国对美出口前20项商品中有6项发生了变化，主要是车辆及其零附件、有机化学品、橡胶制品等商品，说明中国在机械设备、冶金、化工等方面已经具备了一定的与美国相抗衡的能力。虽然表6.4仍然反映出中美之间贸易的互补性，但是中美产业结构趋同化的特征已经开始显露。

国内学者黄晓风通过对美国、欧盟、日本、中国、韩国、东盟高新技术产品和农产品出口结构的相似水平进行量化分析（见表

6.5)，得出了大致相同的结论：从总体上看，美国与欧盟、日本、加拿大等发达国家的高新技术产品相似性指数普遍较高，美国与欧盟、日本达到了71.59和65.9的高水平，与加拿大也达到了51.8的水平，并且表现出很高的趋同速度，这说明在高新技术产品的出口市场上，发达国家之间在世界上的竞争比较激烈。美国与中国、韩国、东盟高新技术产品相似性指数较弱，均低于50，但呈逐年上升趋势，这说明新兴工业化国家和发展中国家和地区正在大力发展高新技术产业，并意味着世界高新技术产业的趋同程度正在增强。

表6.5　美国与欧盟、日本等国和地区高新技术产品出口到世界市场的产品相似性指数

国家和地区＼年份	1994	1995	1996	1997	1998	1999	2000	2001	2002	2003
欧盟	55.98	58.49	61.69	62.88	69.47	70.05	69.72	71.21	68.18	71.59
日本	54.94	62.16	60.30	58.55	64.23	60.11	63.53	64.12	65.15	65.90
加拿大	38.01	41.93	40.73	46.14	46.94	38.01	48.65	49.15	50.11	51.80
中国	8.12	8.98	11.25	12.26	12.54	14.35	16.52	17.93	20.56	22.36
韩国	17.93	18.62	15.38	16.07	21.42	24.99	26.00	26.59	27.16	28.28
东盟	6.29	7.63	8.22	11.33	10.67	12.04	13.17	12.97	13.64	15.42

资料来源：根据http://unstats.un.org的数据整理而成。转引自黄晓风：国际产业结构的趋同与贸易摩擦的博弈分析.《财经理论与实践》2007年第1期，第97页。

（三）中美产业结构的日益趋同对中美经贸摩擦的影响

从理论上说，一旦国际产业实现了静态和动态的结构性互补，贸易往来中和则共赢；反之，国际产业结构出现了静态上的部分同构和动态上的不相匹配，贸易摩擦就不可避免。换句话说，产业结构的同构所导致的激烈的市场竞争造成了比较优势利益的迅速转移，是贸易摩擦产生的直接原因。由此可以推断，即生产水平、产

品结构越接近，生产的产品相互替代性越强的国家，在国际市场上竞争越激烈，贸易摩擦就会越多；生产水平、产品结构差异越大；产品相互替代性越弱、互补性越强，国家间贸易摩擦就会相对较少。① 就中美经贸关系而言，一方面中国在产业结构升级优化过程中，廉价劳动力优势逐渐发挥作用，劳动密集型产品成为出口的主导，对美国部分传统的劳动力密集型产业带来了压力和挑战，引发了中美在这些领域的经贸摩擦。中美纺织品和农产品贸易摩擦就是典型的例子。而美国对华实行高技术出口管制的主要原因同样是为了避免因产业结构趋同所带来的自身比较优势的转移。

目前，就发达国家与发展中国家的垂直分工而言，以美国为首的发达国家在高附加值产业及新兴产业方面比较优势更大，所以它们就应该放弃低附加值产业和传统产业产品的生产。但是，由于国内的原因，美国不愿心甘情愿地退出那些不具比较优势的低附加值产业和传统产业，反而采取各种措施对其加以保护，这又从另一方面强化了中美产业结构的趋同性，成为中美贸易摩擦的深层根源。随着中国产业结构的进一步升级，中国出口产品的技术含量越来越高，未来中美两国产业结构的趋同化现象还会得到进一步发展，与美国本土产品的冲突也会日趋频繁和激烈。中美经贸摩擦将会由初级产品向工业制成品、高技术产品转移，形成一种从低级产品到高级产品逐步递进的经贸摩擦格局。

三、中美经济外交的碰撞因素

随着经济全球化的迅猛发展，世界各国普遍面临着如何在全球增长中获取份额、增强自身的国家竞争优势和竞争能力的重要议题。强化经济外交作为应对这一议题的重要手段，其功能正在被越来越多的国家所重视。

（一）经济外交的内涵及对中美两国的重要作用

经济外交，就是指一个国家运用本国的经济（对外贸易、投

① 黄晓风：《国际产业结构的趋同与贸易摩擦的博弈分析》，《财经理论与实践》，2007 年第 1 期。

资、金融等）手段，发展对外经济关系，最终实现自身的长期繁荣与整体外交战略的所有活动的总称。换句话说，就是一国通过经济行为、经济方式和经济手段的实施，谋求本国经济、政治、军事、安全等综合性战略目标及利益的国家对外政策和外交行为。经济外交具有丰富的内涵和外延，既包含“国家为实现其经济目标而进行的外交活动，即以外交为手段，为国家谋求经济上的利益”，也包括“国家为实现其外交目标而进行的经济活动，即以经济为手段，为国家谋求对外关系上的利益”。①

经济外交按照涉及领域的重点不同，可以分为货币外交、财经外交、能源外交、环境外交、商务外交、知识产权外交、区域集团外交等。经济外交的手段主要包括对外经济援助、经济合作、经济谈判、多边国际经济协调以及经济制裁、经济封锁等。

经济外交在中国经历了一个逐步发展的过程。改革开放以后，中国开始加大经济外交、特别是对西方发达国家经济外交的力度，美、日、欧等国家成为经济外交的重中之重。伴随着国际经济政治化和国际政治经济化的深入发展，中国开始不断调整自己的经济外交政策，并在2005年的全国人大三次会议上，把“全面加强经济外交和对外文化交流”明确写进政府工作报告，标志着经济外交已经被纳入国家的整体发展战略当中，成为新一代中央领导集体外交思想的重要组成部分，中国由此开始真正迈入由“以经济促外交”到“以外交促经济”的新阶段。

1. 强化经济外交是应对经济全球化挑战的需要

经济全球化使得经济因素在国际政治中的作用日益突出，国家经济利益日益成为国际关系的首要因素，为国家经济发展服务也成为世界各国外交目标的重要任务。但是，在经济全球化创造的相互高度依存的世界里，“除非全球经济作为一个整体有效运行，否则各国目标也难以达到。这就要求每个国家的对外经济政策既认真考

① 张健：《战后日本经济外交（1952—1972）》，天津人民出版社1998年版。

虑自己政策的国际影响，也要认真考虑别国的变化对它的影响”①。中央政府明确提出：“密切关注世界经济形势变化，制定和实施正确的涉外经济方针政策，在更大范围、更广领域、更高层次上参与国际经济技术合作和竞争。”② 笔者认为，这里的“涉外经济方针政策”就是指的我们国家的经济外交政策。只有正确的经济外交政策才能使我们在经济全球化大潮中更好地掌握对外开放和国际事务的主动权，才能“从国际形势和国际条件的发展变化中把握发展方向，用好发展机遇，创造发展条件，掌握发展全局”，从而更好地提高我国在世界经济中的战略地位，改善或提升中国在国际社会中的外交形象。

2. 强化经济外交是提升中国软实力，实现中国和平发展的需要

软实力是一国综合实力强大与否的重要标志，一个国家只有硬实力和软实力同时兼备，才能成为真正意义上的大国。虽然中国是目前世界第三贸易大国，但软实力的缺乏仍然是影响中国国际经济地位提高的重要因素。强化经济外交不仅有助于增强中国的经济力量，更有助于中国软实力的提升。另外，伴随中国经济的高速发展，某些大国表现出越来越多的忧虑，不断有人宣扬“中国威胁论”，破坏我国的国际形象。为解决这个问题，中国政府制定了“睦邻”、“安邻”和“富邻”的外交政策，建中国—东盟自由贸易区，完善10+1机制，发起上海合作组织，通过对经济外交的运用给予“中国威胁论”有力的回应，告诉世人中国的发展是世界和平力量的增长，中国绝不想成为某些霸权大国的挑战者，中国所做的一切只是为了促进不合理的国际经济秩序向公正合理、互利共赢的方向发展，为建设一个持久和平、共同繁荣的和谐世界作出自己的贡献。

3. 强化经济外交是我国充分利用国内外两个市场、两种资源，

---

① ［美］C. 弗雷德·伯格斯坦主编：《美国与世界经济：未来十年美国的对外经济政策》，经济科学出版社2005年版，第15页。

② 《中共中央关于加强党的执政能力建设的决定》，人民出版社2004年版，第13页。

调动一切积极因素破解“大规模发展难题”的需要

温家宝总理指出：“无论看似多么小的社会发展难点，只要乘以13亿，就变成了一个大规模的，甚至可能是超大规模的问题；而无论绝对数量多么可观的财力、物力，只要除以13亿，那就成为相当低的，甚至很低很低的人均水平。”这就是所谓的中国“大规模发展难题”。最近几年随着中国经济的持续高速增长，能源和资源紧缺的瓶颈已经日渐显露，并开始影响到经济的可持续发展。如何充分有效地利用国外资源弥补国内资源的不足，提高国内资源的保障能力，同时为中国的商品出口找到更大的国外市场，已经成为中国经济外交的核心内容之一。

4. 强化经济外交是我国扩大资本输出、保护海外企业利益的需要

1985年，邓小平同志在《和平和发展是当代世界的两大问题》的讲话中指出：“欧美国家和日本是发达国家，继续发展下去，面临的是什么问题？你们的资本要找出路，贸易要找出路，市场要找出路，不解决这个问题，你们的发展总是要受到限制的。”① 20多年过去了，西方资本主义国家面临的问题同样成为我国不得不面对的现实，主要原因在于社会主义国家和资本主义国家的资本都是以营利为目的，都会向海外投资。随着近年来中国外汇储备规模的不断扩大，越来越多的企业开始走向国外进行投资，海外利益因此不断增多。但是，随着阿富汗中国工人遭袭、西班牙焚鞋事件、巴基斯坦人质危机以及南非华人商店遭抢等暴力事件的发生，海外企业和华人的利益不断受到冲击，能否妥善应对直接考验着中国政府的经济外交手腕。

相对于中国而言，美国是世界上开展经济外交最为成功的国家之一。可以毫不夸张地说，没有美国的经济外交，就没有当今的美国实力和国际地位，经济外交成为二战后美国获取战争“红利”、确立全球霸权的重要基石。

1. 经济外交是二战后美国国际经济地位迅速崛起的重要手段

① 《邓小平文选》第三卷，人民出版社1993年版，第105~106页。

美国耶鲁大学著名学者 Diane B. Kunz 在其 1997 年出版的著作《黄油和钢枪：美国冷战时期的经济外交》一书中指出："经济外交作为美国冷战时期的第一道防线，从马歇尔计划的实施到对萨达姆运用经济制裁，总体来讲，经济外交使美国没有在冷战中付出巨大代价。"相反，美国抓住战后各国重建的战略机遇期，通过推行"战后欧洲经济复兴计划"（即马歇尔计划）和"开发落后区域计划"（即第四点计划）等经济外交，既确立了美元的国际货币地位，又控制了盛产石油的中东，在主导世界政治秩序的同时主导世界经济秩序，为美国经济的迅速崛起创造了必要的有利条件。

2. 经济外交是美国获取战略优势及在世界各地推行"民主"的重要工具

在美国的对外政策中从来没有单纯的经济考虑，即便是与盟国的关系也不例外。二战后美国制定的"盟国复兴战略"表面上看是支持盟友的经济复兴，实质上则是通过推动盟国的经济复兴，形成以美国、西欧、日本为中心，其各自周边的发展中国家为外围，横跨大西洋和太平洋的战略同盟，进而在全球力量对比上获得对苏战略优势。时至今天，美国经济外交的政治功能不仅没有减退，反而进一步得到加强。因为在美国政府看来，"贸易不仅仅是商品和服务的简单交易，还是影响权力平衡的一种手段。在 21 世纪，自由贸易协定就像早期的军事条约一样成为美国巩固对外伙伴关系的重要工具"①。2005 年 1 月 18 日，美国国务卿赖斯在美国乔治敦大学发表题为"转型外交"的演讲，全面阐释了美国"外交观"的新变化及新主张。与传统意义上的外交相比，"转型外交"强调外交的主要目标在于支持国家内部的变革，而非处理国家间的关系；更多着眼于国家内部的政治体制，而非国际体系的权力均势。为适应"转型外交"的需要，美国强化了经济手段的运用。比如，通过与某些"问题"国家签署自由贸易协定，鼓励其进行更好的内部治理；调整美国对外援助政策，加强对外援助政策的有效性，

① Richard E. Feinberg, *The Political Economy of United States Free Trade Arrangements*, The World Economy, July 2003, p. 1020.

努力促使受援国向善治的“民主”国家转变等。①

3. 经济外交是冷战后美国扩大海外市场，解决国内经济问题的重要途径

经济外交是冷战后美国强调经济安全在外交领域的必然反映，是“对外政策与商业利益合二为一”的产物。② 它最直接的表现形式，是将扩大美国产品的出口变成了一种政府行为。尽管在老布什政府时期这一趋势就已初现端倪，但克林顿政府更是十分重视在海外推进美国的利益，把经济外交提高到重大战略的角度，并专门制定了“国家出口战略”，使得进出口贸易占其国内生产总值的比重迅速扩大，已由1991年的20.1%提高到了1997年的28.56%，从而创造了克林顿执政时期高增长、低通胀，低失业率的良好格局，不能不说是经济外交起了重要作用。

无论是从中国的经济外交还是从美国的经济外交来看，一国开展经济外交的目的都是对经济利益的争夺和对发展机遇的占有。从目前中美双边贸易的规模以及占对方市场的份额来看，作为相互的第二大贸易伙伴，经济外交在各自经济外交中均占有十分重要的位置。

（二）中美经济外交的比较与分析

中美经济外交在手段和目标上有着明显差异，主要表现在以下两个方面：

1. 经济外交手段的差异

美国对华经济外交的手段主要有两个：一是通过议会提案、外交谈判、媒体舆论等渠道要求中国在资本市场开放、市场监管、法律保护、劳工权利、银行体系、土地制度等宏观经济制度上进行深度改革，以满足美国经济利益的需要。如2005年11月9日，美中经济和安全审议委员会在向国会递交的年度报告中，再次对中美关系的整体发展趋势持否定态度，指责中国仍存在操纵汇率、违反入

---

① Rice, *Transformational Diplomacy*, http: //www. state. gov/sceretary/rm/2006/59306. htm

② Michael Hirsh and Karen Breslau, "USA, Inc. ", Newsweek, March 6, 1995, p. 10.

世承诺侵犯知识产权、漠视劳工权益等行为。① 2006 年 2 月，美国 USTR 提交给美国国会题为《美中贸易：进入更大责任和执法新阶段》的报告，提出准备“就北京违反贸易规则问题”向 WTO 提起申诉，特别是美可能向 WTO 提起“中国未能有效保护知识产权”和“中国歧视进口汽车配件的法规”的两起中美贸易争端案。2006 年 3 月，美国参议员格拉斯里和鲍克斯又提出一份主要针对中国的提案，要求中国“在 WTO 框架内”改善贸易、汇率等经济体制等。二是美国在各种场合积极敦促和正面引导中国按其要求进行体制改革和调整。最突出的例子便是时任美国副国务卿罗伯特·佐利克于 2005 年 9 月 21 日在美中关系全国委员会晚宴上的讲话和目前中美正在开展的战略经济对话。② 目前，国际体系中负责任的利益相关者已经成为美国促使中国进行制度改革和进一步融入国际社会的标杆和目标。

相对于美国对华经济外交的进攻性而言，中国对美经济外交则体现出显著的“共享”、“和谐”的双赢特征。一是在利用经济外交推动中国经济崛起的同时，努力让美国共同分享中国经济建设的成果。二是采购外交是中国对美经济外交的重要手段。

每当美国要求中国解决双边贸易不平衡时，中国就会派出大单采购团赴美集体采购。

2. 经济外交目标的差异

发展经济和扩展利益是中美共同的愿望，这种战略上的相互借重使中美经贸关系不断发展。但在经贸关系的地位认识上，或者说在开展经济外交的目的上，双方存在重大差异。美国将经济外交仅作为手段和工具，而非目的，美国的目的在于以经济促进中国的所谓“民主”进程，以经济遏制中国的崛起，以经济依赖使中国受制

① 2005 *Report to Congress of the U1S1-China Economic and Security Review Commission*, One Hundred Ninth Congress, First Session, Washington : U1S1 Government Printing Office, November 2005.

② Robert B. Zoellick, *Whither China*: *FromMembership to Responsibility* ?, Remarks to National Committee on U1S1-China Relations, NewYork City, September 21, 2005.

于美国主导的国际经济体制规则。说得更直接一点，经济外交已经成为21世纪美国牵制中国的重要手段。

中国将中美经贸关系既作为发展的手段和工具，同时又作为一个战略目标，即通过开展对美经济外交强化双边经贸关系，促进和维持双边政治关系的稳定发展，为中国经济发展和商品出口创造良好的外部环境，并逐步对整个国际经济体系的走向施加影响。目前，保持与美国健康良好的经贸关系是中国对美经济外交的首要目标。这种战略目标的冲突使双方互不信任，也衍生出两种处理贸易摩擦的不同理念：美国认为所有的经济问题都是政治问题，而中国则主张经济与政治相分离。

（三）经济外交对中美经贸摩擦的影响

实事求是地说，美国对经济外交的重视程度远大于中国，开展经济外交的经验远高明于中国，这就决定了中美经济外交博弈的不对称性。美方多强调单边价值诉求，中方则主张追求双赢，由此形成美方多主动出击、中国多被动应付的局面。随着中国政府对经济外交的日益重视，这种不对称性格局在逐步扭转，美方实现对华经济外交的目标越来越困难，构成美国对华经贸摩擦加剧的因素之一。

1. 中美经济外交利益的碰撞增加了中美经贸关系的复杂性

冷战结束后，美国更加关注各国经济的市场化程度和各国市场的开放程度，关注国际经济秩序控制权的权威性把握，关注经济霸权对世界新秩序的制衡。之所以如此，是因为美国把后冷战时期视作推行全球单极独霸政策的“战略机遇期”，把防止出现能挑战其独超地位，阻碍它实现独霸世界图谋的强大对手作为其对外战略的核心目标。为此，克林顿政府把“经济安全”提高到前所未有的高度，经济外交成为扩大和巩固美国经济霸权的重要手段。“国家出口战略”的实施、《北美自由贸易协定》的签署、世界贸易组织的成立等均成为克林顿政府加强经济外交的重要尝试。小布什政府上台后，进一步强化经济外交路线，实行单边、双边、区域、多边等“多条战线共同推进”的“竞争性自由化战略”，不断扩张和巩固美国的对外经济利益，寻求美国的国家竞争优势。

与美国加强经济外交相比，近年来中国政府的经济外交步伐也日趋加快。中方认为，21世纪是实现中华民族伟大复兴的“战略机遇期”，中国应该抓住这一机遇大力发展经济，经济外交成为中国外交的亮点。除2001年加入WTO外，截至目前，我国商建的自由贸易区已有9个（东盟、CEPA、海合会、智利、巴基斯坦、澳大利亚、新西兰、亚太贸易协定、南部非洲关税同盟），涉及27个国家和地区，呈现出“南北齐进、东西两翼齐飞、多层整合的全方位区域经济一体化”格局。按理说，中国强化经济外交属于自己的内政，别国无可厚非。问题在于中美各自的“战略机遇期”存在时空间的碰撞，尤其是中国开展经济外交的后果打破了世界经济的原有均衡，对美国的经济霸权带来冲击，因此美国国内对华进行遏制的呼声开始高涨，为未来中美经贸关系的发展增添了新的不确定性因素。

2. 中美开展经济外交的协调与配合是能否化解中美经贸摩擦的关键

由于中美相互开展经济外交的目标有很大差异，如何在相互合作过程中，找到更多的利益平衡点成为处理中美经贸摩擦的重要一环。如果中美双方能够时时从战略的角度看待双边经贸关系，既考虑自身利益，又照顾对方利益；既考虑经济利益，更珍惜战略利益；既考虑眼前利益，更着眼长远利益，努力协调经贸关系发展中的不和谐因素，那么中美经贸摩擦发生的概率将会大大减少；否则，中美经贸摩擦就会成为必然。

第二节　中美经贸摩擦的美国因素

受美国国内“中国威胁论”的影响以及利益集团的推动，美国对华经贸政策逐步进行调整，成为美国主动发起对华经贸摩擦的重要因素。本节将围绕上述三个美方视角，对中美经贸摩擦的成因进行探析。

一、美国对华经贸政策的调整

2001年12月中国正式加入WTO，成为世贸组织的重要一员，发展中美经贸关系的国际环境发生了重大变化，遵守国际游戏规则、履行WTO成员应尽义务成为中美经贸关系深入发展的重要基础之一。为应对中国新的国际角色，掌握中美经贸博弈的主动权，布什政府的对华经贸政策作出战略性调整。

（一）美国政府对华经贸政策调整的总体框架和原则构想

2006年2月14日，美国贸易代表办公室公布了题为《美中贸易关系：进入更大责任与执法新阶段》的报告，这是美国自中国入世以来发表的第一份关于对华经贸政策的评估报告。该报告对20年来的美国对华经贸政策进行了系统的回顾和审视，提出了下一阶段美国对华经贸政策调整的重点和方向。

报告认为，20年来，中美经贸关系的发展经历了三个阶段：1986—2001年为第一阶段，在这一阶段，美国对华政策的目标主要集中在与中国进行基本的贸易协议谈判，以使中国加入到世界贸易体系之中。2001—2005年为第二阶段，在该阶段，美国对华贸易政策的目标主要集中在对中国融入全球贸易体系的情况进行监控，确保中国遵守其入世承诺。2006年开始进入第三阶段，伴随入世承诺的基本完成，中国进入一个更加负责任和更加务实的新阶段。

在二战后美国贸易政策的两个核心原则（促进形成一个日益开放、以规则为基础运行的国际贸易体系和在更加开放的全球市场为美国人民赢得经济利益）的基础上，报告提出了美国对华贸易政策的第三个核心原则，即寻求更加公平、持久和均衡的美中贸易关系。为此，报告提出了对华贸易的六大政策导向：1. 促使中国作为一个负责任的利益相关者融入全球有规则的国际贸易体系之中，并且确保中国支持进一步开放世界市场的努力。2. 监控中国遵守国际和双边贸易义务的情况，并且确保它完全执行和遵守这些义务。3. 确保美国贸易救济和其他进口法律能够充分得到实施并且具有透明度，从而使自中国进口的产品得以公平交易，并且美国产品和中国产品能够在美国市场上公平竞争。4. 在中国目前的承诺之外，确保美国能够进一步地进入中国市场，促使中国实行更大程度的经济改革，从而使美国公司和美国工人能够更加公平地参与竞争。5. 寻求有效的出口促进方法，对美国出口增长的潜在领域予以特殊关注。6. 确定两国贸易关系可能遇到的中期和长期挑战，并且事先寻求解决这些挑战的方法。为实现上述目标，美国政府将采取以下十项具体行动：1. 加强 USTR 执法能力，确保中国遵守义务，包括组建一个 USTR 下属的中国特别执法工作组，这是 USTR 首次专门针对一个国家设立执法工作组。2. 增强 USTR 获得中国贸易体制和政策综合信息的能力。3. 加强与中方就主要贸易问题进行谈判并取得效果的能力。4. 增加与日本、欧盟等贸易伙伴在诸如知识产权保护、中国履行 WTO 义务等对华贸易问题上的协调。5. 加强和深化美国与其他亚洲贸易体的贸易关系，积极参与亚太经合组织论坛，保持和提高美国在该地区的商业关系和商业利益。6. 加强对中国国内改革的关注。7. 提高与中方高层会谈的效率。8. 加强和扩大中美在众多对全球贸易体系和中美双边贸易关系具有重要性的具体问题上的对话。9. 加强美行政部门内部在对华贸易政策上的协调。10. 加强行政部门与国会间在对华贸易政策上的协调。

以三个核心原则、六大政策导向和十项具体行动为主要内容的《美中贸易关系评估报告》构成了美国对华经贸政策调整的总体框架和原则构想。从报告的内容来看，美国此次对华经贸政策调整的主线是寻求如何尽量减少中国的和平崛起对美国的负面影响，寻求应对中国世界大国角色变化的新的方式和手段，增加美国在美中经贸关系发展中的绝对收益，确保美国“成为亚太地区积极的、有影响力的经济和贸易强国”。① 报告提出的很多对策具有明显的主动性和较强的攻击性，是一次涉及面广、执行力度大的全方位政策性调整，也是美国先发制人发动对华经贸遏制的一次超前的理论预演，拉开了美国对华经贸摩擦的新一轮序幕，必将对未来中美经贸关系的发展带来重大的深远影响。

（二）美国政府对华经贸政策调整的特点与重点

此次美国对华经贸政策的调整具有双重目标，“既要解决当前

---

① USTR, *U. S. -China Trade Relations: Entering a New Phase of Greater Accountability and Enforcement.* February 2006, p. 5. http://www.ustr.gov.

的具体问题，在必要时采用更强有力的执法和履约机制，又要鼓励中国在长期内向一个更有章可循、更开放的经济体转型"①。其实质就是通过对华经贸政策的调整，推动中国更好地按照 WTO 协议与组织规则行事，从而突破适用于发展中国家的贸易保护，使美国厂商凭借自己的优势，获得更多的准入中国市场的机会。② 从目前已经公布和开始实施的相关政策来看，此次美国对华经贸政策的调整体现出以下几个鲜明的特点：

1. 强化中国的国际责任，以所谓的"利益相关者"牵制中国

2005 年 9 月 21 日，美国副国务卿佐利克在其《中国向何处去——从成员到责任》的专题演讲中指出，美国必须调整"融合政策"，鼓励中国成为"国际体系中一名负责的、利益相关的参与者"；"希望中国不仅仅是适应过去一个世纪逐步形成的国际规则"，而且要与美国和其他国家"共同迎接新世纪的挑战"以及"共同努力维护这个使之获得成功的国际体系"。③ 从美国对美中经贸关系发展划分的三个阶段来看，美国对华经贸政策的重心始终是围绕强化中国的国际责任进行的，其目的是利用国际社会的多边规则影响中国的经济发展方向。

值得注意的是，美国在其新一轮对华经贸政策的调整中明确提出了要与欧盟、日本等其他贸易伙伴就共同关心的对华贸易问题密切合作，这与此前美国国内的反应如出一辙。2004 年 6 月，美中经济与安全评估委员会年度报告建议，如果中国继续阻挠 WTO 过渡审议机制执行，美国政府应与欧盟、日本及其他主要贸易伙伴合作制订一个单独统一的年度报告，衡量中国执行上述审议机制进展状况并协调行动计划。美国众议院军事委员会 2005 年财政年度国防部授权法案（H. R. 4200）也新增加了几条旨在限制外国公司向

① Karan K. Bhatia, *Prepared Testimony Before the Committee on Finance of the United States Senate*, http：//www. ustr. gov.

② 湛柏明：《美国对华贸易政策的调整及其对中国经济的影响》，《世界经济与政治》，2006 年第 10 期。

③ Robert B. Zoellick, *Whither China：From Membership to Responsibility*? http：//www. state. gov/s/d/former/zoellick/rem/53682. htm

中国出口敏感的军民两用产品的条款。美议员还提出在今后签订自由贸易协定时要考虑中国可能从中获益的问题，明确反对美国与中美洲国家签订的自由贸易协定中，允许中美洲国家使用来自第三国，包括中国在内的纺织纤维制成服装后免税进入美国市场的条款。

美国加强与别国政策协调的意图很明显，就是借助多边合作力量限制和打压中国，迫使中国按照美国倡导的国际原则行事，确保美国利益的最大化。不过从中也可以看出，美国已经准备接受中国正在崛起的现实，开始重新看待和调整中国在其贸易关系中的战略地位。为此，美国的对华战略从一个强国对另一个相对弱国的战略，演变为一个强国对另一个“准强国”的战略；从国际体系的霸主对体系外一个游离者的战略，演变为体系霸主对体系内一个至关重要的“玩家”的战略。①

2. 突出强调公平贸易，不断强化对华经贸政策的单边性和进攻性

近年来，中美贸易不平衡问题愈演愈烈，美国政府、国会以及劳联—产联等行业协会的强硬派不断指责中国，声称中国的人民币汇率低估、实施不公平的贸易补贴政策等。他们强烈要求中国加快开放金融服务市场，改变对美国的不公平贸易环境。

为了给美国企业创造一个与中国公平竞争的环境，美国以多元化手段对华进行施压。双边磋商或谈判、世贸组织诉讼、贸易补偿（包括反倾销、反补贴）、美国整体贸易议程、出口推动工作等五大手段，成为美国处理对华贸易争端的主要支柱②。具体来讲，双边磋商主要是指近年来中美之间举行的“战略经济对话”，就双方具有全局性、战略性、长期性、宏观性的经济议题进行沟通。作为美方乐于采用的方式之一，尽管磋商并不能每次都迅速解决问题，但美方可以借此进一步改变对中国的贸易机制。另外，美中经贸联委会（JCCT）这一通道也为美中双方战略经济往来提供了直面的

---

① 达巍、孙茹：《布什政府对华战略调整趋向》，《现代国际关系》，2005 年第 11 期。

② Franklin L. Lavin, *China Trade Policy*, April 2, 2007. http: //www.ita.doc.gov/press/speeches/lavin_040207.asp

窗口。所谓世贸组织诉讼，是美国认为中国已经不是WTO的新成员，因此应该以更高的标准来要求中国，特别是借助世贸组织的力量来解决双方的争端。贸易补偿手段主要是对中国产品提起反倾销和反补贴诉讼。在反倾销领域，美国将中国视为非市场经济体，以印度等其他国家为参照物，根本不考虑中国实际生产成本，以此作出有利于美国企业的判决。但在反补贴方面，美方又实际上把中国作为市场经济体，以所谓政府补贴为名，对中国进行反补贴制裁。虽然美国官员总在强调“贸易制裁不是首选”，然而一旦发生摩擦，美国最喜欢举起“贸易制裁”这把杀手锏。整体贸易议程主要是充分利用与第三国的自由贸易协定效应。目前，美国已经和14个国家签订双边自由贸易协定，有3项协定已经获国会通过，还有3项待国会批准。① 美国这些自由贸易谈判，有加强与各国经贸和政治联系的目的，也不乏针对中国的企图。美国商务部副部长富兰克林·莱文就宣称，美方将发展同其他“实行公平贸易”国家的贸易关系，尤其是通过缔结自由贸易协定，来迫使中国在相关问题上让步。最后，通过政府主导，扩大对华出口，也正成为美国对华贸易政策的一个重要动向。美国使用上述五大贸易手段时，具有明显的单边性和极强的进攻性，多次依据本国的主观意愿而不顾国际规则的条约限制，滥用对华产品反倾销、实施特别保障措施、向WTO起诉中国，先发制人地展开对中国的进攻性贸易行动。虽然这些行动不可能全部起到对美国产品市场的保护作用，但至少可以扰乱中国产品进入美国市场的整体步伐。

3. 不断提出对华经济新诉求，强化对中国的歧视性贸易行动

2005年2月2日，美国布鲁金斯学会研究员、布兰代斯大学经济系的查德·鲍恩（Chad P. Bown）和雷切尔·麦克卡洛克（Rachel McCulloch）共同发表《美国对华贸易政策：歧视及其含义》②

① USTR, 2008 *Trade Policy Agenda and* 2007 *Annual Report*, p. 2.

② Chad P. Bown and Rachel McCulloch, *US Trade Policy toward China: Discrimination and Its Implications*, Working Paper, June 2005. http://people. brandeis. edu/ ~cbown/papers/PAFTAD-Bown-McCulloch. pdf.

的文章中指出，美国在二战后的国际贸易体制中起了一种自相矛盾的作用：一方面主张非歧视性原则，另一方面在其自身贸易体制中又采取一系列的歧视性政策。美国贸易官员一方面在关贸总协定中促进最惠国待遇原则，另一方面又主张采用双边贸易措施，包括自愿出口限制和有序的推销协议等，以保护受迅速进口增长影响的一些重要的本国产业。这些明显的歧视性措施最先用于日本，现在已经转向中国，并采取或明或暗的对华歧视性贸易政策，即运用反倾销保护措施和中国入世保障条款等明显歧视性政策对中国出口商品筑起高壁垒，使他国对美国市场享有优惠市场准入待遇；通过与在美国市场上与中国竞争国家签订优惠待遇协定等暗的歧视性条款对非中国出口商降低壁垒，而不利于中国竞争者。

美国对华贸易政策的歧视性主要体现在“两反两保”（即反倾销、反补贴；保障措施及特别保障措施）等几大领域。中国是目前美国反倾销调查最多、最有可能被征收反倾销税的国家，而且对中国征收的反倾销税往往要比其他国家高得多。在对中国产品进行反倾销调查时，美国政府经常不顾中国经济已经大大市场化的现实，随意采取替代国的办法确定中国产品的倾销幅度，造成了对中国产品反倾销的极大歧视。

与对华反倾销时不承认中国的市场经济地位相对应，美国却将本属于市场经济国家的反补贴诉讼适用于中国，既不符合世贸组织的相关规则，也违反了美国自己的有关法律规定，造成对中国产品的双重歧视。对此，美国商务部部长古铁雷斯认为，时代的变迁使美国有理由对来自中国的铜版纸产品征收10.90%～20.3%不等的临时反补贴税，在他看来，“今天的中国已经不是多年前的中国，美国已经采取了进攻性的反倾销行动应对中国的不公平贸易，目前更是到了对中国采取反补贴行动的新阶段。中国的公司会根据补贴做出反应，而且美国可以合理地估量出这些反应”。① 不管美方的

① Department of Commerce, *Commerce Applies Anti-subsidy Law to China*. http://www.commerce.gov/opa/press/Secretary _ Gutierrez/2007 _ Releases/March/30_Gutierrez_China_Anti-subsidy_law_application_rls.html.

观点如何，一个基本的事实却是自1984年以来形成的美国成文法规定，即美国反补贴法并不适用于“非市场经济国家”，而且在美国司法诉讼中被确认为判例，并始终未予改变，美国迄今为止还没有对一个“非市场经济国家”发生过征收反补贴税的先例。美国当局仅仅基于“时代的变迁”或者主观的“估量”就对中国采取反补贴税的做法开创了其对外贸易史的先河，也是美国对华经贸政策的一大转变和对华整个贸易政策调整的一个试探性信号，它不仅拉开了对华贸易新一轮重大争端的序幕，也折射出中美经贸冲突升级的可能性。

除要求中国切实履行入世承诺外，美国不断对华提出新的经济诉求也反映了美国对华贸易政策的歧视性。比如，要求中国在钢铁、汽车等领域通过市场力量分配资源；采用非歧视的竞争法律和政策；扩大音像和出版等知识产权密集领域的市场准入；限制电信和其他服务业领域的市场准入和监管壁垒；扩大金融服务业的市场准入和业务范围；保证邮政、电信等监管者的独立等。这些诉求明显超出了中国入世的承诺领域，是对中国WTO成员身份的又一严重歧视。

美国采取歧视性保护措施，通常都是以增长迅速的新供应商作为目标的。针对中国采取歧视性保护措施，除了保护美国生产商的利益外，更重要的是要制造一种政治环境，像早年痛击日本一样阻击中国。这种对华歧视性政策的后果并不能降低美国的贸易赤字，对非中国国家的贸易转向只会增加美国消费者的成本负担，最终影响中美两国乃至全球范围的经济福利。与此同时，中国对美出口商品的减少意味着中国将不得不将更多的产品留在国内，从而引发中国国内要求实施进口保护措施，导致中国对美商品采用反倾销行动的增加，最终引发更多的中美经贸摩擦案件。

4. 以推行对华双轨经贸战略为基础，不断加强对中国国内经济政策的干预

2006年1月18日，美国国务卿赖斯提出了“转型外交”的新主张，其实质就是进一步强化对别国内政的干预。配合对华外交政策的转型，美国对华经贸政策调整中出现的另一个值得注意的变

化，就是美国遏制中国经济增长的方式和手段也开始发生微妙变化。从对中国企业出口商品采取反倾销、实施特保等手段，逐步转变为对中国政府管理的制度层面进行施压，不断要求人民币升值就是这一思路的具体体现。表面上看，人民币汇率之争仍然是贸易问题之争，美国之所以压人民币升值，是认为中国实行的“钉住美元”汇率政策，使美元贬值的积极效用没能全面发挥，但实质上是通过要求人民币升值，干预中国政府经济政策的制定。除此以外，美国还多次指责中国政府过多干预经贸事务，认为“中国政府越来越多地通过制定产业计划参与经济发展，引导经济走势，促进国内企业发展成具有国际竞争力的企业，同时限制国外企业在某些领域的发展”。① 在这个过程中，美国采取了双轨策略：一方面继续通过中美商贸联委会（JCCT）和中美战略经济对话，与中方协商解决双边经贸问题，但如果协商无效，也会毫不犹豫地考虑采取诉诸 WTO 争端解决机制或是更严格贸易立法等一切手段。② 美国政府通过上述方式，对中国政府经济政策的制定横加责难，就连中国政府的“两税合一”政策也被指责为政府干预经济的表现。美国的意图很明显，就是通过干预中国的内部经济事务，争取美国经济利益的最大化。

5. 推动中国加大知识产权保护力度，继续实施对华高技术出口管制政策

知识产权是美国经济利益所在。美国核心版权行业，如软件、电影、音乐、图书和其他作品，给美国经济增加了 2 784 亿美元的产值，约占国内生产总值的 3.65%。因此，美国政府和企业都十分重视在国外保护其知识产权，尤其对中国的知识产权保护状况更是给予极大的关注。伴随着中国对知识产权保护力度的加大，美国

① USTR, 2007 *National Trade Estimate Report*, http: //www. ustr. gov/assets/Document_Library/Reports_Publications/2007/2007_NTE_Report/asset_upload_file554_10935. pdf

② USTR, 2006 *Report to Congress on China's WTO Compliance*, http: //www. ustr. gov/assets/Document_Library/Reports_Publications/2006/asset_upload_file688_10223. pdf

一方面承认中国政府所做的努力，另一方面又认为中国对知识产权的保护仍然做得不够，“盗版和造假活动在中国仍然非常猖狂”，所以美国加大了推动中国保护知识产权的力度。2007 年 4 月 2 日，美国贸易代表办公室公布 2007 年《国别贸易壁垒报告》，指出美国贸易和投资在中国遇到的壁垒以及美国为了降低和取消这些壁垒所做的努力。该报告涉及中国的部分共 69 页，详细列举了美国政府继续努力的方向，例如要求中国加强知识产权保护。认为假冒产品的销售减少了美国以及受中国假冒产品出口影响国家的产品在中国的市场准人，要求中国加强执行知识产权保护的领域包括：电影光盘、音像制品、出版物、软件、医药品、化学品、信息技术、消费产品、工业品、食品、医疗设备、电气设备、汽车零部件、服装和鞋类产品。

在要求中国加强知识产权保护、提高对华高技术产品输出透明度的同时，美国仍然对自己的高技术出口实行限制。2006 年 7 月 6 日，美国公布了《对中华人民共和国再出口管制政策的修改和澄清及新的授权合格最终用户制度》(简称新规定）草案。新规定不仅没有放松对华出口管制，反而扩大了对华出口管制范围，新增加了 47 项产品对华出口需要申请许可证，规定包括航空发动机、先进导航系统、激光器、水下摄像机及推进器等 20 个大类的美国高科技产品不得对中国出口，对华实施高技术出口管制始终是中美贸易难以平衡的重要因素。据 2008 年《美国总统经济报告》提供的数据，2003—2006 年，中国由美国出口最快的市场下降为美国的第二快出口年均增长率市场（24.8%），印度成为美国出口平均年度增长度最快的贸易伙伴（26.5%）。

（三）美国政府对华经贸政策调整的外在压力和内在动因

1. 外在压力

伴随中国加入 WTO，中国经济总量进一步快速增长，目前已经成为世界第六大经济体和第三大贸易国，世界第三大进口市场，引进外资规模居发展中国家之首，外汇储备居世界第一，对世界经济和全球贸易体系的影响力不断增强，加上中国本身作为联合国安理会常任理事国的政治地位，中国的和平崛起已经成为世界政治、经济格局发生重大变化的重要一环。面对强大的外在压力，美国开始认真思考中美关系的发展方向，长远规划对华经贸政策的蓝图，主动反思和调整对华经贸政策，其真正目的是维持美国对华经济分工的优势地位，既能在与欧盟、日本等发达国家争夺中国这个新兴大市场的竞争中取得先机，又欲让中国这个新兴大国在与美国竞争中永远处于被动地位。

根据美国前副国务卿佐利克的定义，美国目前将中国定义为美国的“Stakeholder”，其核心内容就是要促使中国在国际体系内成为“负责任”的一员，希望中国在谋求自身利益时充分照顾，不要挑战美国的利益，同时希望中国作为一个正在崛起的世界经济参与者为解决世界贸易不平衡，或者主要说是美国外贸赤字的不平衡分担更多的成本。美国关于中国角色的这一新定义，是冷战结束以来美国国内对华政策大辩论的总概括，也是美国对中美关系重新定位和思考的一个阶段性成果。从某种程度上讲，此次美国对华贸易政策的调整也是未来一段时期美国对华政策调整的一次预演。

2. 内在动因

(1) 解决美国双赤字，保证美国经济健康发展的需要

长期以来，美国奉行凯恩斯主义的政策主张，通过各种刺激措施，以需求拉动增长，导致美国私人储蓄率低，政府巨额财政赤字，国内需求长期超过国内供给。特别是布什政府上台以后，大力推行减税政策，加上反恐战争的需要，使美国经济出现了双赤字加剧的现象。从 2002 年到 2005 年美国财年赤字数额高达 1.28 万亿美元，而经济项目赤字更是屡创新高，2006 年、2007 年美国对外贸易逆差分别达到 7636 亿美元、7116 亿美元，未来几年内将会达到每年 1 万亿美元。尽管“双赤字”对美国经济的持续发展至目前为止并没有带来实质性的负面影响，但美国还是十分担心。因为有研究表明，“如果经常项目逆差维持在 GDP 的 5%（或更高）的水平上，美国对外净负债在未来 10 年内将会达到 GDP 的 50%，在未来 25 年内，将会超过 GDP 的 100%”①。据美国商务部公布的数

① ［美］C. 弗雷德·伯格斯坦主编：《美国与世界经济：未来十年美国的对外经济政策》，经济科学出版社 2005 年版，第 176 页。

据，2007 年美国 GDP 约为 13.66 万亿美元，共有 8.95 万亿美元的内外债，已占 2007 年美国 GDP 的 65.5%。美国力图通过政策的调整，防止这种对外收支严重失衡的状况长期恶化。作为美国的头号逆差国和第二大美国政府债券持有国，中国对美国“双赤字”问题的解决影响甚大，美国调整对华贸易政策就是这一思路的重要体现。

（2）美国国内政治斗争的需要

除了经济因素，政治动机对美国对华经贸政策的直接影响要大得多。这种政治动机主要表现在三个层次：第一是为了总统大选，相对客观的行政部门也需要接受执政党争取选举胜利的需要。第二，美国国内一些政客们需要满足贸易保护主义集团的要求。第三则是美国政界中的一部分势力希望借助贸易保护主义打击中国核心产业部门。仔细研读《美中经贸关系评估报告》，就会发现这几乎就是美国各层面政治动机大糅合的产物。

就拿美国的对华反补贴政策作为例证，美国政府此次之所以在此问题上与国会趋于一致，完全与美国目前的政治环境密切相关。随着美国的贸易保护主义浪潮一浪高过一浪，民主党在国会占据多数更让布什政府在贸易问题上节节败退。目前，美国的对外贸易政策正处于关键时期，即面临美国民众就自由贸易能否带来好处的怀疑，以及总统“快车道授权”即将于 2007 年 6 月到期的局面，布什政府不得不做出重大让步，来换取民主党对自由贸易的支持。于是，中国对美出口商品就成为美国国内政治力量进行互相交易的筹码，是美国国内贸易保护主义抬头及贸易问题政治化的结果。

（四）结论

此次美国对华贸易政策的调整历时很长，涉及范围很广，是以白宫为主角，贸易代表办公室、商务部、财政部三大经贸部门共同参与，并且深受国务院、国防部及美国国会等影响的全面性调整。此次调整表明美国的对华经贸政策开始部分采取新思路，基点之一是通过促使中国进一步开放市场、增强内需、扩大美国对华出口的方式减轻中美两国之间的结构性经济失衡。从纠正宏观经济内外失衡的角度来讲，美国对华经贸政策调整在某种程度上与中国的贸易政策调整目标取向是一致的。但由于美国调整对华经贸政策的根本目的是促进美国经济贸易增长，为美国人民谋取经济利益，因此这种调整具有非常强烈的单边价值诉求特征，在降低中国厂商对美国及其他市场冲击程度的同时，却增加了中国厂商进入美国与世界市场的成本与风险。① 这实际上破坏了中美经贸互利合作的双赢基础，从而增大了中美之间爆发经贸摩擦的可能性，对未来中美经贸关系的发展将带来重大影响。

二、"中国威胁论"因素

近年来，随着中国综合国力的发展，"中国威胁论"时常见诸美国的一些文字和言论。"中国威胁论"的起源就是对中国经济、外贸快速发展将对其他国家产生的"威胁"的夸大之词，也是系统地阐述遏制中国的理论。"中国威胁论"的直接结果，就是美国进行了主要以中国为假想敌的全球战略和军力调整，并且从能源、金融、商贸、多边外交等多方面对中国进行遏制，使中美经贸关系变得复杂而脆弱。

(一)"中国威胁论"与美国国家安全

"中国威胁论"在美国有很多种版本，如"中国军事威胁论"、"中国经济威胁论"、"中国能源威胁论"、"中国导弹威胁论"、"中国文化威胁论"、"中国科技威胁论"、"中国软实力威胁论"等等，美国民主党总统候选人希拉里甚至提出了"A股威胁论"的新版本。

在所有"中国威胁论"中，"中国军事威胁论"和"中国经济威胁论"始终是"中国威胁论"的两个主线。美国五角大楼是"中国军事威胁论"的主要推动者，由它提交国会的一年一度的中国军力报告可以视为其对华政策思维的真实写照。2008年3月3日，美国国防部公布了所谓的2008年度《中国军事力量报告》，这是自2000年以来，美国国防部向国会提交的第8份此类"报告"。"报告"沿袭以往的论调，继续渲染"中国军事威胁论"，将

① 湛柏明：《美国对华贸易政策的调整及其对中国经济的影响》，《世界经济与政治》，2006年第10期。

中国发展军事力量的正常需求，说成是破坏地区与世界和平稳定的威胁。“报告”指责中国政府操控和误导国内舆论，导致中国与其他国家关系恶化；为了保持经济增长，中国必须进入国外市场争夺资源；中国与日本、印度、东南亚等国家和地区存在的领土和海洋权益争端尚未解决，可能导致地区局势紧张。“报告”主观臆测，中国的军事现代化近期着眼于准备应对台海危机，包括对付美国可能的军事介入；远期还将为争夺资源和应对地区冲突做准备。“报告”大力渲染，中国军力的扩张，正在打破东亚地区的军事力量平衡；在军事能力方面，中国最有潜力与美国一争高下；中国不仅掌握着构成军事威胁的能力，而且具备了构成军事威胁的意图。最后，“报告”还称，中国军事力量发展的程度和军事力量的用途充满变数，国际社会对中国军事现代化的动机、决策以及解放军的核心能力知之甚少。7月31日，美国国防部公布2008年《美国国防战略》，该战略将中国称为“美国的潜在竞争对手”，认为中国国际影响力日益增强，“卫星攻击能力和电子战能力”得到提升，为此美国须提高警戒，防止中国超越美国在核军事和常规部队方面的地位。对于目前正在走和平发展道路的中国而言，美国对中国军力的担忧完全属于主观臆断，正如沙特阿拉伯《杂志》周刊认为的那样，美国或许将是破坏和平的始作俑者，而美国以中国为敌的做法纯属杞人忧天。

配合美国军方的观点，美国国会也在不断举行各种中国军力问题的听证会，以此宣扬中国的军事威胁。其主要“证据”有两个：一个是国会基本认可美国国防部关于中国正在将经济实力大规模地转化为军事力量的观点，认为经济的增长使中国军费开支以两位数的年均增长率扩大，而且由于“多年来中国的防务开支一直不透明”，中国实际军费开支是其官方公布的数字的两倍多，是世界“第二大防务开支国”等。另一个“证据”是在能源问题上，中国为确保从波斯湾经南中国海到中国的海上能源运输安全通道而开始打造“蓝水”海洋军事战略，威胁到美国对从印度洋到东亚海上交通线的传统控制。部分议员甚至认为，中国“新重商主义”的能源安全战略导致了其与某些美国不喜欢的国家的“危险合作”，一旦中国达到目的，便能“采取威胁损害美国国家安全的行动”。① 受此影响，美国国会近年来干扰中美经贸关系健康发展的各种提案也与日俱增。据美中贸易全国委员会提供的资料，截至2007年11月，美国第110届国会中与中国有关的提案已有107条，其中绝大多数要求对中国实行制裁或以制裁相威胁。比如，有的提案认为人民币被低估而要求商务部向中国产品征收惩罚性关税，有的要求改变贸易法对中国等非市场经济国家征收反倾销税，还有的则要求中国对美国汽车征收的关税率应该与美国对中国汽车征收的税率相同，否则禁止进口中国汽车，等等。这些提案表面上是指责中国对美的不公平贸易行为，实质上是“中国威胁论”在美国国会流行的结果。

除了美国国防部与美国国会以外，美国某些反华智库也不时散布“中国军事威胁论”的论调。美国华盛顿国际评估与战略中心的专家理查德·费希尔的言论就代表了“中国威胁论”的典型，他在接受记者采访时认为，“到2010年，中国的反介入力量大体到位，这使美军很难单凭太平洋兵力帮助台湾。除非我们将航母数量增加一倍、轰炸机数量增加两倍，否则到2030年中国将成为一个势均力敌的对手”。

在美国“中国军事威胁论”的影响和误导下，随着中国经济的持续快速发展，美国普通民众对中国的敌意明显上升。根据美国著名民调机构盖洛普2008年3月28日发布的民调显示，中国目前已经取代朝鲜，成为仅次于伊朗和伊拉克的美国“第三号敌人”。“怎样对付中国的崛起已经成为美国在21世纪初面临的最严重挑战之一。”② “如果美国不能遏制中国，经济的增长使中国成为地区霸主便不可避免。”③ 由此看来，“中国威胁论”的核心问题在

---

① To Prohibit on the Merger, Acquisition, or Takeover of Unocal Corporation by CNOOC Ltd. June 29, 2005. http: //www. thomas. loc. gov.

② ［美］迈克尔·斯温、阿什利·特利斯：《中国大战略》，中译本，新华出版社2001年版，第2~4页。

③ John J. Mearsheimer, *The Futureof the American Pacifier*, Foreign Affairs, p. 57, Vol. 80, No. 5, 2001.

于美国对中国崛起及发展前景的根深蒂固的疑虑和不信任，担心中国强大后会从各个领域影响其世界霸主地位，从而对美国的国家安全构成现实威胁。基于这种判断，美国政策的目的是把中国进一步束缚在现有的准则、规则和基本原则的国际体系中，通过对中国的遏制，阻止中国挑战目前的地区安全秩序，威慑中国不敢利用强制手段或武力寻求它目前或未来在亚洲的经济或安全利益，确保美国的霸权优势和国家安全。

（二）"中国威胁论"与美国经济安全

与"中国军事威胁论"相比，"中国经济威胁论"近年来在美国也有很大的市场。除了中国经济的增长会扩大中国的军事实力外，"中国经济威胁论"更多的还是体现在美国对中国经济高速增长会给美国的国内产业和就业可能带来巨大冲击的担忧上。

目前，"中国经济威胁论"主要有以下四种表现：

一是认为中国经济对美国构成了"威胁"。美国的一些媒体热炒这一话题。如《华盛顿时报》于2005年6月26日发表一篇题为《中国龙的觉醒》的文章，认为中国经济在过去几年一直保持至少10%的增长率，这为中国加速军事现代化提供了所必需的经费来源，而中国军力的提升将使美国干预台湾问题变得风险巨大。① 除媒体外，美国一些专家学者、政府官员也加入了"中国经济威胁论"的论证行列。2005年6月27日，著名经济学家克鲁格曼在《纽约时报》发表专栏文章，称今天的中国比日本精明，而且比日本更有威胁力②。美国财政部长斯诺说："现行的中国汇率政策被高度扭曲，且对中国经济、它的贸易伙伴和世界经济增长造成威胁。"③ 美国保守派人士迈克尔·奥汉隆更是认为，与中国的经济交往不可避免会对美国的战略利益造成威胁，这种威胁有可能表现

---

① *United States Trade Rights Enforcement Act*, http://www.thomas.loc.gov.

② 美国专家称未来20年中国有望成为头号经济强国，见《中国工商时报》，2005年4月15日。

③ *United States Trade Rights Enforcement Act*, http://www.thomas.loc.gov.

在以下三个方面：第一，中国通过与美国的经济交往获得无法通过其他方式获得的尖端技术，这些技术会迅速而且极大地提高其军事实力；第二，中国会成为一些关键商品的重要生产基地，从而形成对美国的影响力，在双边关系发生危机时，中国可以通过这种影响力“胁迫”美国，影响其行为；第三，中国会逐步与美国建立一种特殊的经济关系，这种关系会导致美国在国际社会上的地位逐渐下降，中国的地位则相对上升。①

二是中国经济的崛起直接威胁到了美国经济的健康发展。首先，中国经济崛起威胁到美国制造业和高技术产业的竞争力，使美国制造业不断遭遇来自中国等国低价格产品的“不公平竞争”，同时，由于美国逆差中越来越多的部分是高技术产品，而不仅仅是服装、鞋和玩具，一些人认为中国侵蚀了美国在技术创新方面的领导地位以及在高技术产业的国际竞争力。

三是中美贸易逆差迅速扩大以及中国对美高新技术产业的出口增加已经构成对美国制造业的“岗位替代”和“就业流失”效应，威胁美国的就业率和产业发展。保守的美国经济政策学会是这一威胁论的主要代表机构和策源地之一。2005 年 1 月 13 日，美国经济政策学会发表研究报告，认为从 1989 年至 2003 年的 14 年中，美国面临中国低工资竞争，失去了 150 万个工作机会。同时，由于中国在汽车工业和航天工业等核心产业不断扩大市场份额，对美国的高科技产业发展构成了威胁。② 2007 年 5 月 2 日，该学会研究员罗伯特·斯考特（Robert E. Scott）发表题为《与中国贸易的成本》的文章，认为美国支持中国加入 WTO 不仅恶化了美中贸易赤字，而且给美国工人的就业带来巨大损失。文章认为中国入世以前的 1997—2001 年，美中贸易赤字每年平均增加 90 亿美元，使美国每年损失 10.1 万个就业岗位，而中国入世后的 2001—2006 年，美中

① ［美］迈克尔·奥汉隆：《缓步前行，减少债务》，《洛杉矶时报》，2005 年 7 月 30 日。

② Robert E. Scott, *U. S. -China Trade*, 1989-2003: *Impact on Jobs and Industries*, *Nationally and State-by-State*, EPI Working Paper No. 270. January 2005.

贸易赤字每年平均增加 380 亿美元，使美国每年损失 44.1 万个就业岗位。由此得出结论：当前的美中贸易关系对双方来讲都是很糟糕的事情。美国背负巨额外债、丧失出口能力、面临更加脆弱的宏观经济环境；中国依赖美国的消费市场、用疲软的货币压制百姓的购买力以及巨额外汇储备投资于美国的低收益债券而不是用于购买使居民受益的公共商品。① 2008 年 7 月 30 日，美国经济政策学会再次发表罗伯特·斯考特的文章，指出 2001—2007 年美中贸易赤字使 230 万美国人失业，单是 2007 年就有 36 万美国人因为美中贸易失业，其中有 12 个州的失业率超过 2%，有 19 个州的失业率在 1.6% ~2% 之间。这些失业的人中即使有人找到了工作，他们的收入也比先前平均每年减少了 8 146 美元。最后，他的结论是在汇率政策和劳工标准上对华施压是美国工人获得公平竞争的关键一步。② 除此以外，罗伯特·斯考特还在呈送给中美经济与安全评估委员会的报告中，大力鼓吹“中国经济威胁论”：“每个人都知道我们一定会在诸如纺织品与服装的劳动密集型产业中失去很多工作，但却认为我们还能够在资本密集型领域保持优先的地位，但是最近的数据表明这只是我们的一厢情愿——因为中国甚至扩大了它在汽车及航空产业的份额。”③

四是威胁美国人的实际生活水平和投资者的相关利益。例如，美国百姓抱怨国际油价上涨，国会议员却把原因归结到中国。他们声称：“中国上升的能源需求已经向全球石油供应和价格增加了新的压力。最近美国汽油价格的上涨的部分原因是由于中国对世界石油供应所增加的压力。”在不少议员看来，中国还大量购买美国国债，试图控制美国经济的命脉，这也严重威胁着美国的经济安全。

其实，每年美国制造业工人就业的变化，都与中美贸易逆差无

① Robert E. Scott, *Costly Trade With China*, EPI. Briefing Paper No. 188. May 2007.

② Robert E. Scott, *China trade costs jobs in every state*, EPI. Economic snapshot for July 30, 2008.

③ Robert E. Scott, *U. S. -China Trade*, 1989-2003: *Impact on Jobs and Industries, Nationally and State-by-State*, EPI Working Paper No. 270. January 2005.

关。实际上，早在中国对美贸易出现顺差之前，美国的制造业就业人数就出现了相对减少。数据显示，其制造业就业人数占全部非农就业的比重从1950年的30.9%持续下降至2006年的10.4%，整个下降过程近乎一条直线，近十几年中美贸易扩大并没有改变这个趋势。制造业就业人数相对减少，这一现象被称为“去工业化”，并非美国独有，而是发达国家的一个普遍现象。① 而且，相关学者的研究还表明，美国制造业就业人数的相对减少，对美国制造业的生产并没有明显影响。近十几年，美国制造业增加值在全球制造业中的比重基本保持稳定，1993年占21.4%，2005年为21.1%。反观欧盟和日本，这一比重却都有所下降，其中对中国大规模顺差的日本从1993年的22.4%回落到2005年的19%，中美贸易冲击美国制造业的指责根本没有依据。② 与此同时，美国国会研究局的报告则提供了更有说服力的证据：20世纪90年代，美国贸易逆差不断扩大，失业率却降至30年来的最低，制造业就业率也未减少。美国制造业实际受到的冲击远比贸易赤字所显示的要小。据统计，2000—2002年间，美国制造业就业流失60%是由于生产率提高，20%是由于经济衰退，仅有20%是由于贸易逆差扩大，与对华贸易并无必然联系。③ 事实也表明，美国失业最严重的年份，对华贸易逆差是减少的；对华贸易逆差激增时，就业却也在增加。

至于部分美国人士对中国出口高新技术产品增加冲击美国就业的担忧也是不客观的。美国国际贸易委员会的王直教授从中美贸易数据的角度对中美高新技术贸易的真实状况进行了研究，结论有以下几点：1. 中美两国关于高新技术产品分录的划分标准不同，美国高新技术产品普查名录则是基于产品分类的，它从被普遍认为是高新技术的宽广技术领域出发，只包括那些显著地与一种或多种高

① 李若谷：《双赢的中美经贸关系缘何被扭曲》，《世界经济》，2007年第9期。

② 李若谷：《双赢的中美经贸关系缘何被扭曲》，《世界经济》，2007年第9期。

③ Craig K. Elwell and Marc Labonte, *Is China a Threat to the U.S. Economy*?, CRS Report for Congress. January, 2007, p. 32.

新技术相关联的产品。而中国采用的高新技术出口产品分录和高新技术进出口产品统计分录两种统计方式，扩大了高新技术产品的门类，使中国对外贸易中的高新技术份额大于按美国高新技术产品普查名录分类方法所得到的计算额。2. 从美国的普查数据看，美国对中国的高新技术逆差主要发生在信息与通信领域，在电子与航空技术领域美国仍然享有贸易顺差。从中国海关统计数据看，近十年中国对美国高新技术出口平均有95%来自出口加工，而高新技术顺差更是完全来自于出口加工贸易。从出口企业的性质来看，中国对美高科技产品贸易逆差90%来自于中国的外资企业，而且以加工贸易的方式进行的高科技出口占据了整个出口的97%，实际上中国从高科技产品的贸易顺差中并没有得到多少增加值。3. 从产品价值来讲，中国向美国出口的高新技术产品大部分仍然是高新技术产业链低端的小规模产品或是一些零部件，而中国向美国进口的产品则主要是大规模复杂的、高附加值机器设备。即使中国已经开始出口一系列类似美国对外出口的高新技术产品，但是中美产品之间的技术与质量差别仍然很大。① 以上结论告诉我们，中国对美高新技术产品出口增加的原因是复杂的，对美工人就业的冲击和威胁论也是站不住脚的，美国仍然是中美高技术产品贸易的最大受益者。

（三）"中国威胁论"对中美经贸摩擦的影响

"中国威胁论"必然导致"对华遏制论"，也是中美经贸摩擦不断产生的非经济诱因。遏制中国，延缓中国的崛起成为"中国威胁论"影响下的美国对华战略的重要一环。尽管中国政府一再向国际社会表明自己和平发展的决心，也多次强调自身崛起不对任何国家构成威胁，但却无法影响、更难以改变美国的对华遏制战略。2007年5月，在"全美高智商组织"主办的一场题为"聚焦龙：中国繁荣会给美国带来麻烦吗"的辩论会上，芝加哥大学教授米尔斯·海默说："对美国来说，最好的情形是在国际体系中保

① 《中国产品结构升级的幻觉与真实》，《第一财经日报》，2007年12月7日。

持最强大国家的地位。别的国家与你的差距越大，你就越安全。如果未来二十年中国的经济增长还像过去二十年那么快……如果中国崛起了，美国的麻烦就来了。”在美国某些反华人士看来，中国经济发展势头强劲，已经在地缘政治和国际战略格局方面对美国全球霸权地位构成了明显或潜在的冲击，也是对美国现有利益的切割与争夺，对此必须从战略上对中国进行遏制，否则，等到中国经济真正崛起的时候，美国就失去了战略上的先机。因此必须在对华贸易上对中国进行控制，而控制的最好办法就是不断挑起对华经贸摩擦，加大中国对美开展贸易的成本，增加中国产品进入美国的难度，让美国在中美经济竞争中占据优势地位，尽可能维护和延长美国的全球独霸地位。

笔者认为，尽管中国经济在未来若干年还会继续快速增长，但要真正赶上美国仍有相当长的距离，更谈不上对美国的巨大威胁。据美国环球透视研究，2006 年中国人均 GDP（按 PPP 计算）是美国的 17%，2010 年会上升到 19.8%，2015 年达到 25.4%，2020 年为 33%，2025 年为 42.3%。① 这些数据充分表明，虽然中国未来在总体规模上有可能赶上美国，但中国老百姓的生活水平仍会远远落后于美国，中国还没有能力构成对美国的任何威胁。况且，经济增长不是零和游戏：中国经济的增长不是以美国的产出或者其他经济体的下降为代价。虽然一个庞大的中国经济会生产美国人消费的更多产品，但它也会消费更多的美国工人生产的商品，这是中美经贸关系双赢发展的实质。

同时，“中国威胁论”是美国对华实行高技术出口管制政策的深层根源，也是中国在美投资行动经常受挫的政治原因。其对中美经贸摩擦的影响，在以下几个经典案例中得到了充分体现：20 世纪 80 年代初，中国曾就建造秦山和大亚湾核电站与美国西屋、通用电气公司进行技术与商务洽谈，但由于美国政府的出口管制而未果；1990 年 2 月，美国商务部外国投资委员会援引《埃克森一佛

① Craig K. Elwell and Marc Labonte, *Is China a Threat to the U. S. Economy*? CRS Report for Congress, January 23, 2007, p. 19.

罗里奥修正案》，勒令中国航空技术进出口公司限期退出收购美国MSMCO航空公司；2001年美国国防部、国务院和商务部组成的技术出口审查委员会极力阻止美国半导体制造商中芯国际（SMIC）向中国转让两项光电子技术；2003年，美国国务院再次指责波音和休斯公司向中国提供可能用于制造洲际导弹的卫星和火箭技术，两公司被罚款600万美元；2005年中海油竞购尤尼科由于美国国内的政治压力使这场作为中国企业涉及金额最多、影响最大的海外并购大战最终以失败而告终；2005年7月，海尔联合投资机构斥资12亿美元，竞购美国第二大家电企业美泰克（Maytag），也因所谓国家安全问题无疾而终；2006年3月，联想在美国政府采购中拿下大单后，美国国内部分势力以所谓的"安全问题"，对采购计划提出了质疑，美中经济安全评估委员会以"使用联想PC会对美国国家安全产生灾难性后果"为由，提出强烈反对，并将意见提交国会，迫使美国政府屈服于国会压力，调整了原来的采购计划。所有这些，都充分说明中美经贸关系从来没有摆脱过政治困扰，美国政府总是按照自己的意志改造双边经贸关系，使原本双方受益的经贸关系最终量化、转化成为政治问题，成为影响中美经贸关系顺利发展的复杂元素。我们应坚决反对经贸问题政治化。

三、利益集团因素分析

在西方发达国家，各种行业、劳工团体等利益集团对国家的政治过程有着特别重要的意义。利益集团不仅是美国政治生活的重要组成部分，也是引发中美经贸摩擦的重要力量。在历次中美经贸摩擦中，形形色色的美国利益集团都会以各种形式对广泛的政府决策施加影响，推动政府部门制定有利于它们的贸易政策。

（一）美国的利益集团及其分类

利益集团，又称压力集团或院外集团，它是指"因兴趣或利益而联系在一起并意识到这些共同利益的人的组合"。①或者说，它

① ［美］阿尔蒙德：《比较政治学：体系、过程和政策》，上海译文出版社1987年版，第200页。

是“由抱有某些共同目标并且努力去影响公共政策的个人组成的团体。”① 利益集团定义包括三个方面的内涵：一是利益集团是基于共同的利益、共同的兴趣组织起来的；二是利益集团是一种团体，有共同利益但没有组成团体的人群不能构成利益集团；三是只有以影响政府政策为目的、介入政治过程的团体才是利益集团。利益集团的核心要素是共同的利益诉求。用利益集团政治理论分析贸易政策的方法，通常被称之为“多元主义”。根据多元主义的观点，贸易政策是有影响的利益集团竞争角逐的结果。

利益集团在美国有很长的历史，早在殖民地时期美国人就经常组成团体争取自己的利益。在建国后的第一届国会中即出现利益集团的游说活动。但早期利益集团的数量还很少，其活动带有很大的零散性和自发性，活动范围、影响也非常有限。但随着美国资本主义经济的发展和社会生活的变迁，利益集团逐渐发展起来，几乎涵盖了所有各阶层民众，并逐步形成制度化、规范化。一份研究表明，大约有2/3的美国人至少属于一个集团，英国和德国大约有1/2人口，意大利不到1/3，墨西哥为1/4。② 由于美国分散而多元的政治体制允许各社会团体为自身利益游说政府，利益集团成为美国政治制度的产物和权力机构的组成部分，也是美国多元化社会的反映，是公民参政的一个重要渠道，利益集团“对美国的现实政治和政府的内外政策都有重大的影响”，③ 它与政党一起被视为“第二圈的政策制定者”。④ 所以利益集团对中美经贸关系的影响

---

① 美国利益集团协会政治学家杰弗里·贝里给出的定义，转引自R. 艾伦·海斯《论民主文集》，http：//usinfo. state. gov/regional/ea/mgck/archive03/d9lobby. htm。

② 麦克斯·J. 斯基德摩、马歇尔·卡特·特里：《美国政府简介》，中国经济出版社1998年版，第118页。

③ 李道揆：《美国政府和美国政治》(上)，商务印书馆1999年版，第27页。

④ 杨光斌主编：《政治学原理》，中国人民大学出版社1999年版，第234页。

至关重大，从某种程度上讲，利益集团直接决定着中美经贸摩擦的发生、发展与和解。

根据关注议题的不同，美国对华利益集团大致分为以下三类：

第一类被称为战略利益集团，主要由政府官员、美国各重要思想库等人员组成。他们关注美国与中国的战略关系，向政府提出发展中美关系的建议和对策。战略利益集团又分为两派，一派以基辛格为代表，认为中美两国有许多共同利益，能够建立伙伴关系，主张对华采取友好政策。另一派则以理查德·伯恩斯坦和罗斯·芒罗为代表，以《即将到来的美中冲突》一书闻名。该派认为冲突是中美关系的主线，随着中国的崛起，中美之间的冲突是不可避免的，两国只能是对手而非伙伴，因此主张对华采取遏制政策。多年来，美国对华政策基本上就是受两派的主张左右而摇摆不定。

第二类被称为经济利益集团，其目的在于维护、促进本集团成员的经济（物质）利益，主要由美国工商界人士组成。具体来讲，经济利益集团又包括以下几种类型：一是对华出口、在华投资集团。主要游说团体包括美中贸易全国委员会、美中贸易企业界联合会、波音飞机公司、麦道飞机公司、美国电话电报公司、国际商用机器公司、通用汽车等三大汽车公司、全国小麦种植者协会等。这类集团所代表的企业大多看好中国市场，从事对华出口业务，基本倾向于对华采取温和而灵活的态度。二是自华进口、在华投资加工集团。主要游说团体包括美国玩具制造商协会、美国批发商与零售商协会、零售行业贸易行动联盟、美国纺织品和服装进口商协会以及近年来新组建的“公平贸易联盟”等机构。除各种协会外，还有一个反映劳动密集型产业共同利益的工会集团，即美国劳联—产联组织，它是美国对华贸易政策的一个主要讨价还价集团，也是美国最重要的一个贸易保护势力压力集团。在对华贸易问题上，这些利益集团以传统的贸易理论为依据，认为中国劳动密集型产品正冲击着美国的相关产业，中国低廉的劳动力成本造成了美国相关产业和行业工人的大量失业，因而它反对对华自由贸易政策，呼吁对中国进口产品采取限制措施。为此，劳联—产联在华盛顿雇佣了100

多名院外活动者同白宫和国会议员打交道，其中1/3是专职的，以加强对相关政策的影响。三是从事中美转口贸易的企业。主要游说团体是香港美国商会、在港美国公民协会等机构。这类经济利益集团非常关注美中经贸关系，希望通过两国经贸关系的发展为本团体获取经济利益。四是从事农业耕种的利益集团，最大的农业集团是美国农业社联盟，它在盛产玉米的中西部地区特别强大。美国农业社联盟长期以来和政府保持着十分密切的联系，被称为“几乎是半个政府性质的机构”。此外，还有美国大豆协会、美国棉花协会、美国牧牛人协会、全国小麦种植协会等大批生产特定农产品的农业利益集团。尽管农业人口在美国人口中所占比例很小，但是农业利益集团同美国国会议员和有关政府部门的关系十分密切，形成著名的“铁三角”，因而被认为是人数较少而拥有较大的政治影响力的典型。

第三类被称为人权利益集团，主要包括以一定数量的国会议员为代表的政治保守组织、人权组织、宗教团体，甚至包括一些主流新闻媒介和谋取部门利益的军工利益集团等。这类利益集团与美国国会联系紧密，经常通过国会提交或通过有关中国人权问题的提案，或者通过媒体大力宣扬“中国威胁论”，对中国进行“妖魔化”指责，时常要求将对华最惠国待遇与“中国的人权状况”挂钩，向中国施加政治压力，严重干扰中美经贸关系的正常发展。2001年中国加入世贸组织，美国被迫给予中国永久性正常贸易关系（PNTR地位），使美国人权利益集团失去了对华施压的政治舞台。为继续发挥影响力，人权利益集团推动美国国会成立了专门负责监督中国人权状况的下属委员会，该委员会以发表年度报告的形式继续对中国人权问题乱加指责，干扰中美关系的发展。

（二）利益集团对美国对华贸易政策的诉求及游说手段

在美国，利益集团拥有雄厚的社会资源，包括资金实力、社会影响力、行业专家队伍、政客游说组织等。利益集团利用自身的资源发展成为美国政治进程的一个主要组成部分，利益集团干预政治也已成为美国国内的一种政治惯例。美国政府制定贸易政策，不仅是对一般选民利益的反映，而且是对特殊利益集团运动压力的反映，利益集团为了影响政策结果而参与政治过程。① 这种参与主要体现在利益集团通过游说等多种手段直接影响美国的立法和行政决策。具体讲，主要有竞选捐款、国会游说以及直接诉讼三大诉求手段。

1. 竞选捐款。四年一次的美国总统选举为利益集团之间的政治斗争提供了平台，通过寻租行为向候选人政治捐款是利益集团影响未来政治决策的重要方式，也是利益集团确保自身利益不受侵害的关键因素之一。利益集团的政治捐款不仅帮助游说者接近政策制定者，获得执政官员的理解与认同，从而在政府决策时直接向游说集团利益倾斜，而且有利于利益集团与总统候选人沟通，促使他们将来支持利益集团的政策目标。美国的劳联—产联集团以及工商界联合会每年都会向民主、共和两党提供数额不等的政治捐献，以影响两党的政治决策。

2. 直接游说。直接游说是指利益集团为寻求对本集团有利的经贸政策支持，直接同行政官员、国会议员等政策制定者进行接触说服，阐明其立场观点，以影响政治政策，是利益集团使用最为普遍的诉求手段。利益集团开展直接游说的组织规模庞大，涉及领域广泛。据统计，约有 3 000 个游说组织专注税收政策，2 700 个组织主要关心预算问题，2 000 多个游说组织集中在对外贸易领域，近 1 900 个组织集中在环保领域，605 个组织关注国际关系，499 个集中在移民政策上。② 通过这些游说组织，利益集团对美国行政各部、独立机构的官员、美国国会议员及其助手建立和保持友好关系，在日常交往中施加影响，通过他们反映本集团的利益。

3. 反倾销诉讼。这是指在现行的法律体系与贸易政策的框架下，利用特别贸易保护措施来寻求本集团的利益。随着中国加入世贸组织，利益集团关注美国对华贸易政策的焦点发生了转移，在重

---

① G. M. 格罗斯曼、E. 赫尔普曼著，李培刚译：《利益集团与贸易政策》，中国人民大学出版社 2002 年版，第 129 页。

② 张丽娟：《美国商务外交策略》，经济科学出版社 2005 年版，第 161 页。

大贸易决策方面，利益集团仍然采取多种措施对美国政府的决策产生影响，督促美国政府加强对中国履行入世承诺的审查，但在一些具体的行业与产业，则更为频繁地采取反倾销诉讼手段，以加强对集团利益的保护。

（三）利益集团——中美经贸摩擦的背后推手

在传统贸易政策合作理论中，贸易政策合作的出发点是世界总福利最大化，但是福利最大化并不是利益集团追求的最终目标。在特定条件下，它们往往从自身利益出发，更多地选择贸易摩擦而非贸易合作。一国在贸易战中的福利比在自由贸易中的福利更好是利益集团选择贸易摩擦的出发点。因此，利益集团的游说活动只是维护既得的经济利益或是对既得经济利益再分配的非生产性活动，它本身并不能增加社会的总体福利，而且还会耗费一定的社会成本。但是受利益集团影响的政府往往会利用行政与法律的手段来阻碍生产要素在不同要素持有者之间的流动，干扰自由竞争的市场交易，以维护特定集团的利益。

1990 年以前，美国对华政策的决策权一直由总统把持，国会和利益集团很难对总统的对华政策直接构成威胁。冷战结束以后，利益集团对美国对华政策的影响愈来愈深，特别是中国入世以来，美国利益集团在对华经贸政策决策权方面的争夺更加激烈。比如，由于美国纺织品制造商协会等利益集团的申诉，美国对华纺织品特保申请案件连年上升，使中美纺织品贸易争端波澜不断。又如，由于利益集团的推动，美国改变了 23 年不对非市场经济国家征收反补贴税的惯例，开始对中国实施反补贴税政策。再如，由于利益集团的推动，使中国在短短的时间里成为美国反倾销的头号目标国；在中美战略经济对话刚入佳境的时刻，美国向 WTO 申诉中国的知识产权保护政策。此外，在中海油并购尤尼科一案中，由于竞购价格上处于劣势，为了阻止中海油的并购，雪佛龙启动了强大的游说力量，聘请了联邦主义者集团作为其游说公司，该集团主席韦恩·伯尔曼（Wayne Berman）是华盛顿重量级的说客和筹资人之一，曾在老布什的政府中任职，是布什总统竞选中最主要的筹资人。英国《金融时报》2005 年 6 月 29 日的报道显示，众议院有 22 名反对中海油并购的议员，在过去三轮选举周期中曾接受过雪佛龙的捐助，发出反对声音最激烈的众议院资源委员会主席庞勃，在过去3年里收受了雪佛龙1.35万美元的政治献金。尽管中海油承诺保留尤尼科的大部分员工，但是他们的利益在国会中却得不到应有的反映，员工的游说实力显然不能跟雪佛龙相比，成为导致中海油并购失败的一个重要因素。

值得注意的是，利益集团的免费搭车问题是中美经贸摩擦不断恶化的重要原因之一。所谓免费搭车，是指一个利益集团获得的政策支持可能使其他人不需付出而受益。在中美经贸摩擦案例中，美国小公司免费搭车的现象经常发生，它们往往在大公司对美国政府的政策施加影响后，以利益攸关者的身份进一步推动对华施压的影响，加大了中美经贸摩擦的解决难度。

当然，美国利益集团中也有主张实行积极、务实的对华贸易政策的组织，对推动中美经贸关系的健康发展起了一定作用。但是，这些集团的力量相对而言要弱小得多，特别是有时为了自己在美国的形象并不愿意在对华问题上有过多表态，大大约束了其在对华经贸政策制定上的正面影响力。

从理论上讲，中美贸易本身应该是经济利益驱动的结果，但是利益集团的寻租行为使得政治和战略的考量被置于经济利益之上，各种利益团体都试图在中美经贸关系的发展中注入自身的战略、政治主张和价值观念，从而使中美经贸关系按照自己的利益集团的院外活动使美国政府不惜冒着贸易战的风险，对华采取更为强硬的经贸政策。从某种程度上讲，利益集团是使中美经贸摩擦由潜在冲突上升为现实对抗的关键一环。

第三节　中美经贸摩擦的中国因素

任何事物的发生都不是单方面的，我们在对美方因素进行分析的同时，也应该从中国方面分析其原因，只有这样才能够更好地推动问题的解决。不可否认，中方的一些不合理做法也是导致中美经贸摩擦的重要原因。

一、对外贸易增长过快，贸易流向不合理

国际经验表明，任何一国对外贸易的规模和增长率，都要有一个合理的限度，超过这一限度，就会产生过度增长问题。贸易的过度增长会造成国际市场混乱、竞争秩序的急剧变动，贸易的有关各方、各种利益关系需要一定的时间调整消化，极易引发贸易摩擦。中国商务部国际贸易经济研究院的研究报告认为，一国外贸增长的增量占世界贸易增量的百分比在30%以内市场竞争尚处于良性状态，多数竞争对手还可以忍耐；在30%～50%区间，则恶性竞争，贸易摩擦会明显增加，超过50%则可能引起全面摩擦。目前，我国出口贸易规模大、增长猛，2002—2007年进出口总额分别增长21.8%、37.1%、35.7%、23.2%、23.8%和23.5%，而据WTO统计，世界贸易同期增长率分别为5%、17%、22%、13%、8%和5.5%。一个大国连续6年保持20%以上的增速在世界贸易的历史上是极为罕见的。2007年，我国贸易额已超过2.17万亿美元，成为世界第二大贸易国，同时成为第一大出口国。“2004年我国出口贸易综合影响率在21.5%～36.5%之间。”如果从具体商品和市场来看，“2003年，我国除食品外，其他大类商品增长幅度都在20%以上，特别是服装、杂货出口占世界比重已经分别达到17.3%和18.4%，对国际市场的影响足可以用‘冲击’来形容，综合贸易影响率已经整体上接近或超过了警戒区，因而引起贸易摩擦也就在预料之中了”①。

从贸易流向看，中国对外商品出口主要集中在美欧市场，持续多年的外贸顺差也主要来自美国，造成对美贸易依存度过大。根据中美两国商务部门的统计，中国对美出口额数年来均占中国出口总额的20%以上，而美对华出口仅占其出口总额的2%；中国从美进

① 商务部研究院课题组，《论中国对外贸易的适度发展》，《经济学动态》，2005年10期，第16页。该文提出了综合贸易影响率的新概念，计算公式为 $Y = W + \Delta W + C$。W为一国外贸占世界贸易的比重；ΔW为一国外贸增长的增量占世界贸易增量的百分比；C为一国外贸增长对世界间接影响率。

口约占中国进口总额的5.6%，而美自华进口占其进口总额的16.5%。再以玩具出口为例，中国玩具出口占世界总量一半以上，截至2005年11月，对美国出口占玩具出口总额的47.7%。如此高的对美贸易依存度，对美国的某些“夕阳产业”和就业产生影响，中国产品成为美国的有力竞争者，从而使美国产生顾忌，成为美国频繁启动对华经贸摩擦的重要缘由（见图6.4）。

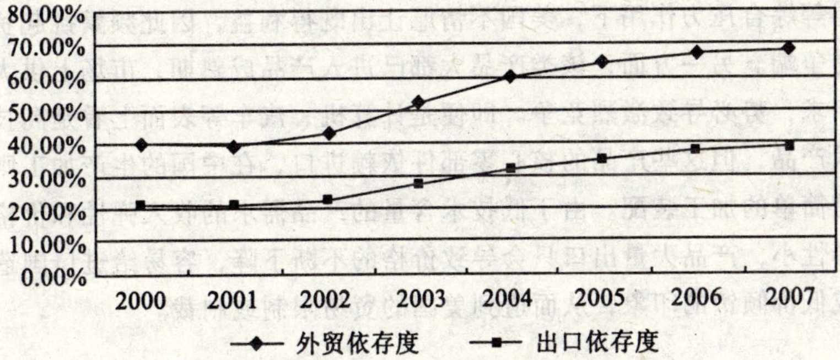

图6.4　2000—2007年中国外贸依存度

资料来源：Wind资讯网。

二、外贸经营管理体制不善，出口企业恶性竞争

目前，国有企业和外商投资企业是中国进出口贸易的中坚力量，集体企业和民营企业的发展滞后，在出口份额中所占比重很低。本来，国有企业同是否在市场经济体制下运行没有直接的关联，但是，我国的国有企业往往给贸易伙伴造成在计划经济体制下运行、受政府资助较多的印象。2007年美国政府决定对中国的铜版纸征收反补贴税，再次印证了这一现象。同时，我国企业有“薄利多销”的传统，低价竞销、重复建设、无序增长，求得外贸数量扩张的现象广泛存在于我国的外贸领域。在这种大背景下，不少企业对待特定市场大多缺乏长远打算，一发现新市场，就会大量涌入，在同行业之间展开“价格战”，既丧失了正常利润，降低了出口商品的档次，又为美国指责中国破坏公平竞争和公平贸易的准

则、发动对中国的贸易战提供了口实，也加大了我国遭遇其他国家反倾销、反补贴和其他贸易措施的几率。

从贸易结构上看，加工贸易是中国对外贸易的重要特征，加工贸易产品出口的最大市场是美国。长期以来，基于比较优势的原则，纺织品、玩具等劳动密集型产品在中国对美出口产品构成中占有主要地位。一方面，这些产业技术含量低、替代性强，加之美国的该类产业处于劣势，在就业、产业联系效应、结构调整和退出障碍等综合压力作用下，美国不情愿让出既得利益，因此频繁挑起贸易争端。另一方面，该类产品大都已进入产品成熟期，市场上供大于求，势必导致激烈竞争。即便是计算机、汽车等表面上看是高技术产品，但这些产品的核心零部件依赖进口，在中国的生产加工则是简单的加工装配。由于低技术含量的产品需求的收入弹性和价格弹性小，产品大量出口只会导致价格的不断下降，容易给进口国造成低价倾销的印象，从而遭到美国的贸易限制或制裁。

三、中国政府应对经贸摩擦的经验不足

近年来，随着中国对外经贸摩擦的不断增多，中国政府积累了不少处理这类问题的经验。但是，就一些经贸摩擦的处理手段和细节方面看，中国政府确实还有许多需要努力改进的地方。比如，在中美经贸摩擦中争议较大的政策透明度问题上，中方并不是在政策上不透明，而是中国政府在处理经贸问题时往往采取粗放型方式，容易使人误解中方的动机。

一方面，中国政府各级商务部门的统计数据实行有偿服务，很多具体资料只有付费才能查阅，大大限制了国内科研人员的研究成果，对中美经贸摩擦的处理建议往往显得无的放矢，大大影响了中国应对经贸摩擦的有效程度。而美方统计资料公布的快速、详实使得美国在对华开展贸易战时有着较为充分的数据和例证支撑。近年来，中方一直认为美国对华出口管制是造成双边贸易不平衡的重要原因，但是对于出口管制政策究竟给双边贸易带来多大数额的影响，在国内相关统计年鉴或者研究成果中很难查到具体数据。而美国人则认为高科技出口限制并不是形成对华逆差的重要因素，美国

前贸易代表巴尔舍夫斯基还给出了具体的数据，认为“美国即使开放高技术领域，也解决不了大问题，因为美国计算过，这样做只能增加3%的对华出口”。美国商务部助理部长帕迪拉同样以数据支撑美方的观点，认为“2005年必须接受管制的对华出口只有24亿美元，还不到美国对中国高技术出口额的5%。在美国对华出口的高技术产品中，只有0.6%需要申请许可证，美国对欧盟的比例也只是0.4%而已”①。中美双方关于技术出口限制的研究差异，凸显了中国政府处理经贸摩擦问题的不成熟性。

另一方面，中国缺乏政府—企业—行业协会三位一体的摩擦应对整体机制。在应诉美国对华相关案件时，既缺乏商务部、各级外经贸主管部门、中国驻外使领馆等政府部门的有力保护，又缺乏一个关心行业利益、有能力通过预先保护、为行业谋求最大利益的行业协会。面对美国制造商协会等组织要求其政府对中国产品设限的危险，众多本应负起召集行业企业、进行充分的对内对外信息沟通、有效协调国内利益团体行动等重大职责的行业协会在巨大而急切的公众信息面前却经常选择“闭门会议”。而相比之下，美国的利益集团所展开的游说活动极富效率：一旦中美之间发生经贸摩擦，美国行业联盟便立即发动各自所在协会的数以十万计的会员，向其所在地的参、众两院议员们写信或发电子邮件，游说他们尽快通过对中国产品设限或者惩罚的申请，尽最大可能保护本行业的利益不受或少受损害。上述现象的客观存在，难以快速高效地将政府、行业协会、企业、驻外机构以及进口商等有机地组成一个整体，大大限制或影响了中国处理对外经贸摩擦事务的能力。

---

① 资料来源：《21世纪经济报道》，2007年2月1日。

第七章 中美经贸摩擦的效应分析

国际经济学原理告诉我们，经贸摩擦违背了经济学的“对症规则（specific rule）”①，扭曲了自由贸易的主导思想，导致大量的政治和行政资源的浪费，不仅会损害经贸摩擦主体国家的社会福利水平，也会给整个世界带来“无谓的损失”。作为世界上最有影响力的两个大国之间的经贸摩擦，不仅对中美两国自身经济的发展影响至深，而且会蔓延至整个世界。在本章中，将从对中国经济、美国经济以及世界经济和中美经贸关系四个方面全面论述中美经贸摩擦的深远影响。

第一节 经贸摩擦对中国经济的影响

由于中美之间的经济实力、贸易地位、贸易政策、国际能源、贸易依存度和相互投资力度存在着明显的不对称，使得中国对美经济依存度远远大于美国对华经济依存度。这也就决定了中美经贸摩擦对中国经济的影响是首位的。但作为一个经济正在崛起的大国，经历一些贸易竞争的磨练实属正常，并非全是坏事。本节从正反两个方面对中美经贸摩擦给中国经济带来的影响进行分析。

---

① 所谓对症规则是指政府应当在产生问题的根源上进行干预，所采用的政策工具应该能够尽可能直接作用于那些使私人与社会的收益（或成本）不相一致的扭曲的根源，这才是更有效的做法。

一、消极影响

(一) 经贸摩擦影响中国涉案企业的经济利益，导致对美商品出口的急剧下降

中美间频繁发生的经贸摩擦，首先损害的是我国出口企业的实际利益。由于经贸摩擦导致的各种贸易保护措施都在不同程度上限制或禁止我产品进入，使我出口企业丧失在美国的市场份额，不仅影响其实际经济利益，而且影响企业今后的发展壮大。这一点以出口导向型企业最为突出，一些企业因为美国实施贸易保护措施而陷入困境，甚至破产。比如，2003 年 11 月 24 日，美国商务部裁定，12 家中国企业出口至美国的彩电存在倾销行为，倾销幅度高达 27.94%～45.87%，因此美国决定对华彩电实施反倾销措施，致使中国彩电企业出口遭受重创。仅以四川省为例，据中国海关统计的数字，2003 年四川对美出口彩电 3.4 亿美元，占四川 2003 年外贸出口总值的 10.7%。随着美国对中国彩电企业征收反倾销税，四川省出口的彩电就由峰值 2003 年 7 月的 85 万台、9 178 万美元，急剧下降到 2004 年 1 月的 13 万台、970 万美元，分别大幅下降了 89.4% 和 84.9%。

另外，因为经贸摩擦的要害是“以点打面”，摩擦的“点”虽然是单个产品，但却能起到“以点打面”的效果，即措施针对的是我涉案的产品，但受到打击的则经常是我与涉案产品相关的整个行业，并进而影响相关上下游产业的生存与发展。

(二) 经贸摩擦影响中国涉案企业和相关产业的工人就业

中美贸易对中国经济的增长起着十分重要的作用。当前，我国受中美经贸摩擦影响的行业主要集中在五矿化工、轻工、纺织、机电等产业领域。无论是轻工、纺织等劳动密集型出口产业，还是附加值较高的机电产业，对于增加就业都具有至关重要的作用。中美经贸摩擦一旦发生，会直接影响中国涉案企业和相关产业的工人就业。2004 年 11 月美国对我国暖水虾征收反倾销税，就直接影响了 12 万人的就业，间接影响 300 万虾农和专业捕虾渔民的利益。根据商务部 2005 年公布的数据，美国对我国 7 种纺织品设限，影响

到我国20亿美元的出口和16万人的就业。欧盟对我国两种纺织品设限，也影响到3亿多美元的出口和相应的就业人数。欧美设限的每一个品种背后，涉及至少1 000家中国企业，多则达6 000家。

（三）经贸摩擦使企业生存困难，阻碍了涉案企业和相关产业的技术升级

即使遭受经贸摩擦的产品出口金额不大，对涉案企业来讲，损失也是巨大的。一些企业因出口设限而被迫退出国外市场，有的甚至难以生存。美国对产品反倾销调查时，从立案到调查，再到初裁、终裁、整个过程可能持续一年到一年半的时间，一定程度上延缓了中国企业的市场拓展进程，限制了我国出口商品贸易额的增长。例如，四川长虹集团对美年出口4亿多美元，2003年美国对华彩电实施反倾销调查，该集团产品遭受26.4%的反倾销税，企业对美出口出现大幅度下滑，未来在美国市场的发展遇到严峻挑战。因为从理论上看，若要维持原有的出口规模，长虹集团至少要让利1.05亿美元，这是其无法承受的巨大损失，最终的结果只能是被课以重税的部分类型长虹彩电被迫退出美国市场。再以美国制裁中国北方工业公司为例，2003年5月9日，美国以北方工业公司与伊朗在制造弹道导弹技术方面进行了合作为由，禁止中国北方工业公司未来两年向美国高达上亿美元的出口，这次是对中国公司实体采取的最为严厉的制裁，对于该公司的生产和经营带来很大的负面影响。更主要的是，受中美经贸摩擦影响的中国出口企业如果陷入困境，企业产品研发投入将严重缺乏，进而阻碍整个产业的技术升级。另外，对于中国正在建立和形成的产业而言，如果外国相同或相似产品对华倾销引发经贸摩擦，会使此类产业的发展举步维艰，甚至有可能招致扼杀，增大我国产业结构调整的难度。同时，美国对华高技术出口限制，或者不断对华设置知识产权壁垒等贸易保护手段，也会提高核心技术在中国市场的扩散代价，不利于中国经济的长期发展。

（四）经贸摩擦容易引起国际贸易摩擦的连锁反应，恶化中国外贸的整体环境

由于美国在世界上的巨大影响力，使得中美经贸摩擦往往具有

极强的示范效应和跟风效应，往往引发美国其他行业和其他国家对华经贸摩擦的增多。比如，2007 年全球有 20 个国家对我国发起 81 起“两反两保”案件，涉案金额 36 亿美元，同比增长 95.1%。其中美国对我国发起 19 起案件，涉及金额 20 亿美元。欧盟发起案件占全年的 1/3，对我国钢铁产业发起 9 起反倾销案件，涉及金额 30 亿美元。尤其值得注意的是，澳大利亚也首次对中国产品发起反补贴反倾销合并调查。在这众多调查案中，有很多是对中美经贸摩擦的连锁反应。比如，美国对华彩电反倾销后，土耳其等国也马上决定对中国彩电提出反倾销调查。又如，2007 年 3 月 30 日，美国对中国的铜版纸征收反补贴税以后，美国商务部又初步认定中国出口的活性炭产品也接受了补贴并对美国同行业产品造成了“实质性损害”。此外，美国政府的这项决定很有可能会让许多美国其他行业效仿，特别是钢铁产业和纺织服装产业。受铜版纸反补贴案件的影响，美国钢铁产业协会和美国钢铁研究所就立即声称，中国的钢铁产业是得到政府补贴最多的产业。美国纺织产业全国委员会则认为反补贴将成为 2008 年以后美国纺织业的另一保护措施。美国农业部则认为，中国在农业生产和加工领域增值税减免的幅度越来越大，对美国农产品出口造成不利的影响。

除美国国内行业的跟风效应外，日本、加拿大、墨西哥等国也开始对中国发难。从 2007 年 2 月美国政府向世贸组织提出申诉，指责中国存在“出口补贴”和“进口替代补贴”开始，日本已经决定跟随美国的脚步，与美国“联手”申诉中国的“反补贴”，就中国侵犯知识产权的行为向 WTO 起诉。欧盟也表示“不排除”加入美国的投诉或向 WTO 提出针对中国的新诉讼。① 此外，加拿大、墨西哥也已提出了类似请求。如此种种大大恶化了中国商品出口的国际环境，增加了我国出口贸易的风险，使我国政府的财政金融、产业发展和贸易投资等宏观经济政策面临严峻的挑战。

---

① 《上海证券报》，2007 年 4 月 20 日。

二、积极影响

（一）经贸摩擦促使中国加大对美直接投资力度，有利于中国企业的国际化生产布局

经贸摩擦的直接后果是阻止企业的商品出口，企业要获得利润，就要绕过经贸摩擦，通过提高对外直接投资来获利。美国是世界头号经济大国和世界最大跨国投资目的地，也是我国最大的出口市场，无疑是中国企业直接投资的重点方向。目前，我国企业对美投资虽已初具规模，在我国海外投资总额中的比重却不足10%。同美国对华投资规模及各国在美投资规模相比，我国对美投资规模也都很小。要真正解决中美经贸失衡问题，除了加大自美进口外，中国企业加大对美直接投资也是重要途径之一。

面对日益增长的中美贸易不平衡，除了扩大自美进口产品外，对美直接投资将是解决中美贸易失衡的重要途径。美国制造业生产率是中国的23倍，即便是汽车零部件、家电、纺织服装、园艺设备和电动工具等中国优势产业部门进入美国的此类制造业，对于造就中国的知名品牌、扩大在美国的主流销售渠道、建立世界级强大制造企业以及实现中国企业的国际化整体布局也有着重要意义。

（二）经贸摩擦促使中国认真思考对美出口市场的过分依赖，有利于中国企业调整出口方向，实现出口市场的多元化

出口过于集中不利于分散风险，也不利于充分利用全球资源，更容易引起经贸摩擦。从这个意义上讲，经贸摩擦会促使中国认真思考中美经贸关系的未来发展方向。目前，虽然中美互为第二大贸易伙伴，但中国对美贸易依存度远远大于美国对华贸易依存度。作为美国最大贸易逆差国，中国对美贸易顺差为中国实现整体外贸顺差起了重要作用。2007年，中国对外贸易顺差总额为2 623亿美元，而对美贸易顺差就达到1 633亿美元，这个数字还尚未考虑我国通过香港转口的对美出口。即使不把服务贸易计算在内，2007年中国对美贸易依存度也高达8.4%。面对日益增加的中国进口产品，美国开始把限制贸易的目标集中到中国，充分利用中国“入世”时签订的一些不合理条款，歧视性地对待中国产品。为了保

证中国外贸的健康发展，近年来中国政府已经开始逐步引导和调整企业的出口方向，减轻对美市场的过分依赖，实现中国产品的市场多元化。这不仅有利于化解中美经贸摩擦，而且有利于中国外贸企业的良性发展。

（三）经贸摩擦有利于提升中国产品的出口档次，促进产业结构向合理化、高级化方向发展

如果完全按照中美比较优势发展并出口中国劳动密集型产业，就会使中国陷入“比较优势陷阱”，不利于中国经济的长远发展。而中美经贸摩擦的发生往往会对这些产业的出口带来直接影响，造成工人失业以及产业规模的缩减，由此退出的资源和资金有可能流向更高层次产业，从而推动我国产业结构的升级和出口商品档次的提高。从某种程度上讲，这正是经贸摩擦对市场失灵的一种自发纠正。由美国对华产品不断设限引发的两国经贸摩擦必将促使中国企业尽快走上提升产品质量和提升产品档次的道路，有利于中国企业的技术创新和技术改造。虽然产品质量和档次提升都是工业化发展的正常过程，但贸易限制会加快这一过程。当年日本自愿限制汽车出口，结果加速了日本汽车从经济型到高级豪华型发展的进程，使其成为现在能与美国三大汽车生产商相竞争的国家。欧洲小型汽车生产商虽然从美国对日本的限制中得益，但仅仅填补了日本汽车留下的低端汽车空缺。从长远看，是日本而非欧洲的汽车行业得到了快速发展。近年来，中国宣布对纺织品出口征税，目的就是为了避免与同类产品工资成本更低国家之间的竞争，提升中国出口纺织品的档次和质量，从长远上增强中国纺织行业的国际竞争力。

第二节 经贸摩擦对美国和世界经济的影响

从理论上讲，美国频繁发动对华经贸摩擦的原因是基于战略和经济利益的考虑。根据第二章的分析，美国政府的政策偏好将直接决定其对战略或是经济利益的取舍，也因此对美国经济的发展带来影响。同时，基于中美两国在世界上的特殊地位，经贸摩擦也会影响到世界贸易的总体格局和长远发展。

一、中美经贸摩擦对美国经济的影响

（一）不利影响：降低美国的总福利

由于中美贸易的互补互利性，双边经贸关系的健康发展对美国经济的稳定增长和经济结构调整起着十分重要的支持作用：廉价的中国商品促进了美国无通胀的经济增长，提高了美国居民的生活水平；中国购买美国巨额债券有利于缓解金融市场资金需求，抑制利率上升，减轻通胀压力；作为美国增长最快的主要出口市场和第二大贸易伙伴，有利于美国跨国公司的对外直接投资和增加企业的海外收入，等等。如果按照自由贸易理论开展中美间经济合作，两国都会得到整体经济福利的最大化。实际上，这种理想的状态在现实世界中很难实现。因为美国政府基于自身利益的考虑对华展开经贸摩擦打破了这种理论上的均衡，否定了帕累托最优选择，最终的结果只能是次优乃至双损。

1. 经贸摩擦导致贸易转移，造成资源的错误配置，损害美国消费者的利益

目前，中国对美出口产品中，90%以上是美国不再生产的生活必需品，需求刚性大，即便是美国居民不从中国购买，也会转向购买次于中国产品竞争力的其他国家产品，产生贸易转移的消极后果。虽然贸易转移能产生其他的利益，但由于中国产品往往已是世界上最低成本的产品，购买其他国家的商品必将提高美国消费者的支付成本，导致美国居民福利水平的总体下降。尤其是对于美国中低收入阶层而言，收入越低，福利下降的水平就会越大。美国国际贸易委员会1995年报告认为，以1991年为例，美国若将当时尚未结案的反倾销案件及平衡关税案件全部停止的话，可为美国经济创造19.9亿美元的福利。

2. 经贸摩擦导致产品价格扭曲，削弱美国产品的国际竞争力

中国出口到美国的产品中有一小部分由企业购买，作为中间产品用于生产。美国对华经贸摩擦会使中间产品的价格上升，为降低成本，美国企业不得不外迁，而产业的外包或外移又会进一步削弱美国本土企业的产品国际竞争力。1991年，美国在对笔记本电脑

所使用的平板显示器征收反倾销税之后，由于成本提高，美国生产者不得不将笔记本电脑的生产从加利福尼亚州和得克萨斯州转移至日本、加拿大、爱尔兰和新加坡。另外，美国对华经贸摩擦虽然有可能使涉案企业得到低成本的优惠，但却忽略了上下游企业之间的整体关联性，不仅牺牲了另外一部分产业的利益，同样会削弱这些产业的国际竞争力。

3. 经贸摩擦给美国经济的健康发展带来风险

通货膨胀一直是美国政府担忧的问题，保持通货膨胀的适度水平是美国经济宏观调整的一个重要目标。如果对华经贸摩擦一时无法解决，美国对华产品大规模征收关税，美国国内众多商品的生产成本将因此增加，并将直接导致通货膨胀和加息压力的增大，给美国经济的健康发展带来新的风险。正因为如此，在美国决定对华征收反补贴税以后，52 家美国公司和团体联名致信美商务部部长古铁雷斯，表示美对华铜版纸反补贴案的裁决可能违反 WTO 规则而招致诉讼或报复，从而影响美国企业在美和海外的经营，并影响美国与中国及越南、亚美尼亚等其他非市场经济体的双边贸易关系，不利于美国经济的长远发展。

（二）正面作用：巩固美国的技术垄断和制华战略目标的实现

虽然有众多不利影响，美国仍然不断挑起对华经贸摩擦的重要原因在于，作为遏制中国经济崛起的重要手段，对华经贸摩擦在某种程度上起着延缓中国经济发展、阻挡中国复兴崛起的作用，对于保持美国的经济霸权地位是有利的。比如，美国基于对“保留产业”的技术垄断，长期对华实行高技术出口管制，虽然不利于自己比较优势的发挥和对外贸易逆差地位的改善，但是却强化了美国的技术垄断优势。再如，美国以强化中国对知识产权保护而引发的两国知识产权纠纷，既有利于保护美国企业的经济利益，也有利于美国自身的知识创新和发展。

二、中美经贸摩擦对世界经济的影响

由于中美经贸摩擦代表了世界上最大的发展中国家和最大的发达国家之间以及世界上经济发展最快的经济体和最大的经济体之间

的经济矛盾，中美经贸摩擦的发生、发展和解决都具有典型的代表性，也具有非常广泛的影响力。因此，中美经贸摩擦对世界经济的发展也会带来一定的、有时是非常显著的影响。

(一) 中美经贸摩擦的扩散效应容易导致全球贸易流向的改变，造成新的经贸摩擦和全球贸易保护主义的泛滥

一方面，由于中国对美出口很大一部分属于加工贸易，而加工贸易的原料很大一部分又来自美国，美国对华产品限制，只会引发更多的中国对自美进口产品的保护，从而造成新的中美经贸摩擦。另一方面，美国频繁发生经贸摩擦，将导致两大主要经济体之间相互指责的贸易战，从而吸引美国的传统盟友在贸易领域实行机会主义的重组。跨国公司对华贸易往来的加强，会减少美国国内的就业机会，激化美国民众的反华情绪，刺激美国政府出台更多的反自由贸易政策和反华政策,① 导致中美贸易的国际转移，很容易造成美国对其他国家的产品进口激增，促使其他国家追随美国采取同样的贸易保护手段限制中国产品，各国贸易保护主义的不断扩大，最终有可能引发全球性经济萧条。“当前责难中国的浪潮，比20世纪80年代末责难日本的情况更加严峻，越来越多的贸易摩擦和日渐高涨的贸易保护思维，已经把世界经济引领到危险境地。”②

(二) 中美经贸摩擦的激化会加速推进区域经济合作的进程，促进世界经济的发展

经贸摩擦往往会迫使中美两国思考和寻找新的贸易发展方向，加速与拓展和其他经济体之间的经贸合作。进入20世纪90年代以来，我国不仅先后参与了APEC组织、亚欧会议、“10+3”、上海合作组织和大湄公河次区域开发等以贸易投资便利化和经济技术合作为主要内容的广义的区域经济合作，还加入了《曼谷协定》，启动了中国—东盟自由贸易区谈判，签署了《中国—巴基斯坦优惠贸易安排》。这些区域经济合作的开展，促进了我国经济的发展，

---

① ［美］廖子光：《金融战争》，中国编译出版社2008年版，第125页。

② 罗奇：《解决中美贸易失衡关键在美国》，http://info.china.alibaba.com/news/detail/v5003008-d1001876285.html.

提高了我国经济对世界经济的影响力。基于和欧盟的竞争，美国除积极推动美洲自由贸易区谈判外，在东亚、中东、非洲地区还努力开展跨区域经济合作的谈判，2001 年与约旦签署自由贸易协定，2003 年分别与智利和新加坡签署自由贸易协定，2004 年又先后与澳大利亚、摩洛哥和巴林等国家签署自由贸易协定，2007 年与韩国签署自由贸易协定等。作为经济全球化发展的必经阶段，区域经济合作发展愈快，经济全球化的大潮愈猛烈，世界经济的整体发展也就有了良好的运行环境。

第三节　经贸摩擦对中美经贸关系的影响

除了对中美两国和世界经济的发展带来影响外，日益增多的经贸摩擦不可避免地会影响甚至阻碍中美经贸关系的健康发展，进而影响到中美关系整体发展的大局。

一、经贸摩擦扩大了美国国内的“中国威胁论”因素，助长了美国对中国崛起的防范心态，不利于中美经贸关系的进一步发展

美国经济学家斯蒂格里茨用经济模型证明，一个国家与另一个国家的经常项目收支逆差如果超过国民生产总值的 1.5%，两国之间就会发生“激烈摩擦”；要是超过 2%，就会引起报复措施；如果对一国的贸易顺差超过两国贸易额的 25% ~30%，那就不仅是经济问题，而且也是政治问题了①。根据美国商务部提供的数字，2007 年美国对华贸易逆差占美国 GDP 的比重已经达到 1.85%，占中美贸易额的比重为 66.3%。根据中国的统计，2007 年中国对美顺差也占到双边贸易额的 54.1%，已远远超过了上述经贸摩擦的警戒线。两组数字一方面从新的角度解释了当前中美经贸摩擦频繁增加的重要原因；另一方面也以事实说明，中美贸易失衡问题已经超越了单纯的经济层面，演变成美国国内的政治问题。

---

① 于永达：《美日贸易摩擦及各自的对策》，《当代亚太》，1999 年第 10 期。

近年来，美国制造业就业人数不断下降。对于就业人数下降的原因，美国不从自身生产率的提高以及产业结构的调整方面寻找原因，而是将其全部归因于中国对美国的巨额出口，认为美国就业机会的流失是“中国制造”介入的结果，贸易逆差是这一结果的最好证据。于是，中美贸易不平衡问题就成为其攻击中国的靶子。2007年以来，围绕如何平衡中美贸易问题，美国国会在一个多月内就相继举行了四次听证会。2月15日，美国众议院赋税委员会下属的贸易小组委员会举行有关“美中贸易”的听证会，重点讨论中国的行业保护和知识产权问题；3月15日，赋税委员会举行“非市场经济体贸易修改法案”听证会，主要针对中国的反补贴问题；3月27日，参议院金融委员会听证会讨论“美中经济关系中的机遇和挑战”；3月28日，金融委员会举行听证会，专题讨论“风险和改革：美中关系中汇率的作用”。而在此前不久，美国制造业协会发布《对华贸易对美国制造业的影响》的报告，披露75%的受访美国制造业人士认为美国制造业正面临巨大危机，64%的受访者认为中国发展成为出口大国是他们生存的最大威胁。除此以外，全美纺织工业大会也发表题为《中国的威胁有多大》的行业分析报告，认为“中国货币对美元的固定汇率制度使中国人民币的价值低估了大约40%，这导致中国具有巨大的人为成本优势”、“中国50%的纺织品生产企业和25%的服装生产企业属于国有企业并得到国家补贴”，要求政府向中国施压，改变中国的人民币汇率政策。虽然这些报告歪曲了中美贸易不平衡的真实根源，但由此引发的“中国威胁论”在美国的泛滥，却导致了美国对中国经济强大的防范心态的扩散。

最近，美国又连续出台三份有较大影响力的思想库报告，即普林斯顿报告、阿米蒂奇报告和外交关系委员会报告，再次将中国崛起问题视为焦点。普林斯顿报告于2006年9月由普林斯顿大学威尔逊公共与国际事务学院发表，原名为《铸造法治之下的自由世界》。该报告对中国论及不多，却把中国列为“主要威胁和挑战”之一。报告建议构建以美国为主导的跨太平洋秩序，防止中国主导泛亚秩序；以美日同盟为基石创建东亚安全组织，将中国纳入其中；加强与印度的关系，重视其他亚洲国家经济增长在平衡中国崛起中的战略作用。阿米蒂奇报告于2007年2月由美国战略与国际问题研究中心发表，原题为《美日同盟：让亚洲正确迈向2020》。这份超党派东亚安全报告代表了美国保守派的观点，他们对中国的崛起存有根深蒂固的不信任和战略焦虑，主张采用两面下注的方法对付中国，即一方面强化美日同盟，拉拢印度，防范中国；另一方面，增加与中国的合作，争取使中国朝着符合美国思路的“负责任的利益攸关方”方向前进。外交关系委员会报告于2007年4月由美国外交关系委员会发表，原题为《美中关系：肯定的议程及负责任的道路》。报告认为，中国的未来充满不确定性，中国需要国际和平与稳定，需要与美国合作，以处理亟待解决的国内问题。美国最好的应对方式是进一步将中国融入全球大家庭，使其在人权、安全等方面的行为符合美国利益和国际准则。尽管三份报告分析的角度不同，但都把中国的崛起视为影响美国未来战略走向的最主要因素之一，都主张接触中国、塑造中国、引导中国，使其成为“负责任的利益攸关方”，不去挑战美国的利益。但是，三个报告都不同程度地对中国存有偏见，主张继续运筹美日同盟，拉拢印度，防范和遏制中国。尽管这些思想不对中美经贸关系产生直接影响，但会间接地影响到中美经贸关系的发展。

另外，由于美国政治的自身特点，中美经贸关系始终难以摆脱美国“大选综合征”的影响。四年一次的美国总统选举总是免不了在中美经贸关系上做些文章，总统候选人要么呼吁对华采取更为强硬的贸易政策，要么对台湾出售军事武器，制造海峡两岸的紧张事态，从而往往使中美经贸摩擦在大选之年波澜不断。虽然大多数候选人上台后并不一定完全采取竞选时的主张，但其对于中美经贸关系发展所带来的周期性困扰却难以消除，成为双边经贸关系顺利发展的一道难题。

二、美国对华经济制裁引发的经贸摩擦，破坏了双边的正常经贸关系

经济制裁政策是美国对外政策的重要组成部分。冷战结束以

后，随着国际经济相互依赖关系的历史性扩展和纵深发展，一些国家（尤其是一些发展中国家）的经济发展对其他国家和整个国际经济体系的依赖程度不断加深，而且各国利用一切可能的手段从外部谋取最大经济利益，如美国就利用这种相互依赖，越来越频繁地使用经济制裁政策。美方认为，"经济手段已上升到战争在过去所拥有的地位……经济制裁政策的目的在于使对方不要采用或改变有损于本国利益的政策行为，从而起威胁和强制作用"①。因此，冷战时期，美国就对华实施了长达数年的经济制裁，中美建交后情况稍有好转，但随着1989年中国国内发生政治风波，美国对华经济制裁再掀高潮。一方面，美国国会通过对中国实行经济制裁的修正案，要求暂停出口将由中国发射的卫星以及其他方面的合作等；另一方面，美国政府也发布了一系列制裁措施，中断美中双方签署的改良中国55架歼-8型战斗机的5亿美元的合同。美国的经济制裁，尤其是美国政府停止美国海外投资保险公司对美国商人在中国的投资保险，给美国公司来华投资造成了不小的阻力，影响了美国企业的对华直接投资和高技术转让。

冷战结束以后，随着中国政治体制改革和政治文明建设进程的推进，美国对华经济制裁的政治因素在降低，而经贸摩擦在对华经济制裁中的地位日渐加重。从不同历史时期的全面制裁，到现在针对不同产品的进出口限制措施，从以前对中国全面技术壁垒，到现在对具体中国公司严厉惩罚，美国对华经济制裁的手段众多，年年不断。近几年由于美国从对华贸易中获得的利益越来越多，美国对华实施全面经济制裁的可能性在减少，由经贸摩擦导致的美国对华经济制裁主要集中在中国个体公司的微观层面。比如，2002年美国对中国机电进出口公司、中国船舶工业贸易公司等8家中国公司实施制裁；2003年美国又决定对中国北方工业公司、中国精密机械进出口总公司等5家公司进行制裁；2007年以涉嫌参与向有关国家出售禁运武器为由宣布对中国精密仪器进出口公司、上海有色

① 王学玉：《冷战后国际政治中的经济制裁政策》，《世界经济与政治》，1994年第7期。

金属浦东发展贸易公司和中国公司山东淄博化工设备有限公司三家公司进行制裁。表面上看，美国提出对这些公司进行制裁的理由是其向外输出武器，实际上是美国担心与这些公司做生意会损害美国的对华出口管制政策。美国的经济制裁阻碍了双边甚至多边技术交流与合作，破坏了双边经贸关系的正常发展。

三、中美经贸摩擦的不对称反映了当前中美经贸关系的不对称，这种不对称仍然是今后时期影响双边经贸关系发展的重要因素

2003年11月5日，美国商务部长埃文斯在《华尔街日报》上发表题为《美国公平竞争，中国呢?》的专栏文章，指出“目前缺少对等是美中贸易关系发生摩擦的主要根源”。根据该文的分析，埃文斯所指的美中贸易关系的不对等主要是中国缺乏对美国知识产权的保护、人民币汇率低估带来的中国产品竞争力的增强、中国法律的不透明等内容，这些构成了美国挑起对华贸易摩擦的主要依据。

就现实而言，中美经贸关系的确是不对等的，或者说是严重不对称的。中国在经济上对美国的依存度较高，而美国对中国的经济依存度较低，具体表现在以下三个方面：一是中美贸易依存度上的非对称性。美国是中国最大的商品出口市场，而中国只是美国诸多进口伙伴之一，中国对美国的出口依赖远大于美国对中国的进口依赖。从2001—2007年度，中国对美国出口占总出口的比重基本维持在20%左右，远大于与之相对应的美国从中国进口占总进口的比重。从中美进出口贸易占国内生产总值的比重来看，中美经济非对称依赖的特点更加明显。2007年中国对美进、出口占国内生产总值的比例分别为1.97%和6.6%，而美国从中国的进口占国内生产总值的比重在最高的2007年也只有2.3%，对中国的出口占国内生产总值的比重更是一直在0.5%以下。二是中美两国贸易结构的非对称性。从贸易商品的构成上看，除去在机械和运输设备产品上，中美两国向对方的出口在总出口中均占有较大的比重，且贸易互补性指数逐年上升，表现出很强的产业内贸易特征之外，中国对美国的出口主要集中在按原料分类的制成品、杂项制品等劳动密集型产品上；而美国对中国的出口主要集中在非食用原料和以化学相关产品为主的资本密集型产品上。这一方面说明了中美两国的出口商品结构符合两国的比较优势，反映了中美两国共同利益的存在，但与此同时，它也反映出中美在贸易商品构成上的非对称性特征。① 三是美国经济对中美经贸关系的影响较为显著。美国 GDP 每下降 1%，其总进口额就被拉低 2% ~3%，分摊到从中国的进口份额就会达到 5% ~10%。② 正因为这种不对称性，使得美国对中国有着较大的经济约束力，而中国对美国则缺乏相应的制约能力。

美国哈佛大学教授、原助理国防部长约瑟夫·奈说过：“最有可能影响行为体应对过程的是依赖的非对称性。依赖性较小的行为体常常将相互依赖作为一种权力来源，在某问题上讨价还价甚至借之影响其他问题。”将相互依赖理论进一步引申，在一个相互依赖性较强的两国关系中，如果相互依赖关系终止，替代性较弱的一方对另一方的脆弱依赖性更强，它在谈判中通常处于不利地位；而替代性较强的一方，在不对称依赖关系中就会拥有更多的权力，这种权力的核心决定了谁将主导贸易谈判的定价权和拥有双边经济合作关系的主导权。从中美经贸关系的不对称性可以看出，美国对中国进口的市场替代性很强，而中国对美国出口的替代性较为脆弱。这种特性的存在最终形成了美方往往借故挑起经贸争端，而中国只能被动应付的局面。因此，从长远来看，中国必须想办法增强美国对中国经济的依赖程度，才能从根本上缓解自己在双边相互依存中的脆弱性。中国提出希望通过美方扩大对华出口，而不是通过减少中国对美出口来解决双边贸易不平衡的方式，以及中方不顾巨额损失，仍然购买 5000 多亿美元美国国债正是基于扭转双边不对称经济关系的深层原因。但从短期来看，中美经贸关系的这种不对称将会继续存在，美方利用这种经济关系的不对称挑起对华经贸争端仍将是中国不得不面对的一道难题。

---

① 雷达、赵勇：《中美经济相互依存关系中的非对称性与对称性》，《国际经济评论》，2008 年第 2 期。

② 张文豪、张帆：《中国经济受何影响》，《财经》，2001 年第 10 期。

四、经贸摩擦的“溢出效应”往往会波及政治领域，抑制中美关系的良性发展，从而给双边经贸关系的发展带来新的压力

经验告诉我们，经济的发展往往与政治因素相伴而行、密不可分。两国政治关系的改善无疑会为经贸关系的发展提供强大推动力，反之则有可能成为经贸关系快速发展的重要桎梏。当然，两国经贸关系对政治关系也会起到重要影响，经贸摩擦一旦发生，其“溢出效应”往往会进一步加剧中美两国在政治体制、社会制度和历史文化认同等方面的差异，增大两国关系正常发展所面临的政治风险。

自 2003 年下半年以来，中美经贸关系开始出现一系列摩擦加剧的迹象。由美国纺织品制造商协会要求对华纺织品重新设限到美国国际贸易委员会判定中国彩电构成倾销，由中美农产品贸易之争到“健全美元同盟”公然要求人民币升值，由对华反补贴到 WTO 起诉中国的知识产权保护政策，由货物贸易争端到相互投资摩擦，双边经贸摩擦的行业领域一步步扩大。“9·11”事件以后，由于美国在反恐、朝核谈判等问题上需要中国的支持，中美双方在外交、军事等重要领域进行了一系列有效的磋商、协调与合作，双方的谈判范围不断扩大，合作深度不断加强，高层官员的频繁互访使两国关系渐入佳境。按照美国时任国务卿鲍威尔的说法，“中美关系正处于历史上最好的时期”，扭转了经贸摩擦给中美关系带来的不确定性因素。但从长远看，中美经贸摩擦的加剧终究会扩散到政治领域，而政治关系一旦走坏，双边经贸摩擦又会进一步增多，阻碍中美经贸关系的顺利发展。

正如一枚硬币的两面，经贸摩擦对中美经贸关系的影响除了消极层面外，也存在着不少积极的因素。主要表现为**经贸摩擦的增多将会促使两国加快自身经贸战略的调整，加强两国间经济和贸易政策的协调，从而有利于中美经贸关系的和谐发展。**

20 世纪 90 年代以来，随着全球贸易自由化和区域投资自由化的进展，世界经济相互渗透、相互影响，各国之间的联系明显加强，在国际贸易领域出现了国际问题国内化和国内问题国际化的倾向。适应信息化社会的发展，改革国内各种规制，建立与国际经济相协调的体制成为各国面临的重要课题。①

1992年克林顿政府上台以后，把经济安全作为其对外政策三大支柱之首，加强了美国政府对外贸的干预，制定“国家出口战略”，扶持和鼓励美国商品对外输出；改变“自由贸易政策”为“公平贸易政策”，利用双边、多边谈判为美国产品出口扫清道路。在克林顿经济学思想的主导下，美国展开了对中国市场的巨大攻势，一方面通过反倾销、特殊保障等措施阻止中国产品大量涌入美国，减轻中国产品对美国市场的冲击；另一方面又通过中美入世谈判以及中美贸易不平衡等问题施压中国为美国开放更多的市场。2001年，布什政府上台以后，以“贸易促进权”（TPA）的名义重新获得了美国国会的贸易谈判“快车道”授权，在继承克林顿政府公平贸易政策的同时，布什政府加强了双边主义谈判，希望与其他国家签署的双边自由贸易协定能够限制中国产品的对美出口。在此背景下，美国政府滥用世贸组织的有关规则，对国内钢铁实施保障措施以及对农业给予高达1900亿美元的补贴，充分反映出布什政府较强的贸易保护主义倾向，使中美经贸关系的发展不可避免地受到影响，这是双边贸易摩擦日益增加的重要政策因素。

近年来，中国政府也一直在推行出口主导型的外贸政策，使外贸依存度由1990年的30%上升到2007年的73.5%。中国外贸依存度的连续攀升反映出中国产品国际竞争力的增强，对美国这个世界上最大的贸易大国带来压力。同时，随着中国经济政策的不断调整，在发挥中国自身传统优势产业的同时，整体产业结构也在不断升级，尤其是中国大力支持航空航天、半导体等高新技术产业的发展，使美国的对华出口管制政策基本面临失败。

由中美两国经贸政策错位所带来的经贸摩擦的增多，将迫使两国政府认真思考中美经贸合作的发展方向，调整各自的产业政策、消除中美经贸摩擦的制度因素，对于未来两国经贸关系的和谐发展

① 赵瑾：《日美贸易摩擦的历史演变及其在经济全球化下的特点》，《世界经济》，2002年第2期。

意义重大。当然，这种调整短期内并不能完全消除两国之间的贸易摩擦，随着双方产业结构调整的进一步加深，两国经贸摩擦的趋势还有可能会加剧。未来的经贸摩擦领域正在由纺织服装、彩电等微观经济摩擦转向货币金融、贸易政策等宏观经济摩擦，并逐步进入以经济制度协调为核心的制度摩擦阶段。加强两国间经济和贸易政策的协调，既是中美经贸摩擦的必然结果，也是中美经贸关系顺利发展的必然要求。

第八章　中美经贸摩擦的发展趋势及治理路径

前几章的分析告诉我们，经贸摩擦是中美经贸关系深入发展的必然结果，也是经济全球化过程中贸易自由化存在问题的一个直接反映。由此，也基本上可以勾勒出未来中美经贸摩擦的发展轮廓。本章即是对全书研究的一个总体概括，也是对中美经贸摩擦进一步深入发展的再思考。

第一节　中美经贸摩擦的预测与分析

伴随着中美经贸关系的发展，中美经贸摩擦已经走过了几十年的历程，成为中美经贸关系顺利发展与否的晴雨表。虽然中美经贸关系发展的滚滚浪潮难以阻挡，但中美经贸摩擦的未来却不容乐观。这不仅仅是因为中美经贸摩擦牵涉太多、太复杂的因素，更重要的是它代表了中美两个大国在21世纪能否和谐相处的理念和现实。在对中美经贸摩擦的历史和现状进行考察后，本节将对中美经贸摩擦的未来进行分析和预测。

一、中美经贸摩擦的基本走向——长期化、尖锐化

日美经贸摩擦和欧美经贸摩擦是世界上最具代表性的大国间摩擦，两者都经历了一个漫长的历史过程，至今仍在不时爆发。相对于两者而言，中美经贸摩擦的时间虽然不长，但激烈程度已与它们无异。经过前几章的分析，我们可以得出清晰的结论：伴随中美经贸关系的深入发展，中美经贸摩擦的趋势将会走向长期化、尖锐化。依据主要基于以下几点：

（一）中美经济失衡状况的延续与恶化

正如第五章分析指出的，经济失衡是中美经贸摩擦频繁发生的首要因素。虽然其难以长期维持，但短期却没有办法扭转。那么中美经济失衡究竟还能持续多久？经济失衡的程度到底还会有多深？中科院预测研究中心从短期和长期的角度，运用计量经济模型的测算，得出的结论是：除2007年中美贸易顺差会继续扩大外，考虑到促进中美贸易顺差因素的不可持续性以及有可能带来的政策行为和中国消费的拉动等，在将来的3—5年（2008—2010年）内，中美贸易顺差增幅可能会出现下降，但由于中国经济的良好发展势头和经济结构只能逐渐改变，中美顺差短期内仍将保持在一个平稳发展的水平（10%～15%）。① 美国摩西大学商学院学者于铁流等根据1977—2003年中美贸易的统计数据，使用时间序列回归分析方法，对未来中美贸易平衡状况进行了拟合与趋势预测，得出的结论是：未来5—10年中美贸易不平衡会继续存在并扩大，2007—2013年中国对美贸易盈余分别为545亿美元、582亿美元、620亿美元、657亿美元、694亿美元、732亿美元、769亿美元。② 虽然两者对中美贸易失衡的程度预测结果差异很大，但其共同结论就是中美贸易失衡在中长期内是不可能解决的。这就决定了中美经贸摩擦在中长期内延续的格局也是难以改变的。

（二）中国由贸易大国向贸易强国转变的趋势不可逆转

研究表明，当中国是国际贸易中的小国时，它对美国某种产品大规模出口并不构成威胁，这种出口不会导致美国国内产业调整的困难和问题；当中国成为国际贸易中的大国时，它对美国的某种产品大规模出口将会给美国的产业调整带来相应的困难和问题。③ 实

① 中科院预测研究中心：《对中美和中欧贸易平衡的预测与分析》，http://www.cefs.ac.cn.

② 于铁流、李秉祥：《中美贸易摩擦的原因及其解决对策》，《管理世界》，2004年第9期。

③ 胡方：《日美经济摩擦的理论与实态》，武汉大学出版社2000年版，第287页。

际上，如果中国仅仅成为贸易大国还不足以威胁到美国的产业调整，只有当中国成为贸易强国、与美国某些产业的趋同化不断加强时，才会给美国的产业调整带来冲击。而经过第五章的分析可知，中国在使比较优势改变竞争优势以后，中美两国的产业趋同化格局最终是不可避免的，由此带来的互补型贸易关系为主转向相互竞争型为主，贸易的来源也会由技术实力的差距逐步转向规模经济和商品的差异性等，经贸摩擦加剧的扩大难以避免。当然，中美之间竞争和贸易摩擦增大的情况还与中国国内市场增长的情况以及对美国市场的依赖程度有关。如果未来中国国内消费市场不能够随着GDP的增长而有相应程度的增长，并因此使中国的经济增长依然较大程度地依赖美国市场，而且如果人民币与美元的兑换比例依然不能够随着两国商品的进出口情况灵活地作出变化和调整，则中国的技术进步和经济增长将会使中美之间的贸易摩擦明显增大。另外，中国的技术进步和经济增长使得中美之间竞争程度不断增大的同时，贸易条件也会发生有利于中国、不利于美国的变化。那么，美国从美中贸易中获取大量的转移利益的时代将会终结，两国之间将会逐渐形成一种平等竞争以及贸易利益较为均等分配的关系，这是美国目前最为担心、也是最不愿意接受的一种结果，是引发未来中美经贸摩擦可能性加剧的重要因素。

中国向贸易强国转变的过程中还有一个重大的问题需要解决，那就是贸易强国标志之一的重型工业发展所需要的重大战略性资源的保障问题，而这也正是美国十分担忧的另外一个方面。目前，我国的能源和矿产资源虽然在总量上相当可观，但由于庞大的人口基数，人均资源占有量却严重不足，石油、铁、铜、铝等重要战略性资源的人均拥有量只有世界平均水平的11%、42%、18%和7.3%。由于重型工业具有资源消耗高的特点，因此一旦重型工业加快发展，资源消耗量会进一步增加，导致许多重要资源的需求与国内供给的缺口进一步增大和对外依赖程度的进一步提高。据有关资料，我国45种主要矿产品到2010年能够满足国内需要的仅为23种。其中，石油和铁矿石对外依赖度将达到57%，铜将达70%，铝将达80%。而要进口大量的战略性资源，必然会进一步引发美国国内的“中国威胁论”，加剧中美经贸摩擦的发生。

（三）中国劳动力市场和美国消费品市场构成的不稳固

中国劳动力市场和美国消费品市场构成了当今中美经贸关系的主要支柱。然而，这两个市场自身以及彼此之间的依存关系并不是永久而稳固的。一方面，中国劳动力目前为止仍然受到户籍制度的限制难以充分流动，在没有完全实现市场化的前提下，劳工权益保护问题必定是中美经贸摩擦的一项重要内容。在美国商务部 2004 年 6 月举行的给予中国市场经济地位问题听证会上，中国劳工权益保障问题成为美国劳工组织指责中国政府、判定中国为非市场经济国家的主要理由之一。他们认为中国企业劳工工资福利过低，劳工缺少与企业进行谈判的机制，因此使得企业以低于其基本生活成本的水平支付薪资，以至形成过低的产品价格对外倾销，挤占了美国市场，因此他们建议美国政府对中国实行关税制裁。虽然美国劳工组织对中国劳工权益保护的指责不全符合事实，但中国劳工权益保护问题确实难以在短期内真正解决，成为影响中美经贸摩擦的长期要素。

另一方面，面对中国的和平发展以及商品如潮般的涌入，美国消费者对中国货物的态度也在发生微妙的变化。2007 年 3 月份以来，西方许多媒体就中国产品质量和食品安全问题进行了大规模、高密度的报道和评论。中国输美产品相继被贴上“问题产品”、“危险产品”的标签，中国被指“违反美国相关食品安全规定最严重的国家”，进而“中国制造”遭遇西方媒体“排山倒海式”(《华尔街日报》语）的质疑和丑化。一时间，“中国制造”在世界各地消费者心目中物美价廉、物有所值的形象受到严重损害。中国方面对美国媒体所爆炒的“问题食品”逐一核查，证实所涉及的均属个案。据权威部门的数据，2004—2006 年，中国出口美国食品的合格率分别达到 99.0%、99.0% 和 99.2%。2007 年上半年，中国出口食品总体合格率为 99.75%，其中出口美国食品的合格率为 99.1%。尽管如此，西方特别是美国媒体对中国产品安全的刻意歪曲，成为未来中美经贸关系顺利发展中最难预测的未知数之一，也是中美经贸摩擦日益尖锐化的重要因素。

（四）美国全球经济霸权地位的维护与中国和平崛起之路的碰撞

世界经济发展的历史同时也是新兴经济体不断崛起的过程，无论是荷兰、英国、德国、美国还是日本都是这一历史进程的一部分。但是，新兴大国在崛起过程中，往往冲击现有的国际体系，引起国际分工格局和利益分配格局的巨大变化，引发既得利益集团与新兴大国之间的战略博弈，尤其是与现有大国之间的经贸争端不可避免。从表面上看，大国之间的战略博弈源于某些经贸因素，如产业结构、经济政策等，但究其实质是大国由于担心自身国际地位和战略利益的丧失而对新兴国家进行遏制的一种必然结果。

战后初期美国凭借自身的实力，成为政治、军事和经济实力的世界霸主。然而进入 20 世纪 60 年代后，由于西欧和日本的迅速恢复和发展、苏联实力的增长以及中国国际地位的提高，极大地改变了世界力量的对比，美国的国际地位相对下降。1955—1976 年间，美国在世界国民生产总值中所占比重由 36.33% 下降到 24.9%，而日本由 2.2% 上升到 8.1%，欧共体九国由 17.5% 上升到 21.7%，其中联邦德国由 3.9% 上升到 6.8%，法国由 4.5% 上升为 5.8%，意大利由 2.2% 上升到 2.8%。与此同时，美国的国际收支状况逐年严重恶化，其拥有的黄金外汇储备占世界的比重也日益下降，从而引发严重的美元危机。1950—1954 年，美国平均每年逆差为 17 亿美元，1955—1965 年（1957 年除外）平均每年逆差是 22 亿美元，1960—1964 年平均每年为 28 亿美元，1965—1969 年平均每年猛增到 34 亿美元，目前美国已经成为世界上最大的债务国，贸易赤字占美国 GDP 的比重达到 6%。作为科技实力强大的美国，不甘心让出全球经济霸权地位，并竭尽所能地延长自身优势，对华不断制造经贸摩擦是达到这一目的重要手段。

改革开放以来，中国经济已经保持了 27 年近 10% 的增长，而据有关专家的预测，2020 年前中国经济平均增长率仍将达到 8% 左右，中国人均 GDP 有望超过 3600 美元，2025 年中国经济将超过日本成为全球第二大经济体。① 而美国环球透视（Global Insight）、英国经济学人智库（Economist Intelligence Unit）和高盛集团三家著名研究机构也分别对中国经济未来增长进行过预测，认为中国未来经济增长速度虽然会有所减缓，但中国未来经济增长速度仍然十分乐观。2006—2010 年五年实际 GDP 增长平均值将在 7.1% ~8.6%之间波动，而 2021—2025 年将会在 4.5% ~6.1%之间变化。高盛集团进一步预测 2031—2040 年中国年均 GDP 增长率为 3.8%，2041—2050 年年均增长率为 3.2%。② 伴随经济持续高速增长，中国经济结构也将发生内需替代外需、消费替代投资、服务替代制造、贸易强国替代贸易大国、企业优势替代行业优势的变化，中国将成为真正意义上的经济大国、贸易大国、制造大国、消费大国、金融大国。在有些美国人看来，中国的崛起意味着美国经济权力的下降，中国的补贴、币值的低估以及低工资将直接威胁美国工人的就业、工资、技术优势以及居民的生活水平③，这是中美经贸摩擦未来难以消除的重要原因。

基于以上理由可以预测，中美经贸摩擦的顶峰时代还远未到来，未来 10—15 年将是中美经贸摩擦进一步深入发展的关键时期。面对中美经贸摩擦的长期化、尖锐化格局，我们需要认真研究，妥善应对。

二、中美经贸摩擦向广阔领域的扩张

在 2006 年美国贸易代表办公室公布的《美中贸易关系：进入更大责任和执法新阶段》的报告中，美国提出了对华贸易政策的

---

① 杨成长等：《大国经济崛起中的结构性变化》，http://www.kl178.com/ReportFile/2006-12-6/kl1782006126161324470929fad0c66dfdefe.pdf.

② Craig K. Elwell and Marc Labonte, *Is China a Threat to the U.S. Economy*? CRS Report for Congress, January 23, 2007, p. 57.

③ Craig K. Elwell and Marc Labonte, *Is China a Threat to the U.S. Economy*? CRS Report for Congress, January 23, 2007, p. 12.

六个主要目标以及首要目标。① 主要内容有以下几个方面：

（一）参与

即促使中国作为一个负责任的利益相关者融入到全球有规则的国际贸易体系之中，并且确保中国支持进一步开放世界市场的努力。美方认为中国目前存在的突出问题是中国还未加入诸如WTO的政府采购协议（GPA）、WIPO的互联网条约以及世界动物健康组织（OIE）等一些关键的贸易协议。因此，美方的首要目标是促使中国加入WTO的政府采购协议（GPA）、WIPO的互联网条约以及世界动物健康组织（OIE）；确保中国更积极和富有建设性地参加诸如国际植物保护公约（IPPC）、（国际）食品规范委员会（Codex）、国际标准化组织（ISO）、国际电信同盟（ITU）、国际电工技术委员会（IEC）、电气和电子工程师协会（IEEE）等组织。

（二）执行和遵守

即监控中国遵守国际和双边贸易义务的情况，并且确保它完全执行和遵守这些义务。美方认为中国目前存在的最突出的问题是知识产权保护不力。因此美方将大力加强知识产权保护；消除服务业（尤其是电信、分销和建筑行业）市场准入上的障碍；确保标准、技术规章和一致化评估程序的颁布和实施遵守WTO的要求；废除动植物检验检疫方面的障碍以及对可能不符合WTO要求的农业出口补贴；确保中国的行政管理法和反倾销法符合WTO的要求；确保在法律法规透明度以及法律运用的一致性方面遵守WTO的要求。

（三）美国贸易法的实施

即确保美国贸易救济和其他进口法律能够充分得到实施并且具有透明度，从而使自中国进口的产品得以公平交易，并且美国产品和中国产品能够在美国市场上公平竞争。美方认为中国目前的突出问题来自中国的假冒伪劣商品的数量继续呈上涨趋势。因此美方将确保美国贸易救济法律和协议（反倾销法，1974年贸易法案的201

---

① 详细内容参见 USTR, U. S. -China Trade Relations: Entering a New Phase of Greater Accountability and Enforcement, February, 2006, p. 13-23.

条款和421条款，1930年关税法案的337条款以及美中关于纺织品的谅解备忘录）得到完全和透明的实施；通过完成对中国动植物产品市场准入要求的全面彻底的风险评估、加强对中国食品安全体系的监督、增强对自中国进口的农产品的口岸检验这三种途径确保中国遵守美国食品安全、防止美国进口有害物种（通过农产品进口、木质产品包装等）的准则；在美国边境，没收和扣压假冒商品以及那些由强迫劳动生产的产品。

（四）进一步的市场准入和市场改革

即在中国目前的承诺之外，确保美国能够进一步地进入中国市场，促使中国实行更大程度的经济改革，从而使美国公司和美国工人能够更加公平地参与竞争。美方认为中国目前的突出问题是中国不愿意承担入世协议以外的义务以及政府不依靠市场原则来做出决定。因此，美方将促进中国依靠市场力量而不是依靠行政手段来分配资源（例如在钢铁和汽车行业）；通过运用诸如合理的反垄断法、依靠行业标准、废除由省级和地方政府创造的障碍、废除政府对商业利益的控制等法律和政策，在中国为国内外利益相关者培育一个以规则为基础的公平竞争的环境；扩大那些诸如视听和出版等集中体现知识产权的部门的市场准入，着手解决对电信部门以及其他服务业部门的市场准入限制和规章障碍问题；实现金融服务业更大程度的市场准入和扩大金融服务的经营范围；确保某些行业（尤其是邮政部门和电信部门）规章制定者的独立性；降低那些对美国公司来说具有竞争力的工农业产品的关税和非关税障碍；在透明度原则和客观性原则以及可靠的科学原则的基础上，促进医疗保健体系的改革，以提高病人选择的机会，并鼓励创新和确保平等。

（五）出口促进

即寻求有效的出口促进方法，对美国出口增长的潜在领域予以特殊关注。美方的首要目标是增加对内陆大城市的出口；在确保国家安全问题的情况下，最大限度地扩大对中国高新技术出口的力度；将出口促进努力集中在那些美国商品具有竞争力和中国存在实际需求和潜在需求的货物和服务部门；确保中国遵守 WTO 和双边协定的义务，同时使中国进一步的市场准入和市场改革能够增加美国商品和货物对中国的出口。

（六）预先确定两国间存在的贸易问题和解决这些问题的方法

美方的首要目标是对中国要遵守的特定的义务情况进行有效的监控和评估；增强获得中国贸易体制和政策综合信息的能力；使从利益相关者处获得的信息更加正式化，从而有助于确定和解决预期问题等。

美国USTR公布的对华贸易政策评估报告，基本反映了当前美国政府对华贸易政策的主导思想。从整个美国对华经贸政策调整的基调来看，美国已经把中国当做一个真正的竞争对手，而不仅仅是一个潜在市场来看待。虽然中美相互依赖、相互受益的经贸合作模式给两国带来了实实在在的好处，但那些过于担忧国家安全会受到损害的美国利益集团、国会和政府部门对中美经贸关系的特有敏感性和强硬立场直接影响甚至决定了中美经贸摩擦的未来方向。从美国USTR公布的上述六大主要目标判断，中美经贸摩擦不仅将会长期存在，而且有可能随着中国经济的发展和两国经贸合作的深化进一步升级。

笔者认为，中国资本市场的开放、对美服务业市场的准入有可能成为下一步中美经贸摩擦的重中之重。美国在银行、金融、保险、信息管理、医疗、法律、旅游及运输等服务行业具有极大优势。根据2008年《美国总统经济报告》提供的数据，作为世界上最大的服务贸易出口国，长期以来美国在服务贸易领域一直保持贸易盈余状态。2006年美国服务贸易出口额超过4000亿美元，服务贸易盈余接近800亿美元，服务出口成为近年来推动美国经济增长的重要因素。而中国的新兴优势行业，比如钢铁、汽车、通信设备、化工产品等“朝阳产业”以及中美间日益加剧的能源竞争、国际社会共同关注的气候环保问题也将会逐步成为中美经贸摩擦的新领域。此外，人民币汇率政策的调整、知识产权保护的强化以及技术性贸易壁垒的实施、政策透明度等作为中美经贸摩擦的主要地带仍将长期延续。在对华经贸摩擦的具体手段上美方将会由单边进攻为主向单边进攻和多边起诉并重发展，由限制中国产品进口向扩大对华出口方向转变，由反倾销、特别保障为主向反补贴、反垄断、反规避多头推进的局势发展。

第二节 中美经贸摩擦的治理路径

国际经贸摩擦的化解最终要靠国家之间的谈判，而谈判结果的好坏又要依具体情况而定。它不仅仅和谈判双方的讨价还价能力以及谈判的艺术相关，更重要的是它与两国间经济的相互依赖性程度密切相关，尤其是进口国经济对于出口国经济的依赖性。如果进口国对出口国经济或者市场依赖性很强，则它会因为害怕潜在的出口国的制裁措施而选择自动妥协，或者是稍加谈判，在相互让步的情况下就能实现妥协。反之，如果进口国对出口国经济和市场的依赖性小，则经贸摩擦较难解决，或者即使解决了，出口国作出的让步也会很大。① 笔者认为，国家之间谈判成功与否只是两国解决经贸摩擦问题的表面路径，首要路径在于摩擦双方对自身贸易和经济政策的反思与调整，在此基础上协调化解双方的矛盾与分歧，最终实现两国经贸关系发展的互利共赢，中美经贸摩擦的解决应该是这一思路的综合体现。

一、中方的对策

"中国坚持互利共赢的方针，妥善处理贸易摩擦等问题；坚持在平等对话的基础上，利用世界贸易组织争端解决机制处理贸易摩擦问题。"② 这个论述为解决中美经贸摩擦提供了总的指导原则。

（一）从战略高度认识中美经贸关系，并对其在中美关系中的作用给予准确定位

中美关系无疑是当今中国最重要的对外关系，中美关系的好坏

① 李春顶：《企业非市场策略与国际贸易摩擦的形成及化解》，《财经研究》，2007 年第 3 期。

② 人民网：《白皮书：中国努力实现与各国的互利共赢共同发展》，2005 年 12 月 22 日。http：//politics. people. com. cn/GB/1026/3965479. html.

直接决定着我国改革开放的外部环境和战略机遇期的长短。经贸关系开始只是中美关系发展的产物和衍生品，但后来发展速度之快、规模之大、相互依赖程度之深均远远超出了人们的预料，目前经贸投资与合作已经成为影响中美关系发展的重要因素，有时甚至是决定性的因素，仅仅将其看作中美关系的推动力或稳定器作用已不符合客观现实的需要。就美方而言，无论是美国政府还是美国国会，抑或是各种行业协会经常运用经贸关系对华施压以实现自身的各种利益要求，换句话说，经贸关系在美国对华政策制定中的战略作用十分明显，非常重要。尽管经贸关系在中国对美决策中的作用近年来不断上升，但对中美经贸关系的战略作用的认识还远远不够，对中美经贸关系的准确定位缺乏科学判断。从中国政府的众多文件表述或者中国学者的研究成果看，经贸关系仍然只是中美关系发展的桥梁或纽带。笔者认为，有必要对经贸关系在未来中美关系的发展进程中扮演何种角色给予总体的分析与定位。根据目前中美经贸关系快速发展的现实情况看，中国主动提高它的层次和地位，使之向作为21世纪中美关系战略合作新基础的方向逐步发展应是当务之急。

以经贸关系作为中美关系发展的战略新基础在理论上和现实中具有广泛的支撑点。首先，中美两国在经济上有着很强的互补性，美国是对华投资最多的国家，中国是美国增长最快的出口市场，双方之间的相互依存程度已经远比过去密切，共同经济利益的存在以及中美经济的世界“双引擎”角色是中美构建战略新基础的前提。其次，经贸关系作为中美关系的战略新基础已经得到实践的验证。1999年中国驻南斯拉夫大使馆被炸，2001年中美军机相撞事件的最终解决，经贸因素均起了决定性作用，经贸关系已经成为中美建立战略新基础的内驱力量。从长远看，经贸关系作为战略新基础能够确保中美关系顺利发展的可预期性与稳定性，能够推动中美经贸关系的长远健康发展。

（二）加强对目前美国对华经贸政策调整的研究并有针对性地作出回应

冷战结束以后，美国的对华政策经历了一个相对漫长的调整过程，在经历一系列激烈的辩论之后，美国的对华政策逐渐由模糊走向清晰。2001 年 9 月 21 日，美国时任副国务卿佐利克在美中关系全国委员会作了题为《中国往何处去？——从正式成员到承担责任》的著名演讲，提出“美国在政策方面需要看得更远一些，不仅仅考虑为中国加入国际体系打开大门的问题：美国需要促使中国成为这个体系中负责任的、利益相关的参与者”；2006 年 2 月 14 日，美国贸易代表办公室发布《美中贸易关系：进入更大责任和执法新阶段》的评估报告，标志着美国新的对华政策尤其是对华经贸政策终于基本成型，并开始进入实施阶段。从已有信息和执行效果看，美国此次对华政策的调整内容广泛而深入，实施手段具体且有力。

对于美国对华政策调整的新变化，我们必须给予足够的重视和认真的研究。要从根源上看清美国对华经贸政策变化的真实缘由和深刻背景，以及美国国内相关联的各种政治和经济力量，积极动员正面力量，分化瓦解消极力量，从美国贸易政治内部找到缓解或解决两国经贸摩擦的途径和方式。对美国针对中国提出的众多高标准要求，我们一方面要未雨绸缪，早作准备，拿出详细、有效的应对方案；另一方面我们要对美国的各项对华新政策给予积极的回应，以主动姿态扭转中方在经贸摩擦中的被动局面，努力遏制美国对华经贸政策的不良示范效应。

（三）树立正确的应对经贸摩擦观，有效探索解决经贸摩擦的模式与机制

正确地认识中美经贸摩擦是处理好中美贸易摩擦的前提条件。随着经济全球化的深入发展，经济竞争在相当程度上取代军事对抗成为当今世界大国抗衡的主要形式，由各国利益的差异所引发的经济摩擦也是不可避免的。特别是最近几年，中国外贸快速发展，过去 5 年平均增速 29%，出口增速高达 30%。这么快的发展，贸易摩擦增多是正常的。面对日益增多的中外经贸摩擦，尤其是中美经贸摩擦，我们既要理性地看待，这是中国经济崛起发展过程中的必然现象，不能一遇到经贸摩擦就情绪化，更不能将贸易问题或技术性问题政治化，又要从战略角度审视、正视、重视经贸摩擦问题的

存在，从总体、全局以及历史、战略的高度确立新的应对经贸摩擦观。在处理中美经贸摩擦时，我们应冷静观察世界贸易格局的变化，研究驾驭经贸争端的规律，制定我们的贸易战略，争取国家对外战略的制高点和产业的高端利益。因此，在战略上要服从中美关系大局，涉及核心利益的要坚决斗争，不怕摩擦，但要有理有节，对非核心利益问题则应把握适度，坚持以合作协商解决两国分歧的策略为主，正确把握妥协时机，增强经贸谈判的灵活性。另外，过去我们在对美贸易关系问题上往往只有同一种声音，这当然也有好处。但根据双重博弈模型，在对外经贸关系的某些具体问题上有些不同观点的公开发表也未尝不是好事，它有利于在与美谈判时的要价。

要处理好中美经贸摩擦，尝试和建立有效的政府、企业和中介组织三者分工合作的经贸摩擦模式和应对机制非常重要，这一点美国给我们提供了不少值得借鉴的经验。美国产业界维护其自身利益的意识很强，而美国各类行业中介组织在为企业提供国外贸易壁垒信息服务，游说政府采取相关措施方面也发挥着重要的作用。一方面，企业和行业中介组织对政府的调查工作提供了大量的数据、信息、评估和分析报告，为政府提供有效的帮助和支持；另一方面，政府在实施调查和采取措施的过程中也有义务与企业和行业中介组织进行协商以听取意见。这种机制保证了美国政府针对国外贸易壁垒采取的措施符合美国产业的利益，提高了贸易壁垒应对机制的针对性和有效性。就政府而言，要针对美国在国际贸易谈判和规则制定中经常打制度牌的特点，尽快建立我国应对经贸摩擦的法律制度体系，使我国的经贸摩擦机制具有明确的法律依据，真正能够以制度对制度反击美国的各种贸易保护主义。同时，我国政府也要积极参与制定和改进国际贸易规则。从规则上消除对我国出口不利的根源，从源头上降低经贸摩擦的风险。此外，在具体实践中，政府也要加强对多边机制的运用，利用世界贸易组织的多边框架和双边自由贸易谈判抵制美国的对华不公正行为，尽可能为中国的长期发展创造比较宽松的国际环境和氛围。入世以来，中国已经逐渐学会积极利用 WTO 争端解决机制处理国际贸易摩擦案件，例如，对于美欧加等国家起诉中国的“汽车零部件案”、“知识产权和出版物市场准入案”以及美国对华“铜版纸反补贴案”，中国均选择了利用WTO解决途径，说明中国政府在对待贸易争端解决机制的心态上已经发生了很大变化，对外贸易纠纷的解决已经开始由以前的外交磋商向WTO争端解决机制转移。同时，中国政府也应作好WTO败诉的准备，积极调整政策，适应WTO裁决。比如，2008年7月18日，世界贸易组织争端解决机构专家组公布关于中国与美国、欧盟和加拿大三方汽车零部件争端的裁决报告，认为中国的汽车零部件进口管理措施违反贸易规则。这是中国加入世贸组织以来首次在贸易争端中败诉，对此我们不应大惊小怪。一方面，我们可以按照世贸组织争端解决程序，就专家组的裁决结果提出上诉；另一方面，我们也要准备接受诉讼结果，将不符合世贸规定的政策进行调整。而作为应对经贸摩擦的微观主体，企业应加强行业自律，规范出口行为，维护行业出口秩序，对主要出口产品和主要出口国家的增长和摩擦状况进行监控，做好反倾销案件信息的搜集、整理工作，及时向行业组织报送，建立相应的预警体系。在此前提下，企业还要努力避免长期出口低价值产品的策略，积极探索，增强产品的技术含量，设法提升自己的价值定位。最后，加强商业协会等中介组织的职能建设，搞好行业自律对解决经贸摩擦也十分重要。中介组织要利用自身特殊身份，强化管理，努力消除多年来企业间出口“竞相压价，恶性竞争，自毁长城，损人害己，损害国家利益”的顽症，对在中美经贸摩擦中维护本国利益有着十分重要的意义。

（四）鼓励企业对美直接投资，转变对美出口促进方式

在外汇储备不断增加的情况下，鼓励企业对外投资可以达到双重目的：一是企业对外投资的增加，将减少资本项目顺差；二是国内企业通过对外投资，收购或者新设企业从事生产或者销售活动，可以绕开各种贸易壁垒，提高我国产品的市场份额。近年来我国对美投资增加迅速，根据中国驻纽约总领馆经济商务室提供的数据，目前中国企业对美投资累计约为6亿美元，有近600家企业。民间投资难以准确计算，估计有2亿美元，约400家企业。但总体来看，中国企业对美投资比重依然太小，仅占中国企业对外投资总额

的1/10，占美国对华直接投资总额的2%，说明相当多的中国企业还没有意识到对美国投资的战略意义。无论是为了更好地利用美国的销售市场，还是获取美国的棉花、木材、粮食等原料和先进技术，中国企业都有必要高度重视美国这个重要的、有巨大潜力的投资场所。

对美直接投资有助于避开美国的贸易壁垒，减少中美经贸摩擦的发生，而且通过投资设厂可以更有效地学习美国的先进管理经验，提高中国企业的综合国际竞争能力。因此，在时机成熟的前提下，我们要加大筹划、组织、实施对美国直接投资的力度，通过对美直接投资在当地设立企业和机构，把国内过剩的生产能力、原材料及零部件出口到国外市场，发挥我国的比较优势。在这方面，海尔成功地在美国投资设厂为中国的劳动密集型产品生产厂家提供了一个成功的榜样。具体到对美直接投资的方式上，可以有以下几种方式：一是直接购买美国生产企业。上海海欣集团购入格利奴集团纺织分部，得到了原有北美家饰、长毛绒玩具面料1/3的产能和所有销售渠道以及46个品牌，大大缩短了开拓美国市场的过程。二是参股生产或销售企业，改变我国企业在某些销售渠道上的劣势。三是考虑在美国开发区设厂。美国开发区的地价相对低廉，而且政府有很多鼓励措施。例如纽约州有56个“帝国区”，主要是产业衰退、就业问题较多或者待开发的城乡结合带。入区企业实际上可享受免税待遇，还可以容易获得政府贴息贷款、就业奖励和培训补助等优惠政策。但对美投资一定要注意规避美国的大选综合征，不要在美国大选和中期选举年份投资美国，因为这些年份美国的政治炒作会极大地增加投资美国的成本。当然，作为政府层面，应该大力放宽资本输出限制的政策，为扩大企业对美直接投资提供政策支持。

出口市场多元化在我国已经提了很多年，但效果并不理想。主要表现之一就是中国对外贸易出口对象仍然高度集中于美、欧、日市场。对美出口占中国出口总额的比重已经连续数年保持在20%以上，大大降低了中国对美经济的制约能力，成为美国频繁挑起对华经贸摩擦的重要原因。因此，政府要着力调整出口导向政策，引导企业调整产品结构，鼓励和发展知识密集型产业和互补型产业，在巩固原有市场的基础上开拓新兴市场，改变传统贸易模式，大力推进“走出去”战略，真正实现市场结构多元化和对外贸易的可持续发展，只有这样，才能从根本上扭转我国对美出口市场过度依赖的不利局面，为中美经贸摩擦的顺利解决创造良好的环境基础。

（五）加强知识产权的保护，努力提高企业的自主研发和创新能力

按照比较优势的原理，在我国发展劳动密集型产业无疑是正确的选择，但从国际贸易摩擦的产品结构来看，大多都是劳动密集型及低附加值的产品。在我国出口中存在技术含量低、结构单一、基本以劳动密集型产品为主；产业组织分散、企业规模经济性差、价格竞争往往成为主要市场竞争手段等问题。从某种程度上说，以往的高资本消耗+大规模劳动投入+低技术进步的生产方式已经成为中国经济发展的陷阱。

据有关资料统计，目前中国国内生产总值（GDP）的1.6%（约为400亿美元）被用于研发，比五年前的1%有所上升。但是相比之下，这个比例仍远远低于美国的2.6%及日本的3.2%。①我国企业对技术研发的投入无论是绝对额还是相对额都还很低，需要加大投入力度。只有加大研发经费的投入，从单纯的劳动密集加工型企业向研究开发型企业转型，利用新兴的技术、知识、信息、制度诸要素改造传统要素，逐步实现从低技术含量向高技术含量的转变，才能真正实现企业创新，提高企业产品的国际竞争能力。

没有创新就没有发展，而创新的前提就是加强对知识产权的保护。在中美经贸摩擦构成中，知识产权纠纷一直是美国关注的重点。我们要求加强知识产权保护，不仅仅是基于美方的经济利益考虑，更是对我们自己将来经济利益的保护。尽管中国政府在知识产权保护方面已经作了很大努力，但不可否认的是侵犯知识产权的行为在中国仍大量存在，有时甚至是明目张胆。因此，随着中国自主创新能力的提高，确实有必要加大对违反知识产权行为的处罚力度，建立健全知识产权保护的法律体系，并可以勇敢地与发达国家

---

①《华尔街日报》，2007年1月2日。

谈判，提出保护知识产权的合理建议等，尽快改善中国在知识产权保护方面的不良形象。

除此以外，与发达国家相比，我国仍然缺乏一个宏观层面上的知识产权战略，不利于我国从知识产权制度角度保护国家安全。政府应尽快建立或完善国家知识产权战略，从理论研究、法律制度、司法实践、管理机构、政策协调、媒体宣传等方面入手，推动知识产权战略与产业政策、科技政策、人才竞争政策等方面的密切结合与配套实施是当务之急。要通过实施国家知识产权战略，大幅度提升我国知识产权的创造、运用、保护和管理能力，有效利用国际国内的两种知识资源，从而大力提升国家核心竞争力。建立知识产权壁垒预警与应急机制，构建知识产权壁垒管理体系、加快制定反垄断法，对于外国企业滥用知识产权的行为，坚决加以规制等。对企业来讲，应不断强化知识产权意识，了解美国相关知识产权法律法规，努力突破美国各种知识产权壁垒。对于美国的各种起诉，中国企业也要大胆应诉，积极主动地利用世贸争端机制进行抗辩。

（六）调整经济增长方式，建立内需和外需并重的经济模式

当前，随着中国巨额外汇储备的累积，以粗放型创汇为主要目标的对外贸易增长方式已经失去了其存在的合理性，调整中国外贸体制是未来一段时期解决经贸摩擦的重要内容。通过调整，使中国建立起与世贸组织规则相协调的经济政策运行机制，为中国外贸的发展争取到较好的国际经济环境。

内需是一国经济发展的根本之策，也是我国经济长期持续增长的立足点。在依靠外需出口导向战略实施成本不断提高的情况下，进一步扩大内需具有突出的战略意义，关系到国民经济的长远发展，关系到国家经济安全。就当前而言，必须将宏观调控的着眼点更多地放在扩大内需上，努力提高消费需求对 GDP 增长的贡献率，改变我国经济增长过度依赖出口和投资的格局，改进经济增长方式，缓解经济增长受到外需下降的冲击，同时增加消费，降低过高的储蓄水平和收窄贸易缺口，削减对美贸易顺差，缓解双顺差下流动性过剩的压力以及汇率升值压力，改善因两国“储蓄—投资—消费”失衡而造成的中美贸易严重不平衡状况，为中美经贸摩擦

的解决提供现实的参考依据。这就要求我们一方面需要在观念上克服自觉不自觉的重商主义的影响，不片面追求贸易顺差和外汇储备，消除“贸易顺差和外汇储备越多成绩越大”的观念；同时政府要努力调整产业和市场结构，鼓励企业采取以质取胜的战略，从价格竞争跃升到质量、技术竞争，保持与国外竞争对手的非价格优势，打消其挑起摩擦的口实。另一方面，政府要以更加关注作为微观市场主体的广大居民消费需求为核心，加强财政、货币、贸易、产业、投资等宏观经济政策的协调与配合，通过扩大个人消费、民间住宅投资，消除人们的后顾之忧，稳定消费者的支出预期，真正改变储蓄率居高不下的状况，努力实现以内需为中心的国民经济持续发展。当然，更不能以过多消耗有限的不可再生资源和牺牲环境为代价来一味追求贸易的扩展，去寻求贸易顺差和扩大外汇储备，而是要真正建立一种对外开放与国内发展并重、满足外需和扩大内需并重的统筹发展模式。

（七）深入研究 WTO 有关条款，积极争取市场经济地位

由于某些 WTO 条款本身存在着模糊性，这就要求 WTO 成员必须深入研究这些条款的真正内涵，作出有利于本国利益的解读。在这方面，美国远比中国有经验得多。认真总结中美经贸摩擦发生的每起案例，可以发现有些经贸摩擦的发生完全是由于中国对 WTO 条款的误读引起的。而有些中美经贸摩擦之所以最终以中国较大让步而结束，也完全是由于美国对 WTO 规则的熟练驾驭和灵活运用的结果。因此，中国必须进一步深入研究 WTO 条款的规则，掌握灵活运用 WTO 规则的技巧，提高中国利用 WTO 条款保护自身利益的能力，加强利用世贸组织规则以外的方法对中国外贸的保护作用，并努力推动制定有利的国际规则约束美国的贸易保护主义行为，首先要完善约束美国等发达国家的规则，约束发达国家切实履行开放市场的承诺，使其进一步开放其国内市场，特别是纺织品和服装市场的准入政策，还有削减农产品的补贴等等。其次要完善约束中国等发展中国家自身的规则，推动发展中国家努力削减关税，减少各种形式的非关税壁垒。

市场经济地位是中国积极争取美国对华反倾销有利裁决的重要

障碍。虽然目前已经有77个国家承认中国的市场经济地位，但美国目前仍无动于衷。根据历史的经验，在2016年之前，美国承认中国市场经济地位的可能性很小。但是，我们仍然要努力争取其他大国对中国市场经济地位的承认，利用国际压力对美国施压，至少赢得相对宽松的国际贸易政策环境。

（八）加强对美国利益集团的游说和公关能力，间接对美国施加影响

以前，中国太重视和美国行政单位的接触，致使在贸易谈判中，缺乏美国议员和利益集团对中国的支持。我们也一直认为对美国的善意表达就可以得到对方的善意响应，缺乏对美国政治运作体系的了解。本书第五章已经指出，利益集团是美国对华决策的重要参与者，其对美国政府的游说作用不容忽视，认清美国贸易政治的复杂性，就必须把握好美国国内不同利益集团之间的微妙平衡。比如，美国产业集团大体可分为农业和高科技为代表的“出口促进集团”以及纺织业和钢铁业为代表的“进口竞争集团”，通过促进出口集团的对华利益来遏制进口竞争集团的摩擦行动，要求我们必须加大对美涉华利益集团的游说工作，提高我们对美国利益集团的公关能力，从而达到对美国政府间接施压的更好效果。

（九）健全行业协会功能，努力提高其应对纠纷时处理公共关系的能力

在国外，各种行业协会众多，钢铁有钢铁协会，汽车有汽车协会，纺织服装业、农业等均有自己的协会。一旦发生经贸摩擦，协会的整体功能得以充分发挥，协会的整体利益能够得到充分保障。目前，我国行业协会的功能存在着严重的不足，远远不能适应市场经济和解决国际经贸摩擦的需要。一是缺乏行业自律和管理能力。比如，在中美食品贸易争端中，我国相关的行业协会就没有把好技术标准关和质量关，没有监督好企业的市场行为，造成相关食品行业的恶性竞争，给中国食品安全形象带来不良影响。二是缺乏公共关系的处理能力。在对外发生经贸摩擦时，我国行业协会往往反应滞后，不能及时有效地组织企业积极应对，以争取公正裁决。因此针对中美经贸摩擦长期发展的客观现实，我们必须向他国行业协会

认真学习，加强行业协会立法建设，用法律的形式明确行业协会的性质、职能、职能实现方式、组织机制、对协会违法行为的判定和处罚规定、权利义务及其与社会成员和政府的关系等。依法对行业协会进行引导、监督和管理，使行业协会有法可依，为行业协会迅速发展提供法律保障。同时，加强行业协会的民间外交能力，促使中国行业协会同外国政府、国际组织建立联系，保持交流和沟通。针对美国个别媒体关于中国产品“妖魔化”的恶意宣传，行业协会应组织企业到美欧国家进行宣传，与消费者和媒体进行正面接触和交流，用事实来推翻所谓的“中国食品威胁论”，用诚意来重新树立国外消费者对中国产品的信心。

（十）努力完善我国商品及服务贸易的会计和统计制度

由于不承认中国的市场经济地位，欧美等国家在反倾销调查中往往采用“替代国”价格来衡量中国产品是否倾销，使中国企业很容易成为反倾销对象并被征收较高的反倾销税。而欧美国家不承认中国“市场经济”地位的理由之一，就是对中国企业成本核算数据存有疑虑，认为不能完整和公允地反映产品的真实成本。欧美国家如此操作的原因之一就是对中国的会计准则和会计制度的演变与发展，对中国企业的成本核算制度和管理实践，缺乏全面深入的了解。2006 年，中国颁布新企业会计准则，使得中国企业会计制度与国际会计准则（IFRSs）实现了趋同。2008 年 7 月 14 日，中国商务部与美国管理会计师协会（IMA）联合发布《中国企业成本计算方法和成本管理实践》的研究报告，认为“不能简单地由成本核算方法上的差异推断出中国产品存在倾销”。国外权威会计机构的明确结论，为我国今后对外经贸摩擦的科学应对提供了有力的理论支撑。

在做好我国会计制度完善的同时，对服务贸易的统计制度和方式也要给予修正。国内学者段祺华研究认为①，目前我国服务贸易

① 段祺华：《全面准确统计双边服务贸易是解开中美贸易不平衡绳结的关键》，http：//www.lawyers.com.cn/jsp/lawyers/show.jsp？newsType = 32&newsID = 2000058541

统计存在着以下几个方面的漏洞：首先，大量非跨境服务交易（商业存在）的统计仍非常繁重，易造成对中美服务贸易的低估。多数美跨国公司在华投资除了涉及制造领域外，还包括贸易、营销、金融等服务业。这些企业在为国内提供产品的同时，为获得内部化收益并支持其货物制造及出口，也在提供大量服务，或专门提供金融、保险、证券、咨询、会计、法律等服务，并赚取了高额利润。根据《服务贸易总协定》有关商业存在的规定，这部分服务交易和利润也应算做美国对华服务出口及顺差的一部分。然而目前这些数据并没有反映在中国国际收支平衡表上。其次，许多高科技产品和服务如软件、网络交易平台服务等，并不采用传统“海关入境”的出口方式，而是通过互联网渠道，不但使原本应当算做美国对华服务出口的交易，无法被统计进入中美服务贸易中，从而减低了美国对华服务出口和服务贸易的顺差，而且导致我国大量进口环节税的流失。再次，许多美国服务提供商如投行、会计师事务所、律师事务所等，将实际在中国国内完成且来源于中国国内业务的服务款项在境外支付，人为减少美国对华服务的出口额及对华服务贸易顺差。而中国以前对服务贸易一直缺乏有效检测及统计手段，使得许多服务贸易都无法统计或被遗漏。上述漏洞或缺失导致我们现有的统计信息不仅无法全面反映中国对世界服务贸易的参与状况，而且难以为中国政府在国际事务管理中进行科学决策，以及为国内服务业在国际竞争中采取有利行动、提高竞争力提供信息支持。因此，做好中美服务贸易的准确统计，有利于中国在中美经贸摩擦发生时对美实施有效的反制措施，争取双边磋商中的主动权。

二、对美方的建议

（一）正确对待中国经济崛起，经贸问题非政治化

目前，美国上下对中国崛起现状已经达成共识，即中国的崛起不可避免。但是对于中国的崛起对美国到底意味着什么，则有众多不同的解读。而不同的解读又会提出不同的对华应对之策。冷战结束后，世界经济政治化逐渐凸显，特别是作为唯一超级大国的美国，为维护自身经济利益，经常将经济问题上升到政治利害关系的

高度去处理，常常把经贸问题与毫不相干的“人权”等政治问题“相提并论”，以施加政治压力来获取经济利益；以“最惠国待遇”为诱饵，达到某些政治目的；利用自己在国际经济组织里的影响力或者裁决力，进行利益交易，不惜让国际经济组织失去公信力。如此等等，构成了中美经贸关系顺利发展的重大障碍。

2000 年美国对华永久性正常贸易关系问题的解决及 2001 年中国加入世界贸易组织，标志着中美经贸关系从机制上走出了“非政治化”的关键一步。中美商贸联合委员会以及中美战略经济对话机制的建立，则又从制度安排上对“非政治化”作了进一步的保证。正因为如此，近几年中美经贸关系突飞猛进，不断迈上新的台阶。但是，实践证明，要想经贸关系彻底“非政治化”，单靠机制建立、制度安排和组织保障是远远不够的。当前，中美经贸关系的内容未变、结构未变、内在和外在机制未变，但摩擦却突然升温，不能不说与美国对华战略这个“大政治因素”的变异深有关联。说到底，中美经贸关系真正的“大问题”，不在所谓贸易逆差、人民币汇率和纺织品摩擦，而在美国一些人士所认定的中国崛起“速度太快”、“势头太猛”、“前景难测”。因此，要真正实现“非政治化”，归根到底还需要美国当政者及各界人士以新的心态和战略胸襟正视并接纳中国的和平崛起。美国人应该看到，一个经济上强大的、遵守国际准则的、与世界经济融为一体的中国，一个推行和平发展战略和遵循建立和谐世界理念的中国，不仅可以为美国提供商业机会，更是亚太地区乃至世界和平与稳定的支柱之一。

（二）尽快给予中国市场经济地位，在 WTO 规则范围内解决中美经贸摩擦

“非市场经济”国家不仅仅是一个经济问题，更是一个政治问题。它代表着美国对中国社会经济性质的理解，以及对中国经济体制改革所取得成绩的认可程度。中国自建立社会主义市场经济体制以来，已经取得了举世瞩目的进步，任何人、任何国家都不能熟视无睹。目前，世界上已有几十个国家承认中国的市场经济地位，而美国以所谓的“六项标准”至今不给予中国市场经济地位，这不仅是对中国的严重歧视，也是对 WTO 规则的任意歪曲，不利于中

美经贸摩擦问题的解决。

2008年7月，为尽可能完成已被耽误数年的多哈回合谈判，世贸组织30多个成员的代表在日内瓦举行部长级磋商，最后由于美国的反对，使得美、欧盟、日本、澳大利亚、印度、巴西和中国等7个世贸组织重要成员在小范围磋商中未能解决有关发展中国家农产品特殊保障机制等方面的分歧，多哈回合谈判再次以失败告终。在此轮谈判中，美国一方面不愿意大幅削减扭曲国际贸易的巨额农业补贴，另一方面却要求发展中成员取消棉花关税，当属典型的单边贸易保护主义，极大地损害了广大发展中国家的利益，伤害了广大发展中国家的感情，践踏了WTO的公平贸易原则，是引发国际经贸摩擦不断加剧的主要因素。就对华经贸摩擦而言，美方应该清楚，频繁以单边主义手段对华发起经贸摩擦，最终的结果只能是双损。尽快给予中国市场经济地位，真正按照WTO规则精神处理对华经贸摩擦才是美国的正确选择。

（三）通过努力扩大对华出口而不是限制自华进口的办法平衡中美贸易

美方不断指责中国保持对美巨额贸易顺差，实际上中国对美巨额贸易顺差并不利于提高自身的国民福利。因此，中国不仅不愿意长期保持这种贸易不平衡，而且希望能够通过购买到更多的美国高技术产品来缓解两国的贸易不平衡。面对美国国内反对对华高技术出口管制的声音，2006年7月6日，美国商务部公布了《对中华人民共和国出口和再出口管制政策的修改和澄清及新的授权合格最终用户制度》，却扩大了对华出口管制商品的范围，加大了对华出口管制力度，增加了两国企业的贸易成本，使美对华出口管制审批程序更加复杂化。这无疑是向美国业界发出消极的信号，从而影响两国企业开展高技术贸易的积极性，无益于中美高技术产品贸易的健康发展。笔者认为，美国应该向中国出口更多的高科技产品，包括生物科技、生命科学、光电、电子信息通信、柔性制造、高级材料、宇航科技、武器和原子能技术等各个领域的产品。实际上美国即便不对中国出售，其他国家也会对中国出售，到头来损害的只能是美国自己的利益。

（四）重新制定贸易调整援助计划，有效解决进口对美制造业就业造成的冲击

为了对因进口而造成损害的产业及工人提供帮助，减少贸易对国内产业的冲击和负面影响，1962 年美国出台了《贸易拓展法案》，并提出了“贸易调整援助计划”（Trade Adjustment Assistance Program 简称 TAA），为受到冲击的行业的工人提供正常失业福利之外的调整津贴、援助和再培训机会，以帮助他们转移至新兴的、更具竞争力的行业，对受到外国竞争威胁的公司提供技术援助、贷款和贷款保证以及税收优惠来减少产业调整中的损耗。TAA 计划还授权美国总统对外国在农产品贸易中的不公平做法采取行动，这也就是 1974 年贸易法核心思想的前身。到了 21 世纪，贸易调整援助计划进一步演化成一个完备的计划，但接受援助的工人仍然有限，由 1998 年的 2.4 万人增长到 2002 年的 3.7 万人。2001 年实际上约有 14.5 万工人属于该计划的潜在条件满足者，但只有 3.3 万人得到援助。① 2002 年为了获取国会“贸易促进权”，布什总统签署《贸易调整援助改革法案》（Trade Adjustment Assistance Reform Act），将受益者扩大到农民群体。根据新的法案，贸易调整援助计划主要包括三部分，即《工人贸易调整援助计划》、《企业贸易调整援助计划》和《农民贸易调整援助计划》。法案规定，这三大计划实施至 2007 年 9 月 30 日为止。2007 年 10 月，美国众议院筹款委员会（House Ways and Means Committee）通过扩展美贸易调整援助计划（TAA）提案（HR3920），并将该法案改为《2007 年贸易与全球化法案》（Trade and Globalization Act of 2007），该提案要求将 TAA 的有效期延长 5 年，并将援助对象扩大至服务业工人，该提案还要求为受到自由贸易负面影响的企业提供减免税收等优惠待遇。由于法案涉及数额过大，布什政府反对实施该项法案。

TAA 计划在美国发展了 40 多年，相对于整个失业保险体系来说，该计划支出并不大，但却作为失业保险的一个补充项目，重点

---

① 李卓、刘建兵：《论美国贸易调整援助计划》，《经济评论》，2005 年第 4 期。

保护了收入因贸易而恶化的人群，对于缓冲经济全球化和贸易自由化的冲击有着十分重要的意义。在美国制造业生产率不断提高、进口持续扩大的今天，美国政府重新制定和进一步调整贸易援助计划（TAA）势在必行。从中美经贸摩擦的视角看，提高援助对象的工资和医疗保障水平，有利于减轻美国国内民众对发展中美经贸关系的压力，有利于推动中美经贸关系的健康发展。

三、中美联合行动

（一）有效发挥中美战略经济对话机制作用，促进中美经贸关系健康发展

国际均衡协调，或者说国际经济均衡发展的协调，是指国际经济关系中不同的行为主体为了解决相互存在的矛盾和问题，通过对话、会谈、协商、谈判、外交等多种方式进行协商和协调，以求使矛盾主体尽最大可能达成一致性的一种机制。其内容主要包括各国间经济发展指标的协调、经济发展模式的协调、经济信息的交换与协调、政策行动的协调等。从国际经济视角看，既然导致贸易失衡非一国所为，解决各国间贸易不平衡问题也就需要各有关国家作出共同努力，以国际均衡协调的途径和方式来解决各国间的贸易摩擦。

目前，中国的巨额经常项目顺差和美国的巨额经常项目逆差是全球经济失衡的两个方面。就中国而言，要解决自身的国际收支不平衡问题，首先要从解决中美国际收支不平衡入手，2006 年开始的中美战略经济对话就是实现两国宏观经济均衡协调的一次初步尝试，也是双方由注重事后调节向注重事前调解的一次制度创新。此次战略经济对话中美两国在证券、金融、能源、航空等领域达成了一系列实质性协定：中美双方同意在中国设立纽约证券交易所和纳斯达克代表处；美国支持中国加入泛美开发银行；双方缔结了促进美国对华出口的融资便利协定等。作为“利益相关者”的美国为中国开出了“扩大内需和金融服务业市场准入”的治理贸易不平衡的药方，中国虽然不能完全接受，但也理解其中的合理内涵，那就是提高人民的生活水平才是解决中国国际收支不平衡的根源。当

然，如果美国不能解决自身的储蓄—投资不平衡问题，即便中国不再对美保持贸易顺差，其他国家也会取代中国而对美国保持贸易顺差。正如美联储主席伯南克所说，“美国在这方面也必须作出努力，特别是提高国民储蓄率以及避免保护主义”。这也与中国开给美方的药方大致相同。

第二次中美战略经济对话在首次对话取得共识的基础上，双方取得了一系列有利于增强和深化双边经济关系的成果，主要包括：1. 在金融服务业领域，中国将在2007年下半年恢复审批证券公司的设立；逐步扩大符合条件的合资证券公司的业务范围，允许其从事证券经纪、自营和资产管理等业务；在有利于促进国际收支基本平衡的前提下，将把合格境外机构投资者（QFII）的投资总额度提高至300亿美元；允许具有经营人民币零售业务资格的外资法人银行发行符合中国银行卡业务技术标准的人民币银行卡，享受与中资银行同等待遇；允许外资产险分公司申请改建为子公司，对于目前尚未批准的申请，中国保监会将于2007年8月1日前完成审核。美国强烈支持中国在2007年6月召开的FATF（金融行动特别工作组）全会上成为FATF成员，双方理解中国将采取适当步骤以达到FATA核心成员资格标准；美方确认中资银行在美开设分行的任何申请都将根据国民待遇原则进行审批并承诺与中国开展金融监管人员的交流。2. 在非金融服务业和贸易领域，双方宣布同意扩大现有双边民用航空运输协定范围，大量增加两国间每年航班班次，在2011年全面开放货运航权，在2010年开始谈判客运全面开放的协定和时间表；双方同时宣布启动中国旅游团队赴美旅游的联合声明、主权担保融资合作的谅解备忘录和中国进口美国铁路设备。双方就《中国—美国高技术与战略贸易发展指导原则》达成共识。双方将继续开展在政府立法透明度方面的合作，并将共同举办行政许可方面的研讨会。3. 在能源和环境领域，中国与美国同意本着务实的原则，积极参与WTO框架下贸易与环境议题的多边谈判，就削减或酌情取消环境产品和服务的关税和非关税壁垒问题进行探讨。中美两国将在推进清洁煤技术领域加强合作，争取在中国合作开发15个大型煤层气（CMM）项目，完成中国加入未来发电计划政府指导委员会的工作，提供政策激励消除先进煤技术完全商业化的成本障碍，并将推进碳捕获和储存技术的研究与开发，制定中国国家燃油低硫化政策。中美两国共同宣布双方就自愿采取节能产品认证（能源之星）达成一致。两国签署《美国核管制委员会和中国国家核安全局关于AP1000型核电机组核安全合作谅解备忘录》。4. 在经济平衡增长领域，美方将向中方提供发展金融市场和农村金融方面的技术援助。两国同意就劳动力市场政策进行人员交流和信息共享。中美卫生保健论坛在第二次中美战略对话前成功召开。中美双方还同意采取重大措施降低中国国民储蓄率，提高美国国民储蓄率。美方欢迎中国宣布扩大人民币日交易浮动区间。5. 在创新领域，中美双方签署了《中华人民共和国海关总署与美利坚合众国国土安全部海关与边境保护局关于加强知识产权执法合作的备忘录》和建立标准与技术性贸易措施磋商合作机制合作意向书。中美将举行有关技术创新关键问题的研讨会。

第三次中美战略经济对话进一步达成了多项加强和深化双边经济关系的成果，包括：1. 在金融服务业领域，中方同意在第四次中美战略经济对话前宣布，中国证监会将就外资参股中国证券公司及其对中国证券市场的影响进行认真评估，并基于评估结果就调整外资参股中国证券公司的股权比例问题提出政策建议。依据相关审慎性规定，中方允许符合条件的外商投资公司包括银行发行人民币计价的股票，允许符合条件的上市公司发行人民币计价的公司债券，允许符合条件的外资法人银行发行人民币计价的金融债券。中国和美国欢迎最近批准的中国招商银行在美设立分行的申请。美国政府继续承诺对在美开展业务的中资银行实施国民待遇，并确认按照国民待遇原则对中资银行的申请进行评估。美国对所有外国银行在美建立分行、子行或者购买美国现有银行机构的股份的申请应用同样的审慎标准。美国注意到中国提出的请美国相关监管机构根据相关法规和程序快速审批中资银行申请的要求。美国政府同时继续承诺对中国的证券公司和投资咨询机构在美登记和开展业务实施国民待遇。中国银监会与美国证监会已原则上同意将于近期签署交换信函（EOL），该信函将就涉及中国银监会或美国证监会核发许可的金融机构所从事的跨境活动的相关信息交换做出安排。2. 在能源和环保领域，中美双方签署了加强发展生物物质资源转化燃料领域合作的谅解备忘录，并磋商了一项合作打击非法采伐和相关贸易的谅解备忘录，以促进森林可持续经营。中方将制定和实施全国范围内的电力行业二氧化硫排放交易项目。美国将为该项目、基础性水污染管理项目以及采用清洁燃料和机动车政策等提供技术支持。中美双方重申双方在WTO框架下关于"削减或酌情取消环保产品和服务的关税和非关税壁垒"的承诺。3. 在透明度领域，中美双方同意，行政规则制定的透明度得到了提高，公众参与度得到了增强。双方也同意尊重两国有关透明度的国际义务并以此为基础，这些义务包括APEC和WTO承诺。4. 在经济平衡增长领域，中美两国承诺通过对话和磋商就应对中美经济不平衡的措施进行交流，包括在中美经济联委会上进行讨论。两国也应更多强调反对贸易和投资保护主义。双方欢迎美国和国际社会对近来美国次级债市场和其他全球金融市场波动引发的挑战进行评估。双方同意继续就具有系统性重要性的经济和金融动态及时进行沟通和信息共享。两国的金融监管机构同意继续就监管措施进行交流。在创新领域，中美双方讨论了成功的创新生态系统的关键要素，公共与私营部门在鼓励创新方面的适当角色，以及如何鼓励知识资产的创造、保护和传播。双方一致同意继续对话，联合举办关于创新的公共和民间研讨，以及开展在SEDIII创新大会成果文件中所提到的其他合作。

2008年6月举行的中美第四次战略经济对话，围绕着经济可持续增长的主题，双方就宏观经济和金融周期管理、民生投资能源和环境问题的共同机遇贸易及竞争力强化投资等问题进行了坦诚深入的交流，进一步加深了理解，增加了战略互信，达成了许多共识，取得了丰硕的成果：第一，双方深入探讨了中美经济发展面临的重大问题，包括美国次贷危机、国际金融市场动荡、全球粮食安全，同意加强财政政策、货币政策等宏观经济政策和公共投资的沟通与协调，共同应对经济全球化的挑战。中方认为，美元疲软是导致中国出现通货膨胀压力的因素之一。美元疲软导致全球商品和原材料价格上涨，在兑换为人民币后，推高了中国的价格压力，而且目前许多发展中国家都感受到了这种影响。美方同意切实考虑中方关切，通过中美商贸联委会以合作方式迅速承认中国市场经济地位。第二，两国签署了《中美能源环境十年合作框架》文件，共同确定了能源环境合作的五个优先领域，包括：电力，发电和传输方面的节能、提高能效；交通运输领域的提高能效、减低排放；水污染的治理；大气污染的治理；森林和湿地的自然资源保护。该文件对中美未来经济合作具有重大影响，也将为全球可持续发展作出贡献，显示了中美战略经济对话的重要意义和战略影响。第三，双方均强调坚持自由贸易和投资便利化原则，致力于改善投资环境，同意正式启动中美双边投资保护协定谈判；双方同意，建设创新型社会是中美各自国家利益的体现，加强知识产权保护是建设创新型社会的根本前提，从战略高度探讨知识产权问题，并对中美商贸联委会形成指导意见，是非常有益的。第四，双方正式启动“中美双边投资保护协议”谈判，在金融合作和金融开放方面取得许多实质性进展和成果。针对次贷危机的爆发和由此造成的金融动荡，美方发布了相应的评估报告以及加强金融服务企业和监管者运作的建议。美方承诺，根据修订后的国际证监会组织有关资信评级机构的行为准则，提出新的管理规定，以促进资信评级机构强化评估程序，从而确保评级过程的完整性和投资者受到公平对待。在美国资信评级机构新规定实施后，美国相关企业必须完全遵守新规定的要求。相应地，中方也会依据审慎性原则，允许现有合资资信评级机构在不降低外资持股比例的情况下，可以申请开展证券资信评级业务资格。美方继续承诺开放金融市场，给予中资商业银行国民待遇，并按照相关审慎规定与程序，快速处理中资银行在美开设分支机构的申请，无不当拖延。中方则同意在2007年12月31日之前，完成对外资参股中国证券、期货和基金公司的评估，并根据评估结果提出有关调整外资参与中国证券市场的政策建议。中方将按相关审慎监管原则，允许符合条件的境外公司通过发行股票或存托凭证的形式在中国的交易所上市。中方还将允许符合条件的外资法人银行发行人民币次级债券。中方同意开展试点，允许非存款类外国金融机构向试点地区零售消费者提供消费金融服务。在QFII投资方面，中方同意，境外保险机构、政府和货币当局、共同基金、养老基金、慈善基金和捐赠基金等 QFII 及其发起的开放式中国基金的投资本金锁定期降低为 3 个月。第五，在保险方面，美国农业部将研究与中方就农村保险开展进一步合作的方法。而中方则表示，对于美方关注的外资保险公司可对一家新设或现有的中国保险公司进行投资，无论该公司是否已对中国同类保险业进行了投资的有关问题，中方将充分考虑各方提交的评论，并继续就此与美方进行探讨。第六，主权财富基金投资也是本次会议的话题之一。双方在会后达成的一致意见指出，美方欢迎包括中国在内的主权财富基金的投资，中方则强调中国的国有投资公司的投资决定完全出于商业目的。美方还承诺，将充分考虑中方提供的对《外资兼并、收购和接管有关条例》的书面评论意见，并确保美国外国投资委员会（CFIUS）的审查程序让所有外国投资得到一致、公平的待遇。

随着美国新总统的上台，中美战略经济对话能否延续还不得而知，但前几次战略经济对话所取得的重要成果应该是有目共睹的。当然，我们不能指望几次战略经济对话就能解决中美间的所有问题，但坚持对话有利于解决双边经贸摩擦，有利于阻止经贸问题政治化，有利于增进中美双方战略互信，最终有利于建立平衡、互利、共赢的中美经贸关系。我们有理由相信，只要中美双方遵循自由贸易的原则，遵循 WTO 有关规则，平等协商、释放善意地进行国际均衡协调，建立中美经贸关系长远发展的制度保障目标是完全能够实现的。

（二）建立反映双方经济利益诉求新框架，夯实中美经贸关系发展的政治基础

2007 年 4 月 17 日，美国前副国务卿罗伯特·佐利克在英国《金融时报》发表《中美需要新的上海公报》的文章指出，自 1972 年以来，中美经济关系迅速发展，但为其提供前提和保证的政治关系滞后、滑坡，中美需要新的上海公报来指导中美关系的发展。其实，早在 1996 年 3 月 4 日，美国很有影响的《商业周刊》便发表了题为《请不要同中国打冷战》的社论文章，指出“现在需要采取行动，签署一个新的上海公报来消除中美关系的矛盾和猜

疑。这第二个上海公报应当在第一个上海公报的基础上再前进一步”。2002年1月2日，美国前助理国务卿查德·霍尔布鲁克在《华盛顿邮报》上也撰文指出，目前中美关系进入了第三个阶段，现在是华盛顿同北京谈判第四项公报的时候了，新的公报应该在弘扬美国自己的价值观、打击恐怖主义和帮助稳定全球的一个动荡地区形势方面得以采取强有力的行动。

笔者认为，当前中美关系的发展确实需要第四个联合公报得以夯实和推动，但在两国意识形态差异短期内难以消除、反恐和朝核问题处理难以长远支撑双边关系的稳定等客观因素影响下，中美第四个联合公报的主体选择和确定尤为重要。在和平与发展是当今世界两大主题的全球化时代，有必要将经贸关系提升到与政治关系同等重要的地位来认识，这不仅是中国经济发展的需要，也是当前中美关系中最具共同语言、最有共同利益、最有希望达成共识的领域。比如，中美两国目前在全球石油供给、应对油价上涨、节能和发展新能源及应对全球气候变暖等一系列经贸和非传统安全问题上具有较多的共同利益，有实现两国战略互信和战略合作的良好基础。如果真能签署以经贸问题为核心的第四个中美联合公报，中美经贸关系的发展从长远上就有了新的指针和约束机制，在此基础上中美经贸摩擦的处理也就有了更为坚实的政治基础。

（三）尝试推动中美自由贸易区谈判，加快全球多边自由贸易进程

2008年4月7日，中国和新西兰签署《全面自由贸易协定》，这是中国继与智利自由贸易协定之后签署的第二个双边自由贸易协定，具有标志性意义。该协定使新西兰在发展对华经贸关系方面，实现了四个“第一”，即第一个完成中国加入世贸组织双边谈判的国家，第一个承认中国完全市场经济地位的国家，第一个与中国展开自由贸易协定谈判的发达国家，第一个与中国签订完全自由贸易协定的发达国家。《协定》主要涵盖了货物贸易、服务贸易与投资三大领域。在货物贸易方面，《协定》规定了更优惠的市场准入条件，更多的关税优惠以及其他优惠措施。例如，根据《协定》，新方承诺将在2016年1月1日前取消全部自华进口产品关税，其中

63.6%的产品从《协定》生效时起即实现零关税；中方承诺将在2019年1月1日前取消97.2%自新进口产品关税，其中24.3%的产品从《协定》生效时起即实现零关税。在服务贸易方面，体现出两国贸易的互补优势，新西兰在商务、建筑、教育、环境四大部门的16个分部门作出了高于WTO的承诺；中国在商务、环境、体育娱乐、运输四大部门的15个分部门作出了高于WTO的承诺。尤其重要的是在投资争端解决方面，《协定》体现了鲜明的时代性（规定所有的投资争端都可以提交国际仲裁）、高度的灵活性（争端解决方式多样，包括磋商、谈判、第三方程序、仲裁、诉讼等）、较强的原则性（保留了"当地救济优先权"和"要求用尽国内行政救济"）。10月23日，中国和新加坡签署了自由贸易协定，涵盖了货物贸易、服务贸易、人员流动、海关程序等诸多领域，新方承诺将在2009年1月1日取消全部自华进口产品关税；中方承诺将在2012年1月1日前对97.1%的自新进口产品实现零关税。双方还在医疗、教育、会计等服务贸易领域作出了高于WTO的承诺。

由于美国与新西兰、新加坡国家的巨大差别，加上美国对中国长期具有的疑虑，短期内建立中美自由贸易区还存在很大的困难。但在经济全球化趋势无法阻挡的国际大背景下，中新自由贸易协定的签署以及随后更多的中外自由贸易区的建立，对抱着冷战思维不放的美国势必会带来某种程度的压力，因为自由贸易协定的贸易转移效应是区外国家不得不面对的客观现实，视而不见只能损害美国自身的经济利益。从长远看，这是推动中美两国展开自由贸易协定谈判的国际基础和深层动力。既然中美两国都需要对方的巨大市场，既然中美贸易合作同样具有极强的互补互利性，中美建立自由贸易区不仅符合自由贸易的精神，同样符合两国人民提高生活水准的期待和愿望。

中国古代伟大诗人屈原在《离骚》中写下了这样几句诗："鸷鸟之不群兮，自前世而固然。何方圜之能周兮，夫孰异道而相安？"我国宋代理学家张载也在《正蒙·太和篇》中讲道："有像斯有对，对必反其为；有反斯有仇，仇必和而解。"意思是说只要有一种事物、一种现象，必定有与之相对应的事物和现象，两者免不了有矛盾、有斗争，最后解决的方法一定要求“和”。就中美经贸关系而言，“异道”、“有仇”是客观存在的，而“相安”、“和谐”则符合中美两国的最大利益。“路漫漫其修远兮，吾将上下而求索。”存异道、求相安、构和谐，不断探索用新的思维解决双边经贸摩擦是中美两国政府和人民的共同期盼和努力方向。

主要参考文献

（一）英文文献

[1] Gary Clyde Hufbauer, US-China Trade Disputes : Rising Tide, Rising Stakes[M]. Institute for International Economics, Washington, DC, August 2006.

[2] John Frisbie and Michael Overmyer. Us-China Economic Relations: The Next Stage. Current History [M]. September 2006, pp. 243-249.

[3] Oxford Economics and The Signal Group, The China Effect: Assessing the Impact on the US Economy of Trade and Investment with China[R]. Washington, DC, January 2006.

[4] Craig VanGrasstek, The Benefits of U. S. -China Trade in Services[R]. United States Council Foundation Occasional Paper No. 1, July 2006.

[5] Raymond J. Ahearn, Trade Conflict and the U. S. -European Union Economic Relationship [R]. CRS Report for Congress, July 2006.

[6] Gene M. Grossman, and Elhanan Helpman, Special Interest Politics[M]. The MIT Press, 2001.

[7] Solomon W. Polachek, Conflict and Trade[M]. Crossroads, ISSN 1825-7208 Vol. 5, No. 1.

[8] Daniel Griswold, Who's Manipulating Whom? China's Currency and the U. S. Economy[R]. Cato Institute Trade Briefing Paper No. 23, July 2006.

[9] C. Fred Bergsten, Foreign Economic Policy for the Next Dec-

ade[M]. January 2005.

[10] Edward Gresser, US-China Trade in Perspective: Asia's Emerging Union and Implications for the United States[R]. The China Business Forum, June 2005.

[11] USTR, U. S. -China Trade Relations: Entering a New Phase of Greater Accountability and Enforcement[R]. February 2006.

[12] Daniel Ikenson. Chinese Currency Adjustment Is No Cure for U. S. Trade Deficit[R]. Cato Institute . Impact Analysis. July-August 2006, pp. 3-6.

[13] Choate, P. , Miller, E. A. , "U. S. -China advanced technology trade"[R]. U. S. -China Economic and Security Review Commission Working Paper, April 2005.

[14] Edwards, S. , "The U. S. current account deficit: gradual correction or abrupt adjustment?" [R]. NBER Working Paper No. 12154, April 2006.

[15] Mann, C. L. , Pluck, K. , "The US trade deficit: a disaggregated perspective" [R]. Institute International Economics Working Paper, September 2005.

[16] U. S. -China economic and security review commission. Report to 109th Congress. November 2006.

[17] Chad P. Bown, Meredith A. Crowley, Rachel McCulloch, and Daisuke J. Nakajima. The U. S. trade deficit: Made in China? [R]. http://yaleglobal. yale. edu/about/pdfs/UStrade. pdf.

[18] U. S. Government Printing Office. Economic Report of the President[R]. Washington: 2005, 2006, 2007.

[19] Kerry Dumbaugh. China-U. S. Relations: Current Issues and Implications for U. S. Policy[R]. CRS Report for Congress, February 14, 2007.

[20] Trade Promotion Coordinating Committee. The 2006 National Export Strategy[R]. July 2006.

[21] Rosmy Jean Louis and Pumulo Roddy. Terms-of-Trade: A

Criterion for Trade Disputes Settlement[R]. International Institute for Sustainable Development, December 2003.

[22] Alexander B. Hammer. The Dynamic Structure of U. S. -China Trade, 1995-2004 [R]. Economics Working Paper, USITC, No. 2006-07-A.

[23] Judith M. Dean, K. C. Fung, Zhi Wang. Measuring the Vertical Specialization in Chinese Trade[R]. Economics Working Paper, USITC, No. 2007-01-A.

[24] Michael J. Ferrantino, Zhi Wang. Accounting for Discrepancies in Bilateral Trade: The Case of China, Hong Kong, and the United States[R]. Economics Working Paper, USITC, No. 2007-04-A.

[25] USGAO. U. S. -China Trade[R]. Report to Congressional Committees, September 2005.

[26] Kate Bronfenbrenner, James Burke. Impact of U. S. -China Trade Relations on Workers, Wages, and Employment[R]. Pilot Study Report, June 2001.

[27] James Burke. U. S. Investment in China Worsens Trade Deficit[R]. Briefing Paper, EPI, Washington, D. C. June 2003.

[28] Daniel Griswold, Are Trade Deficits a Drag on U. S. Economic Growth? [R]. Cato Institute, March 2007.

[29] Craig K. Elwell and Marc Labonte. Is China a Threat to the U. S. Economy? [R]. CRS Report for Congress. January, 2007.

[30] Jerry Taylor. CNOOC Bid for Unocal No Threat to Energy Security[R]. Cato Institute, July 2005.

[31] Daniel Ikenson. Nonmarket Nonsense—U. S. Antidumping Policy toward China[R]. Cato Institute, March 2005.

[32] Kerry Dumbaugh. China-U. S. Relations: Current Issues and Implications for U. S. Policy[R]. CRS Report for Congress, February 14, 2007.

[33] Craig K. Elwell. The U. S. Trade Deficit: Causes, Consequences, and Cures[R]. CRS Report for Congress, January 5, 2008.

（二）中文文献

[1] 陈宝森．剖析美国新经济［M］．北京：中国财政经济出版社，2002.

[2] 陈泰锋．中美贸易摩擦［M］．北京：社会科学文献出版社，2005.

[3] 陈继勇．21 世纪初世界经济格局与中美经贸关系［C］．成都：西南财经大学出版社，2005.

[4] 陈继勇主编．美国新经济周期与中美经贸关系［C］．武汉：武汉大学出版社，2004.

[5] 刘阳．对中美贸易摩擦的专题法律研究［M］．大连：东北财经大学出版社，2006.

[6] 胡方．日美经济摩擦的理论与实态［M］．武汉：武汉大学出版社，2001.

[7] 刘力．中国直面国际经济摩擦［M］．北京：中国大百科全书出版社，2004.

[8] 刘连第．中美关系的轨迹［M］．北京：时事出版社，2001.

[9] 罗双临．中国高新技术产品贸易研究［M］．北京：中国市场出版社，2005.

[10] 张鸿．中国对外贸易战略的调整［M］．上海：上海交通大学出版社，2006.

[11] 温耀庆主编．中国外经贸热点问题研究［M］．上海：上海交通大学出版社，2005.

[12] 商务部世贸司．美国贸易政策［M］．北京：中国商务出版社，2005.

[13] 孙哲．崛起与扩张——美国政治与中美关系［M］．北京：法律出版社，2004.

[14] 胡函钧．当代中美贸易［M］．上海：复旦大学出版社，2002.

[15] 肖虹．中美经贸关系史论［M］．北京：世界知识出版社，2001.

[16] 王厚双等著．直面贸易摩擦 [M]．沈阳：辽海出版社，2004.

[17] 王厚双．贸易战离中国有多远 [M]．北京：经济日报出版社，2002.

[18] 王正毅、张岩贵．国际政治经济学原理：理论范式与现实经验研究 [M]．北京：商务出版社，2003.

[19] 冼国明、陈继勇主编．当代世界经济格局下的中美经贸关系 [C]．北京：中国经济出版社，2007.

[20] 赵瑾．全球化与经济摩擦 [M]．北京：商务印书馆，2002.

[21] 赵京霞．后配额时代的国际纺织品贸易 [M]．北京：中国纺织出版社，2006.

[22] 张丽娟．美国商务外交策略 [M]．北京：经济科学出版社，2005.

[23] 张向晨等．WTO 后的中美关系 [M]．广州：广东人民出版社，2002.

[24] G. M. 格罗斯曼、E. 赫尔普曼著，李培刚译．利益集团与贸易政策 [M]．北京：中国人民大学出版社，2002.

[25] [美] 杰弗里·法兰克尔等编．美国 90 年代的经济政策 [M]．北京：中信出版社，2004.

[26] [美] 马丁·费尔德斯坦主编．20 世纪 80 年代美国经济政策 [M]．北京：经济科学出版社，2000.

[27] [美] 迈克尔．J. 希斯考克斯著，于扬杰译．国际贸易与政治冲突 [M]．北京：中国人民大学出版社，2005.

[28] [美] 托马斯·A. 普格尔、彼得·H. 林德特著，李克宁等译．国际经济学 [M]．北京：经济科学出版社，2001.

[29] [美] I. M. 戴斯勒著，王恩冕等译．美国贸易政治 [M]．北京：中国市场出版社，2006.

[30] [美] C. 弗雷德·伯格斯坦著，朱民译．美国与世界经济——未来十年美国的对外经济政策 [M]．北京：经济科学出版社，2005.

[31] [法] 帕斯卡·萨兰著，肖云译．自由贸易与保护主义 [M]．北京：商务印书馆，1996.

[32] [美] 伯格斯坦主编，朱民等译．美国与世界经济 [M]．北京：经济科学出版社，2005.

[33] [美] 拉尔夫·戈莫里、威廉·鲍莫尔著，文爽、乔羽译．全球贸易和国家利益冲突 [M]．北京：中信出版社，2003.

[34] [美] 艾尔 L. 希尔曼著，彭迪译，《贸易保护的政治经济学》[M]．北京：北京大学出版社，2005.

[35] [俄] 斯·日兹宁著，强晓云等译．国际能源政治与外交 [M]．上海：华东师范大学出版社，2005.

[36] 查贵勇、高凡．贸易摩擦的政治经济学分析 [J]．世界贸易组织动态与研究，2006 (7).

[37] 杜莉．中美贸易的互补、互利与摩擦研究 [D]．武汉：武汉大学，2006.

[38] 樊勇明、贺平．经贸摩擦与大国崛起 [J]．日本学刊，2006 (3).

[39] 齐东锋．美国利益集团对美中贸易摩擦的影响 [J]．开放导报．2006 (3)．

[40] 胡鞍钢．中美贸易和汇率问题的分析与建议 [J]．国际经济评论．2005 (4)．

[41] 黄晓风．国际产业结构的趋同与贸易摩擦的博弈分析 [J]．财经理论与实践．2007 (1).

[42] 姜跃春．对中外经贸摩擦问题的若干思考 [J]．国际问题研究，2005 (3).

[43] 卢艳辉．中美、日美贸易摩擦比较分析 [J]．求实，2005 (1).

[44] 柳剑平、郑绪涛．中美贸易摩擦的未来趋势及我国应采取的对策 [J]．湖北大学学报，2005 (4).

[45] 刘艳辉等．人民币升值对中国和世界经济的影响分析 [EB/OL]．http：//www. mscas. ac. cn/xunijingji/doc/2. doc.

[46] 黎梅梅．中国与美国欧盟的经济摩擦及其原因分析

[EB/OL]. http: //ir. nju. edu. cn/wpc/www/yjbg/bgxc/2006-08-25/bgxc28-46-33. html.

[47] 梁军. 中美贸易摩擦的经济学困惑及其政治经济学解释 [J]. 国际观察，2005 (4).

[48] 龙向阳. 中美贸易摩擦的历史分析 [J]. 南方经济，2004 (9).

[49] 蔺运珍、韩玉贵. 如何看待中美经贸摩擦 [J]. 世界经济与政治论坛，2005 (5).

[50] 马元柱. 全球化经济摩擦及其应对的再探讨 [J]. 亚太经济，2005 (6).

[51] 梅新育. 解读美中贸易关系评估报告 [J]. WTO 经济导刊，2006 (3).

[52] 孟祺. 中美贸易摩擦的政治经济分析 [D]. 合肥：安徽大学，2005.

[53] 潘锐. 中美经贸关系：发展与挑战 [J]. 世界经济研究，2003 (12).

[54] 李增芬. 中美贸易摩擦与协调机制运用 [J]. 经济论坛，2006 (1).

[55] 钱学锋. 贸易摩擦：一个理论和实证文献综述 [J]. 美中经济评论，2003 (11).

[56] 任文举. 中美贸易逆差对我国企业的影响及对策研究 [J]. 重庆工学院学报，2004 (12).

[57] 商务部研究院课题组. 论中国对外贸易的适度发展 [J]. 经济学动态，2005 (10).

[58] 孙瑞华等. 中、美贸易摩擦手段新趋势及其原因探析 [J]. 特区经济，2006 (9).

[59] 孙云辉等. 当前贸易摩擦的新特点及应对措施 [J]. 特区经济，2006 (10).

[60] 孙哲、刘建华. 中国经济崛起和中美经贸关系：美国国会的认知与反应 [J]. 复旦学报，2006 (3).

[61] 施建淮. 全球经济失衡的调整及其对中国经济的影响

[J]. 北京大学中国经济研究中心讨论稿系列, 2006 (2).

[62] 师求恩. 美国对华贸易歧视政策及其原因剖析 [J]. 国际经贸探索, 2006 (2).

[63] 石垒、寇宗来. 美国的贸易逆差及中美贸易摩擦成因探析 [J]. 复旦学报, 2004 (4).

[64] 石士钧. 我国对外经贸摩擦探究 [J]. 亚太经济, 2006 (3).

[65] 舒驰. 中美贸易摩擦的政治经济分析 [J]. 中共济南市委党校学报, 2006 (3).

[66] 宿景祥. 中国非市场经济地位与美国贸易政治 [J]. 世界经济与政治, 2004 (10).

[67] 唐晓云. 美国的知识产权国际保护与中美337争端 [J]. 世界经济研究, 2006 (3).

[68] 吴金希、于永达. 国外频繁对华实施反倾销措施的深层原因与对策选择 [J]. 改革, 2004 (3).

[69] 王东. 解读美国"中美贸易政策"评估报告 [J]. 当代世界, 2006 (4).

[70] 王亚飞. 关于贸易摩擦研究的综述 [J]. 学术界, 2006 (4).

[71] 徐清海. 中国面临国际经济摩擦的类型 [J]. 2006 (8).

[72] 尹翔硕、王国兴. 中美贸易关系中的不同问题及影响 [J]. 国际贸易, 2004 (5).

[73] 于铁流、李秉祥. 中美贸易摩擦的原因及其解决对策 [J]. 管理世界, 2004 (9).

[74] 颜剑英. 布什政府贸易保护主义刍议 [J]. 学术论坛, 2006 (1).

[75] 杨天欣. 中美贸易摩擦逐步升级 [J]. 瞭望, 2004 (10).

[76] 杨正位. 关于人民币汇率与中美贸易逆差的思考 [EB/OL]. 国研网, 2004 年 7 月 7 日.

[77] 岳晋峰．中美贸易摩擦背后的根源探析 [J]．对外经贸实务，2005 (7)．

[78] 周茂荣．中美经贸摩擦的特点、影响因素及对策建议 [J]．中国美国经济学会论文集，2007 (3)．

[79] 周少芳．“非市场国家”对中美贸易的影响与对策 [J]．广东技术师范学院学报，2004 (3)．

[80] 湛柏明．中美贸易的互补性与摩擦性 [J]．国际贸易问题，2004 (6)．

[81] 甄炳禧．直面国际贸易保护主义 [J]．《求是》，2002 (17)．

[82] 中国现代化国际关系研究院课题组．中美经贸关系发展中的焦点 [J]．中国发展观察，2007 (1)．

[83] 中科院预测研究中心．人民币升值对中国贸易平衡的短期影响研究 [EB/OL]．2006 年 12 月．http：//madisl. iss. ac. cn/madis. files/forecast. htm.

[84] 中科院预测研究中心．对中美和中欧贸易平衡的预测与分析 [EB/OL]．2006 年 5 月．http：//www. cefs. ac. cn.

[85] 中科院预测研究中心．失衡与摩擦——中国对外贸易热点分析与前景展望 [EB/OL]．2006 年 6 月．http：//madisl. iss. ac. cn.

[86] 中国社会科学院美国研究所．美国贸易政策评估报告 [R]．2004 年 1 月．

[87] 赵瑾．解决与大国经济摩擦的关键 [N]．新华网．

[88] 林学访．贸易摩擦的成因与影响 [J]．新财经，2007 (5)．

[89] 赵晓、柳阳．再论中国崛起之“国际经济摩擦时代” [J]．国际经济评论，2005 (3—4)．

[90] 朱颖．试论美国对华贸易政策的歧视性 [J]．世界经济与政治论坛，2005 (4)．

[91] 张璐．中美贸易摩擦手段、新动向及特点 [J]．对外经贸实务，2005 (3)．

[92] 张建新．理解美国贸易政策 [J]．对外经贸实务,2005(7)．

[93] 马松林. 贸易摩擦的政治经济学分析 [D]. 北京：首都经贸大学，2006.

[94] 李秀娟. 中外贸易摩擦与中国对外经贸战略调整 [D]. 南京：南京理工大学，2003.

[95] 王雪峰等. 反倾销：当代显性贸易摩擦主要表现形式的原因分析 [J]. 财贸经济，2005 (8).

[96] 武长海. 应对国外知识产权摩擦：全民进行时 [J]. 国际贸易，2006 (9).

[97] 沈四宝. 美国、日本和欧盟贸易摩擦应对机制比较研究 [J]. 国际贸易，2007 (2).

[98] 崔日明. 中美贸易摩擦中的知识产权保护研究 [J]. 国际贸易，2007 (9).

[99] 高程. 中澳双边贸易中的不对称性相互依赖分析 [J]. 当代亚太，2008 (2).

[100] 王领. 中美贸易摩擦的理论研究与实证分析 [D]. 上海：复旦大学，2006.

[101] 李卫华等. 中美贸易关系现状分析及前景展望 [J]. 改革与战略，2008 (6).

[102] 蔡洁. 基于制度差异视角的贸易摩擦分析 [J]. 经济经纬. 2007 (3).

后　记

经过近两年时间的艰苦写作，本书终于完稿。它既是本人博士论文的扩充，也是自己数年来关于中美经贸关系研究的一个阶段性成果。书虽已出版，但是中美经贸摩擦却仍在延续，如果此书的问世能够对关心中美经贸关系健康发展的人士给以启迪，将是对本人为此书写作付出的努力和汗水的最大慰藉。

感谢我的博士生导师——著名经济学家、武汉大学商学院首任院长、武汉大学国际问题研究院常务副院长、武汉大学欧盟研究中心主任周茂荣教授，从博士论文的选题、谋篇布局、研究内容，他都给予悉心的指导和帮助。周教授时常给我以鼓励和鞭策，希望我能够结合自己的专长，在中美经贸关系的研究领域中不断深入探索，学有成就。特别令我不安和感动的是，即便是在周教授出国访问期间，我还不时打扰，请他挤出时间指导我的论文写作，回国后他又加班加点修改并与我讨论文章的终稿。周教授广博精深的学术造诣、严谨求实的治学态度、诲人不倦的宽广胸怀、与世无争的平和心态，深深地影响着我，必将使我终身受益。

感谢武汉大学经济与管理学院的陈继勇教授、张彬教授、林玲教授、张建清教授、高玉芳教授、李卓教授，他们对论文的开题、写作及答辩提出过很好的建议、指导与帮助。特别是李卓教授，既是我的良师，也是我的益友，作为武汉大学的知名青年学者，他的成就时时激励着我，使我最终克服重重困难，在较短时间内完成写作。

感谢我的硕士生导师——著名的国际关系学者、武汉大学政治与行政学院前院长、国际关系学院前院长罗志刚教授，是他的培养与教育使我在硕士生学习阶段打下了坚实的基础，并开始走上学术研究的道路。

感谢我的领导——著名的世界历史学家、中国二战史学会会长、武汉大学前副校长、武汉大学国际问题研究院院长胡德坤教授，为本书的写作提供了宽松的研究环境。

感谢我的同窗好友骆传朋博士，在我攻博的三年时间里，给我提供了无数次的私人帮助，为我专心写好本书节省了大量的时间。

感谢我的家人——妻子盛莉克服养育儿子的种种艰辛以及每日上班的长途奔波，全力支持我完成写作；儿子苗晟飏的出生虽然使我的工作更加繁忙，但是他的天真无邪也为我增添了无限的乐趣；我的父母已近老年，他们除了帮助我们照顾好儿子，还承担大量的家务劳动，为我完成写作做好后勤保障；还有我的岳父母一家尽可能帮助解决我们生活上面临的困难。

要感谢的人还有很多，我无法一一列出他们的名字。但他们对我博士学习和此书写作给予的巨大帮助，我会毕生不忘。同时，对武汉大学出版社的总编刘爱松老师、责编陶佳珞老师表示诚挚谢意，他们的辛勤劳动为本书增色不少。

在本书结束的时候，自己将踏上新的学术征程——到国家财政部财政科学研究所进行博士后研究，期望在我的合作导师贾康所长的指导下，在一个更高的学术平台上做出更优秀的学术成果，以报答培养过自己的学校、老师以及帮助过自己的所有朋友。

2008 年 8 月 28 日于武汉东湖之滨